Manzoni; ossia, Del processo morale, civile e letterario quale si manifesta nelle opere di Alessandro Manzoni; letture fatte avanti il Reale Istituto lombardo di scienze e lettere dal membro ... Antonio Buccellati

MANZONI

OSSIA

DEL PROGRESSO MORALE, CIVILE E LETTERARIO

quale si manifesta nelle Opere

DI

ALESSANDRO MANZONI

Proprietà Letteraria

Tipografia Editrice Lombarda (già D Salvi e C) Via Larga, 1ɔ

MANZONI

ossia

DEL PROGRESSO MORALE, CIVIL

E LETTERARIO

QUALE SI MANIFESTA NELLE OPERE

DI

ALESSANDRO MANZONI

LETTURE

fatte avanti il Reale Istituto Lombardo di Scienze e Lettere

DAL MEMBRO EFFETTIVO

Dott. ANTONIO BUCCELLATI

PROFESSORE ORDINARIO DI DIRITTO PENALE

NELLA R. UNIVERSITA DI PAVIA

VOLUME SECONDO

MILANO

1873

PARTE TERZA

PROGRESSO LETTERARIO

INDICE

LETTURA QUINTA

(Fatta nell'adunanza del 19 dicembre 1872).

PROGRESSO LETTERARIO

> Ora, quando il tornar indietro è impos-
> sibile, e il fermarsi è insopportabile,
> non c'è altro ripiego che d'andare
> avanti Non è poi così tristo ripiego
> *Dial dell'invensione, pag* 583
> *Opere scelte* di MANZONI

INTRODUZIONE.

157. Rapporto di questa parte della questione coll'antecedente, e quindi del progresso civile col letterario. —
158. Quale posto si conviene a Manzoni nella rivoluzione
letteraria, in confronto a quello che gli si compete nella
rivoluzione civile. — 159. Programma del discorso intorno
al Progresso letterario. — 160. Questione pregiudiziale. —

157. Trattando del *Progresso Civile*, bastava al nostro assunto dimostrare che Manzoni non intese mai avversare questo progresso, e che la nota di *reazionario* a lui punto si convenga.

L'analisi delle opere di Manzoni, ed in particolare del *Promessi Sposi*, delle *Odi* e dei *Drammi*, non solo valse a provare questa tesi; ma, se mal non m'appongo, a tal segno elevò l'argomentazione da dovere spontaneamente conchiudere: *essere Manzoni a capo del movimento civile italiano*, come poeta e come letterato in genere.

Il quale giudizio, se è il risultato naturale dello studio analitico di Manzoni, trova poi dove posare su un ragionamento, quanto semplice, altrettanto convincente.

Non è vero forse, a giudizio pure di Settembrini, che Manzoni è il *principe degli scrittori recenti* in Italia?.... [1] E Manzoni non ha forse altamente dichiarato, che ebbe per tutta la vita *intenzione di giovare all'indipendenza ed unità d'Italia?*. .[2] Da queste due idee procede logicamente una terza: che dunque a Manzoni si competa il *primato come poeta civile.*

In caso diverso, quando cioè vogliasi respingere questo giudizio, o bisognerebbe credere aver Manzoni mentito colla sua dichiarazione, e chi oserà asserire ciò di colui, che può dirsi la *personificazione del Vero?* [3], o si dovrebbe ritenere Manzoni

[1] Per quanto possa acciecare la passione di parte, nessuno nega oggi a Manzoni il primato come poeta e romanziere Gli stranieri concordemente lo acclamano il primo letterato vivente in Europa; vi sarà Italiano che disconosca questa, che è gloria sua? . . . .

[2] Vedi la *Lettera diretta al Municipio Romano 28 luglio* 1872, riportata nel Discorso antecedente

[3] Di questa frase, che a primo aspetto può sembrare impropria, daremo la spiegazione e la prova nel Discorso intorno alla *Verità soggetto della letteratura.*

incapace ad estrinsecare il proprio concetto, a *ritrarre l'ideale, che ha nella sua mente*, ed allora,
dove sarebbe la potenza del suo ingegno?...

158. Nonostante però il distinto seggio, che viene
assegnato a Manzoni in ordine civile, io mi guarderò bene dal dirlo *rivoluzionario di azione*, nel
significato comunemente attribuito a questa frase.

E qui ci sia lecito domandare: se fuori della
schiera de' rivoluzionari di azione, a cui appartengono Settembrini ed il poeta Poerio da questi ricor-
dato, ci sia soltanto la *reazione?*

Non credo. Fra la rivoluzione, che, *affilando nel-
l'ombra la spada* [1], si agita poi rumorosamente
sulle barricate, e la reazione, che si matura con
inique dottrine e trova poi la sua consacrazione
nel carnefice [2], fra il tribuno popolare e il *pinzoc-
chero babbeo*, fra *Cicerovacchio* e *Gingillino*, in
questi confini, per varie gradazioni, vi ha pure un
posto di mezzo, dove *onestamente* può trovarsi il
mite, il pacifico cittadino; e dove di *necessità* deve
collocarsi il letterato Mediti questi, e scriva: il
suo spirito animi il popolo alle battaglie, e lo governi moralmente nelle rivoluzioni: tale è il posto

---

[1] Ode di Manzoni. — Marzo 1821.

[2] Così il De Maistre, il quale sta a capo della Reazione.

naturalmente riservato a chi sente altamente, e
scrive. S'egli si toglie dal suo scrittoio e passa dal
pensiero all'azione, difficilmente colpisce nel segno.
La storia è prova di ciò: e tanto basti, perchè
non si senta il dovere di accennare ad altra ragione, o all'equa distribuzione dei doni di natura:
a chi il pensiero, a chi l'azione; o alla fatale discordanza fra le aspirazioni di chi studia e la realità di chi opera [1].

Dove invece Manzoni appare *rivoluzionario di
azione* è in letteratura; perchè questo è il suo
campo di battaglia, ed in esso spiega egli tutte le
sue forze, ottenendo splendido trionfo colle armi,
che gli son concesse: la mente e il cuore. « *Vico*,
dice Mazzini [2], *scrisse la scienza nuova, Manzoni
la nuova letteratura* »

---

[1] Rispetto a questa *discordanza*, vedi MANZONI, *Lettera
al signor Giorgio Briano,* Lesa, 7 ottobre 1848, riportata
nel Discorso antecedente.

[2] « Vico scrisse della Scienza Nuova; Manzoni ci lascia
la nuova letteratura sciolta dalle miserie dell'Arcadia, dalle
protezioni dei grandi, secondo il *moto del genio Europeo* »
Imperocchè, mentre ciascun popolo mantiene il suo carattere, tutti i popoli convengono ad un sommo concetto del
bello.... « esiste in Europa una concordia di bisogni, di

159. Come si effettuasse questa rivoluzione letteraria, quali fossero i principî proclamati da Manzoni, e come questi principî ottenessero la loro applicazione, è quanto dobbiamo noi brevemente dimostrare, *seguendo fedelmente la storia*, con speciale riguardo *alle tradizioni nostre locali* ed a que' fatti, che furono per avventura trascurati (per quanto mi consta) dai critici e dagli scrittori di cose letterarie [1]; procurando così di evitare la ripetizione di cose e di parole, che un cieco *convenzionalismo* impone alle scuole, e discoprendo

desiderj, un comune pensiero, un animo universale; ebbene, ci deve essere una letteratura. » MAZZINI, *Opere*, edizione Daelli, Vol. II, *Saggio sopra alcune tendenze delle letterature europee.*

[1] Non è che s'intenda con ciò far da maestro a Settembrini. Il centro della vita *letteraria* in quest'ultimo secolo fu Milano, ed è naturale che un Milanese, per tradizioni domestiche (poichè ebbe la buona sorte d'avere un padre distinto cultore di lettere), abbia raccolti alcuni fatti ignorati da chi vive in una provincia, dove delle nostre gare letterarie un giorno poco se ne sapeva; a quel modo che della vita *scientifica*, allora sì rigogliosa in Napoli, a noi solo più tardi perveniva la fama dalla Francia e dalla Germania.

invece dall'obblio altre idee, della cui importanza giudicheranno i miei lettori [1].

In questa *rassegna letteraria*, è facile intendere come sia nostro dovere schermirci, per quanto è possibile, dal parlare e dal giudicare di viventi scrittori seguaci di Manzoni, di cui abbiamo nel nostro Istituto un'eletta corona.

160. Avanti esporre e considerare *secondo il loro sviluppo storico i principi della Nuova Scuola*, capitanata da Manzoni, dobbiamo, giusta l'intento che ci siamo proposti in questo discorso, risolvere una questione, che, con una frase tolta alla curia, chiamerei *pregiudiziale*.

161. Si tratta di conoscere (per apprezzare degnamente il giudizio dato intorno a Manzoni) *la ragione* onde è retta ed animata la critica di Settembrini in tutta la sua letteratura, ed in particolare rispetto al periodo settimo della sua storia: *Rivoluzione interiore.*

Mi guarderò dal porre al vaglio alcune idee sulla genesi di questa rivoluzione, che mal rispondono

---

[1] Saremo quindi obbligati fermare l'attenzione sopra alcune accidentalità della vita letteraria, che a primo aspetto potrebbero giudicarsi di nessun momento.

alla ragione ed al fatto [1]. Grave impresa davvero se a questa stregua, *filosofia e storia,* si avesse a giudicare tutta la letteratura di Settembrini!....

De Sanctis, generosamente difendendo il suo amico compaesano contro le accuse di due giovani critici [2], dice: « Settembrini *sarà fuori della storia, della filosofia,* della critica; ma non fuori di sè.... Il suo lavoro è *lavoro d'artista* Come tale piace. Per giudicarlo bisogna convivere con Settembrini. »

162. De Sanctis disse bene: e noi forse diremo troppo, aggiungendo che Settembrini, con quel materiale, con cui mise insieme *tre volumi di Lezioni di letteratura italiana* in forma storica, avrebbe potuto fare un poema, un romanzo, e via.... altra opera d'arte a suo talento; ma egli invece ci volle dare delle lezioni di letteratura. E la letteratura (sono parole di Settembrini), come ogni altra disciplina, va studiata *viva nella sua storia* [3], *non secondo le fuggenti impressioni della fantasia o del sentimento*

Questa storia poi si estende per uno spazio in-

---

[1] Vedi specialmente le prime pagine del capitolo intitolato: *La Rivoluzione e la Reazione.*

[2] *Nuova Antologia,* Vol XII, pag. 439.

[3] Settembrini, op. cit, Vol. I, pag 4.

commensurabile [1]. Dessa non si riferisce solo ai monumenti letterarj, alla biografia degli scrittori, ai principali avvenimenti, che influirono sulla coltura; ma abbraccia in suo seno, userò ancora le parole di Settembrini, « tutto il mondo interiore dello spirito ed esteriore della natura, il quale esiste, perchè si muove; *vive*, perchè è *in continuo divenire* [2]. »

163 *L'universalità* dunque di cosa e di tempo è oggetto della storia letteraria Lo scrittore perciò deve fare astrazione di sè e del piccolo mondo, che lo circonda; e con violenza dominare eziandio le proprie opinioni, non per servire vilmente le altrui, ma per misurare sopra equa lance il bello ed il deforme secondo un ideale assoluto ed eterno dell'arte, ideale, che è sentito da tutti, compreso da pochi, definito da nessuno.

164. Settembrini invece *non fa che descrivere sè stesso* nelle sue Lezioni di letteratura — La sua anima (bisogna pure trovare una ragione di questa condotta di Settembrini, contraria ai canoni da lui stabiliti), avvelenita dalle persecuzioni dei Bor-

---

[1] Ciò ci fa ancora desiderare una storia della letteratura. Vedi in proposito, DE SANCTIS, *Saggi critici*, pag. 292.

[2] SETTEMBRINI, op. cit., Vol. I, pag 4.

boni [1], se trovava un nobile conforto in prigione, scrivendo *il Volgarizzamento dei Dialoghi di Luciano*, ardeva pur sempre come fuoco imprigionato entro catasta di legna, che va lentamente carbonizzando. I carboni sono ancora accesi in quest'anima meridionale; e non la tarda età, non la libertà a sè ed alla sua patria guadagnata, non l'esempio degli amici, non la quiete della famiglia, valgono a spegnere il fuoco ... « Egli vuol combattere, epperò scrive le Lezioni di letteratura, le quali riescono una *protesta*, un *grido di guerra*, un *riassunto*, una *fotografia di Settembrini*, il *radicale italiano* e non l'*arruffapopolo* » [2].

165. Anche Guerrazzi, mandando in dono a Mazzini *L'Assedio di Firenze:* « ho scritto questo libro, diceva, perchè non ho potuto *combattere una battaglia* [3].» Ciò doveva essere ragione di alto me-

---

[1] Luigi Settembrini nacque il 1812 Nel 1835 fu professore al Liceo di Catanzaro. Nel 1839 fu posto in prigione dove stette tre anni circa. Condannato a morte nel 1851, gli fu commutata la pena nell'ergastolo, ove rimase fino al 1859, e dove gli furono conforto gli affetti di famiglia, le cure di Silvio Spaventa, ed i benefizj di Antonio Panizzi, che fungeva le veci di padre al figlio di Settembrini.

[2] De Sanctis, op. cit.

[3] Vedi le Opere di G. Mazzini, Milano, 1862, Vol. II, pag 573.

rito civile nel giorno della servitù; oggi invece
lo stesso Guerrazzi, che non ha dismessa la voglia
battagliera, se ancor combatte colle armi antiche [1], per quanto sia titanica la forza di sua parola, si trova quasi solo: solo colui alla cui voce
un giorno rispondeva il cuore di tutta la italica
gioventù!

166. Ad ogni modo i lavori del Guerrazzi appartengono per la più parte alla poesia (che importa
se non vi ha la rima o il verso? .... il concetto
e il numero è di poeta, ed infocato poeta, a cui
molta venia è concessa) [2]; e nei lavori poetici,
l'anima dell'autore naturalmente si rivela, perchè
sorgono essi dal sentimento e dalla fantasia....

Altrimenti è di Settembrini. — Nè mi state a
dire che questi intendesse dare una *Letteratura*

---

[1] Trovare nuove armi secondo il carattere dei nuovi combattimenti e de' nuovi avversarj, al fecondissimo ingegno di
Guerrazzi non sarebbe difficile impresa, quando la volontà
si prestasse a vincere le antiche abitudini. Ma che un soldato lasci un'armatura con tanta pompa ed onore vestita
da mezzo secolo, è forse un pretendere troppo ....

[2]   *Pictoribus atque poëtis*
Quidlibet audendi semper fuit aequa potestas
Scimus, et hanc *veniam petimusque damusque vicissim;*

(ORAZ *De arte poet.* II).

nazionale, e che quindi dovesse attingere la sua inspirazione dal concetto politico....

167. Quando pure avesse egli, questo illustre patriota, considerata la storia della letteratura, *non secondo le proprie impressioni* (lo che non concediamo, per la prova, che esso medesimo ci offre ad ogni pagina), ma sopra una regione più elevata, procurando di astrarre dalle proprie passioni il *concetto civile italiano, non avrebb'egli ancora soddisfatto al proprio cómpito;* nè, ed è questa un'idea che merita grave considerazione, avrebbe avuto pure il merito di *presentare* sotto un *nuovo aspetto* la nostra letteratura; perchè altro più valente di lui lo precedeva.

Fu questo un ingegno acuto, dotato di sintesi meravigliosa, che seppe scrivere con isplendore di stile, e con tale proprietà di parola, da servire le sue scritture di scuola a coloro, che amano armonizzare la venustà degli antichi scrittori italiani colla vivacità e semplicità del linguaggio vivente. Emiliani-Giudici, toscano di educazione [1], ci donava, or sono vent'anni circa, una *letteratura nazionale;* e pareva a noi giovani il miracolo di Lazzaro risuscitato, perchè eravamo usi nel Tira-

---

[1] Di natali siciliano.

boschi o nel Maffei studiare l'anatomia di un cadavere ... Con Emiliani-Giudici la letteratura risorgeva animata da nuova vita [1]. Egli ci conduceva *attraverso lo sviluppo del pensiero nazionale, come unica inspirazione dell'arte*, educandoci così ad apprezzare come bello soltanto ciò che era manifestazione del concetto italiano.

108. Questo indirizzo seguito da Emiliani-Giudici nella sua *Storia della letteratura* o nel suo *Compendio*, in quo' giorni, in cui l'Italia era divisa e serva dello straniero, poteva giovare, e giovò difatti; onde l'utile, che derivava allora alla patria, ci toglieva l'animo di avvertire all'*erroneità del sistema seguito.*

169. Tale *erroneità*, per converso, a' nostri giorni è mestieri dichiararla senza ambagi e peritanze;

---

[1] Tale fu l'impressione che noi giovanetti avemmo dalla lettura di Emiliani-Giudici. Ciò però non toglie che fin d'allora non si avvertisse alla sfera troppo limitata in cui si vincolava il giudizio del critico, ai pregiudizj dell'antica scuola, e finalmente alla ingiustizia verso gli *inspirati innajoli*, « i cui sforzi umanitarj tenderebbero a fare de' credenti nella fede di Cristo tanti solitarj contemplativi, tanti ascetici scioperati, e trasmutare l'aspetto della terra cristiana in un'immensa Tebaide. » (*Storia della Letteratura Italiana*, Firenze 1855, Vol. II, Lez. 21ª, pag. 489).

perchè questo andazzo di *subordinare la storia delle lettere ad un'idea politica,* riesce troppo facile oggi, in cui patria e libertà sono assicurate, ed è occasione ad applausi popolari [1], ambiti da cattedratici vanitosi.

La letteratura non è suono di frasi altitonanti e gravi, a *solletico della vanità individuale o nazionale;* dessa è *la perfetta manifestazione del pensiero nel più ampio significato;* onde in una storia della letteratura dovrebbe attendersi allo *svolgimento di tutta la umanità* nella svariata sua azione: fede, costumanze, carattere, ricchezza, lavoro, pauperismo, scienza e pregiudizj, virtù e delitti; e tutto ciò ravvivato dalla realtà vivente nello Stato e nella famiglia .... Al cui studio delle *attualità* è mestieri riaccostare l'*idea classica,* che, discesa fino a noi in ogni specie di componimento, ci veniva imposta nelle scuole come la sola capace

---

[1] Dal 1860 a tutt'oggi fu tale un'innondazione di prolusioni sulla Letteratura considerata soltanto rapporto all'elemento politico, da falsare veramente il concetto delle lettere nelle nostre scuole. Altro però si è concentrare soltanto a questo concetto la vita letteraria, ed altro studiare nella Letteratura stessa la sua nota caratteristica di nazionalità come fece il professor Ranalli: *La Letteratura nazionale.* Firenze 1861.

ad inspirare degnamente lo scrittore di belle lettere, ed ora, per ragione de' contrarj, pare cader nell'obblio. Nel dipingere poi l'ultima epoca della letteratura, non che coartare il campo all'Italia colle idee sorte in una zolla di questa, sia pure la più ferace, devesi in relazione all'infinito spaziare delle scienze e delle arti per il telegrafo ed il vapore, devesi *all'idea Italiana*, che vi campeggi, associare nel quadro le letterature straniere; chè oggi Berlino, Londra, Parigi, quanto all'influenza dei lumi, stanno come mezzo secolo retro Milano, Firenze, Napoli; e così l'ultima pagina di una storia letteraria insegni ai popoli che tutti siamo rami di uno stesso tronco, e che *Uno* è il *Bello*, come una è la *Verità*, in cui si intrecciano la vita dell'arte e della scienza.

L'universa vita adunque dell'intelligenza e del sentimento, dell'individuo e dell'umanità, dello spirito e della materia, senza confine di tempo o di nazione; ecco l'oggetto della letteratura. Essa è la *completa* [1] *rappresentazione dell'uomo* [2].

---

[1] Diciamo *completa*, per ciò, che anche nelle *letterature politiche* l'uomo viene pure rappresentato, ma solo nei rapporti colla patria.

[2] La *rappresentazione* dell'uomo presuppone la cognizione intiera o *la scienza dell'uomo stesso*, come avanti avremo a dimostrare.

Or bene, se tutto l'uomo, ne' suoi rapporti con Dio e col creato, è oggetto della letteratura, come mai coartare il campo di questa soltanto al concetto politico ? ....

Il culto appassionato delle glorie italiane, la manifestazione dell'idea nazionale, lo svolgimento della libertà, sono gran parte della vita umana, ma non sono certo il tutto.

L'esaltazione di un grande principio, se può essere argomento a studio speciale [1], non è giusta norma nel dettare *Lezioni*, in cui si propone lo svolgimento storico-critico di tutta la letteratura. Imperocchè là, dove manchi il principio proclamato come direttivo, o bisogna negare una vita propria alle lettere, come fece Emiliani-Giudici, il quale riconobbe la *letteratura originale* soltanto fino alla morte di Lorenzo de' Medici, e *per tre secoli, dal 500 all'800, intorpidito il nostro paese da miserie letterarie;* o, ciò che è ancor peggio, *bisogna* (qualche volta l'errore è *fatalità logica*) affaticare le scritture a far dir loro quanto non fu mai in pensiero di chi scrisse; e ciò perchè lo scrittore di cose letterarie si è inconsultamente obbligato a rappresentare non interrotta la tradizione politica

[1] Quale sarebbe l'opera citata del Ranalli.

negli Italiani pensatori, per due vie diverse secondo meglio talenta, da' poeti Francescani o da Federico II, sino alla effettuazione del Plebiscito in Roma .... Dio buono! Che strazio non si è fatto della storia, del buon senso, della critica! .... Io sono d'avviso che si dovrebbe ancora rifare il cammino, tanto è adulterato il carattere de' nostri scrittori, rappresentato non secondo verità, ma secondo le opinioni politiche dello storico di letteratura italiana [1].

170. Il quale storico riuscirà *necessariamente* anche ingiusto giudice; per ciò che, avendo l'animo preoccupato da una sola idea, mentre verserà l'acrimonia, lo sprezzo, il ridicolo sopra autori, che non convengono col suo ideale, sarà poi prodigo di lodi verso quelli, che gli assomiglino, che si facciano ad ajutarlo nella difficile impresa, e siano i pochi anelli saldi della catena artificiale, ch'egli sta studiosamente costruendo.

[1] Doellinger, in un suo elegante discorso al Senato universitario di Monaco, disse : che la rovina della Francia dipende dal falso indirizzo di alcuni storici, i quali, avendo preoccupato l'animo di opinioni politiche e credenze religiose, confermano e diffondono gravi pregiudizj ed errori, non curandosi acquistare l'intima coscienza della verità ... Siamo più fortunati in Italia?... Vorrei sperarlo ....

Quando mai si dia l'incontro di questi amici, allora l'entusiasmo, la declamazione, la retorica, con tutta la sua pompa, tentano scuotere l'anima del leggitore; la quale invece (se vilmente nutrita) prova dispetto; perchè, nella vanità delle frasi si sciupi un tempo, che dovrebbe essere consacrato a gravi considerazioni, dove la letteratura fosse veramente lo studio di tutto l'uomo, e non di una sola idea.

Esposto il sistema seguito da Settembrini e da altri nella loro critica letteraria, e riconosciuta l'erroneità di questo sistema; procede logica la conseguenza, *che ben poco calcolo debbasi fare de' loro giudizj.* Ciò però non ci dispensa punto da un esame di questi, a cui contrapporvi la semplice istoria de' principj della nuova scuola capitanata da Manzoni.

171. In che consiste la rivoluzione, che si effettuò in Italia non solo, ma in Europa al principio di questo secolo?

Settembrini [1], riproducendo le parole di Cantù [2], dice le dottrine de' romantici *esprimere* le idee

---

[1] Op. cit., Vol. III, pag. 305.

[2] C. CANTU', *Storia ed esempi della Letteratura Italiana,* IIᵃ edizione. Milano 1863. Il *Romanticismo,* pag. 498.

nostre, la religione, i nostri avvenimenti, il nostro
modo di vedere e di sentire, ed aggiunge per suo
conto, che le *sono vecchie* queste dottrine.

Quando entro questi confini si limitasse l'azione
della nuova scuola, certo nè profonda, nè radicale
sarebbe stata la rivoluzione; ma è ben diversa
l'idea, che di questa ci hanno lasciato i suoi fondatori.

172. Noi abbiamo procurato, con pazienti indagini, di raccogliere dalle opere, dai giornali, da
opuscoli e libercoli il pensiero dominante in questi
novatori, e siamo convinti che, volendo subordinare
ad una forma sintetica le varie idee, non si possa
dir meglio che ripetere quanto Manzoni dichiarava
in una lettera intorno al romanticismo in Italia:
« *La poesia o la letteratura in genere deve proporsi l'utile per iscopo, il vero per soggetto, e
l'interessante per mezzo.* »

Questo canone fondamentale, forse perchè parte
di un lavoro di Manzoni che può dirsi *estrava-
gante* [1], e che solo furtivamente venne pubblicato [2],

---

[1] *Estravaganti* erano dette le leggi non ancora *ufficial-
mente* raccolte.

[2] Prose di Alessandro Manzoni, Venezia 1853, Tipografia
di Giovanni Cecchini, dalla pag 110 alla pag. 152. — Questa stessa lettera, che credesi volta al marchese d'Azeglio,
padre di Massimo, fu pubblicata nel giornale *Ausonio* dalla
contessa Belgiojoso.

sfuggì alla critica; mentre io credo che, non tanto per l'autorità di chi lo fondava, quanto per la sua virtù intrinseca, sia degno di speciale esame. E ciò facendo, raggiungeremo noi l'ultimo stadio della letteratura, il massimo suo progresso, che, secondo la esigenza naturale de' tempi, venne preconizzato da Manzoni.

———

I.

L'UTILE, scopo della letteratura.

173. Triplice ordine dell'utile, e preminenza dell'ordine morale. — 174. Il secolo tende all'utilità e al positivismo. — 175. Come l'artista debba valersi a bene di questa tendenza. — 176. L'utile morale è una realtà, è qualche cosa di positivo. — 177. Importanza della confutazione, data da Manzoni, del sistema che *fonda la morale sull'utilità materiale*. — 178. Cenno di questa questione trattata da Manzoni. — 179. Manzoni ha provveduto ad un gravissimo bisogno del nostro secolo. — 180. Che fia delle lettere, quando abbiano per iscopo soltanto l'utile materiale. — 181. Scopo diretto e immediato delle lettere è il perfezionamento, l'utile morale. — 182. Ciò non esclude ogni altro utile in via subordinata. — 183 Obbiezione. — 184. Relativa risposta. — 185. Queste dottrine sono sentite nella coscienza pubblica ed anche dai nostri avversarj. — 186. Nuova difficoltà, e relativa risposta. — 187. La letteratura e le scienze positive. — 188. Pericolo che dobbiamo scongiurare. — 189. Scienze

che servono di fondamento alla letteratura. — 190. La letteratura e le scienze filosofiche e sociali. — 191. Manzoni artista-filosofo. — 192. Testimonianza del prof. Pestalozza. — 193. Studio psicologico fatto da Manzoni — 194. Ragione per cui Settembrini fu cattivo interprete di Manzoni e della sua scuola.

173. *L'utile per iscopo.* — *L'utile* va considerato nel suo più ampio significato, cioè secondo il vario modo dell'essere: *morale, intellettuale e reale.*

Siccome poi l'essere morale primeggia per dignità, così deve sopratutto prefiggersi per iscopo ciò che col morale ha diretto rapporto, ciò che mira alla *educazione,* al *perfezionamento dell'individuo, della nazione e dell'umanità*

174. La tendenza odierna a cercare in ogni cosa l'utile è troppo manifesta: « L'utile, dice Feydeau citato dal nostro Carcano in uno studio intorno all'arte, di poche pagine che valgono un trattato di estetica [1], è il dio del secolo, invade tutto; gli interessi da ogni parte signoreggiano, ed hanno preso il luogo della fede, dell'amore, del bello e

---

[1] Vedi *Rendiconti* del Reale Istituto Lombardo di scienze e lettere, adunanza 4 luglio 1872, pag. 672, e FEYDEAU, prefazione al romanzo: *Un début à l'Opéra, M. de Saint Bertrand,* ecc. Paris 1864, III Vol.

della virtù. Il reale ha vinto l'ideale. Possono gli artisti sfuggire alla tendenza prosaica del secolo? reagire? No .... »

175. Quantunque di queste parole abusi Feydeau, derivando l'erronea conseguenza, che oggi *il realismo è il solo possibile in letteratura* [1], pure è innegabile che, per sè stesse considerate, rappresentano l'attualità; e siccome chi scrive deve vivere la vita del giorno, così non si può a meno di servire a questa condizione sociale. Ciò che importa si è di servire *dignitosamente ed onestamente:* trovare cioè nella tendenza stessa del secolo il suo lato buono, giacchè le tendenze della umana società sono, come gli umani istinti, di vario effetto, secondo l'indirizzo, che vien dato a questa forza; a quel modo che *padre Cristoforo* e l'*Innominato* manifestano pur sempre il primitivo carattere, raddrizzato alla virtù, dove prima declinava al vizio

---

[1] Il *realismo dunque è la sola letteratura possibile* .... Questa *conseguenza*, dedotta da Feydeau dal quadro esposto intorno alle condizioni attuali della società, *è erronea*. La tendenza all'utile ed al positivo si accorda pienamente col *vero ideale*, indirizzato al benessere morale dell'umanità; e la letteratura, ed in ispecie la poesia, non che fondarsi *sul realismo*, esigono per loro soggetto *il vero ideale* ... Vedi più avanti lo sviluppo di questi concetti.

176. Non v'ha dubbio che lo scopo determinato in tutti gli scritti di retorica, di *signoreggiare la mente ed il cuore* [1], di *dilettare* e di *persuadere*, oggi non regge. Dilettare e persuadere sono *mezzi*, e non più; lo scopo è qualche cosa *di reale*, è *un guadagno*, che si ripromette dalla azione, a cui si attende, ed un guadagno certo e positivo.

L'errore fatalissimo consiste nel limitare il concetto di questo guadagno soltanto al *benessere materiale*. Bisogna dimostrare in ogni occasione e in vario modo (e qui sta il raddrizzamento della tendenza del secolo), che non è solo negli agi della vita il fine dell'uomo; che vi ha un'altra esistenza, la quale soddisfa pienamente lo spirito; vi ha un altro mondo, a cui fa capo ogni umano ordinamento, il *mondo morale*.

177. Questo studio però, che tanto interessa anche le lettere, appartiene per eccellenza al filosofo; e Manzoni si dimostrò tale al massimo grado, quando, servendo appunto al bisogno delle lettere, confutava il *sistema che fonda la morale sull'utilità materiale*. « Questo dicorso di Manzoni, dice

---

[1] *Trattato elementare di poesia* di GIOVANNI GHERARDINI, cap. primo. PARINI, *Dei principj fondamentali e generali delle Belle Lettere applicati alle Belle Arti.*

il nostro concittadino Rovani [1], deve esser letto e studiato in tutta la sua integrità, da chi vuol sentire immediatamente gli effetti di quella dialettica prodigiosa, che piega e doma il pensiero, e lo sforza a genuflettersi, per così dire, avanti all'altare della verità. »

178. Manzoni sottilmente avvisa che l'utilità *individuale* e l'utilità *generale*, in quanto si accordano, come affermano gli utilitarj, in modo che, giovando agli altri, si procaccia il maggior utile anche a sè stesso, presuppongono *un altro principio superiore*. Utilità generale e utilità individuale sono due criterj d'uguale autorità, e indipendenti l'uno dall'altro, che esigono *un terzo criterio* per istabilirne il predominio. « Ogni duplicità non ha la sua ragione e la sua concordia che in una unità superiore.... »

Bisogna dunque elevarsi a questo principio dominante ogni utilità, ad un principio dato dalla ragione e confermato dalla esperienza, principio assoluto, su cui solo può fondarsi la scienza

Nè vale il dire che « è una condizione della natura umana il pensar prima di tutto al proprio

---

[1] *Gazzetta di Milano*, 1855, N. 122, e. dell' istesso autore : *Storia delle lettere e delle arti in Italia*, tom. IV.

interesse. » Imperocchè « altro è che l'utilità (è sempre volta al limitato concetto di utilità materiale la confutazione di Manzoni) sia un motivo, cioè uno dei motivi per cui gli uomini si determinano nella scelta delle azioni, altro è che sia per tutti gli uomini il motivo per eccellenza, l'unico motivo delle loro determinazioni [1]. » L'interesse privato sarà, se volete, *il primo stimolo in ordine di tempo,* ma poi vi subentrano *la riflessione* e *la coscienza.*

Poichè gli utilitarj non ponno negare la *giustizia,* (ecco il principio ricercato), vengono essi a confonderla e a farne una cosa sola coll'utilità stessa; ma, risponde Manzoni, altro è il dire che fra giustizia e utilità non vi possa essere una *vera e definitiva opposizione,* quando si consideri sopra largo orizzonte la questione, secondo *il fine supremo* dell'uomo; ed altro il dire che la giustizia non sia altro che utilità.

Che se si parla di *utilità generale,* « chi mai dubita che il procurare l'utilità di quanti più uomini si possa, non sia un intento e un fatto conforme *alla moralità?* La è questa una di quelle verità, che non si enunciano mai, appunto perchè

---

[1] Manzoni, *Opere varie,* Milano 1845, ediz. ill., pag. 775.

si sottintendono sempre [1]. » So io mi decido a sa-
crificare il mio interesse o a procurare l'altrui,
posso io esservi spinto da altro motivo che non
sia un principio morale?.... Dunque il fatto stesso,
che ammette l'utilità pubblica e il predominio di
questa utilità sull'interesse individuale, suppone
una legge precisamente, *la morale*, sulla quale
soltanto si fonda il concetto di virtù, di merito e
di demerito.

170. In un tempo, in cui *l'essere sta nell'avere*,
come dice Giusti [2], e molti sono *veluti pecora
prona atque obedientia ventri* [3], ravvivare il senso

---

[1] *Id. cod*, pag. 792.

[2] Giusti, *Il Gingillino*:

> Un gran proverbio,
>
> Caro al potere,
>
> Dico che l'essere
>
> Sta nell'avere.

[3] Sallustii bellum Catilinarium, cap I, e Seneca Epist. LXV.
« Vetas me cœlo interesse, id est, jubes me vivere capite
demisso? Major sum, et ad majora genitus, quam ut man-
cipium sim mei corporis; quod equidem non aliter adspicio,
quam vinculum aliquod libertati meae circumdatum. » E
questa altra delle sentenze, che danno a credere aver Seneca
avuta conferenza con S. Paolo, di cui non sono dubbj i rapporti col fratello del filosofo.

morale fu ed è santa opera, fu ed è opera *necessaria per il progresso delle lettere e delle arti* in
genere, dappoichè il bello dal buono e dall'onesto
non si disgiunga [1]. Da ciò il sommo merito di
Manzoni, non solo come filosofo, ma anche come
letterato, nel *Discorso che serve di appendice al
capitolo terzo della Morale Cattolica.*

180. Se imprigionate la vita dell'uomo nell'utile
materiale, il soddisfacimento de' sensi, sia pure,
secondo le dottrine de' nuovi epicurei, con prudente
economia misurato [2], voi avete spenta la poesia.
— Non dico i sonetti e le ottave, che *ci annoje-
ranno* (uso una frase di Azeglio) per avventura
fino alla consumazione dei secoli; ciò che sarà
spento è la favilla, che in sè ritrae lo *splendore
della natura,* quell'ideale che emana da *Colui che
tutto muove,* che *penetra e risplende per l'uni-*

---

[1] Vedi avanti le ultime pagine del *Progresso Letterario,*
dove si tratta del necessario connubio del Vero col Buono
per formare l'Ideale artistico.

[2] Si allude al *materialismo,* che penetra nel popolo per
alcune scritture, le quali considerano la vita dell'uomo soltanto *nella maggior somma dei piaceri goduta in maggior tempo possibile.*

verso, ed inspira l'artista oltre i confini del tempo o dello spazio segnati dalla realità [1].

Come elevarsi a tanto, se, alla guisa dei dannati di Dante, siamo coperti da una cappa di piombo, o siamo impeciati come porchi in brago?....

181. Un soddisfacimento materiale, un solletico alla vita de' sensi, potranno per un istante inebriare, come avviene in una danza voluttuosa o avanti ad osceni concetti rappresentati dalla scrittura, dalla scultura o dalla pittura, ma non lasceranno mai nell'animo quella duratura e soave impressione, che deriva della vita morale, dall'utile supremo, a cui deve intendere l'uomo, il *perfezionamento del suo essere.*

182. Questo *perfezionamento,* massimo utile che l'arte deve proporsi, non esclude però ogni altro ordine di utilità, nei confini dell'onesto. Si provvegga quindi anche colle lettere al benessere materiale dell'umanità, *subordinatamente* al benessere morale.

183. L'objezione che si solleva contro questo principio, si è che per tal modo vengono a confondersi le scienze colle lettere. Questa objezione, non che

---

[1] Vedi più avanti, nella terza parte di questo discorso: *L'interessante per mezzo.*

presentare una difficoltà, la è un'idea, che rende più facile il corso della nostra argomentazione.

184. Teniam fermo il canone di Manzoni, che *fine della letteratura sia l'utilità;* e poichè anche della scienza lo scopo è l'utilità, così discenda pure a tutt'agio la logica conseguenza: *che non si dà separazione fra le scienze e le lettere,* che anzi si *confondono nel loro scopo e nel soggetto;* che un *puro letterato* senza coltura scientifica non è possibile, dopo l'abolizione del tamburo.

Ciò però non toglie che il *termine di distinzione* (dico distinzione e non separazione) fra le lettere e le scienze, sia còlto d'altronde che dal fine; e lo vedremo più innanzi.

185. Questi principj sono così profondamente penetrati nella coscienza di tutti, da trascinare a rimorchio anche quelli *aderenti all'antica scuola,* i quali vivono di una vita di imitazione, e limitano il concetto di letteratura all'arte di *bene esprimersi;* e, quando poi si esprimono, sono la negazione della scienza, per ciò che la loro *parola non è vera* [1]. Questa buona gente ci va pur predicando

---

[1] Dove il dire è artificiale, la verità della espressione è sacrificata miseramente, vi mancano la *spontaneità* e la *chiarezza,* che sono le doti inseparabili della verità.

che le *lettere e le scienze devono formare un solo magistero;* « che la causa più immediata e più efficace (sono parole del professor Ranalli) [1], perchè le lettere ebbero virtù di conservare lungamente all'Italia le sembianze di nazione, dimora precipuamente in questo, che elle procederono sempre identificate colle scienze e colle arti, da constituire, come appo i Romani e i Greci, un solo e indivisibile magistero, nel quale come e quanto vicendevolmente si aiutassero e afforzassero per raggiungere quella comune eccellenza, avremo continua opportunità di conoscere nello svolgere ordinatamente la storia della nostra letteratura. Nè insiememente ci rimarrà ignoto e dubbioso, che dal venir meno, in tempi pochi lontani, la detta congiunzione e intimità, derivossi ogni abbassamento del sapere. »

Fin qui il prof. Ranalli. Come poi si possa conciliare la scienza, che vive la vita del giorno, ed il parlare di tre secoli addietro, è problema che non ci riguarda. Ci pensino i puristi. Miracoli ne hanno fatti, e molti ancora ne hanno promessi. Cesari sosteneva di poter tradurre tutta l'Enciclopedia francese (vi par poco?!) colla lingua del

---

[1] RANALLI, op. cit., pag. 11.

trecento; altri colla lingua del cinquecento potrà esporre la vita scientifica del secolo decimonono.... Noi siam paghi di ammirare gli sforzi; e per nostro conto crediamo, che questo stesso elemento utilitario, positivo, scientifico, che penetra nella letteratura, ci obbliga a scrivere come si parla oggi, perchè si scrive come si pensa. La scelta di belle frasi, per poi trovare l'idea, che a queste si convenga, riduce la letteratura a quello stato, in cui era la scienza sotto i vincoli della scolastica. « Voi credete, dice Galileo, che la natura fece prima i cervelli agli uomini, e poi dispose le cose secondo la capacità de' loro intelletti; ma io stimo piuttosto la natura aver fatto prima le cose a suo modo, e poi fabbricati i cervelli umani abili a poter capire [1]. » Così, rispetto alle lettere, *prima le idee, poi le parole.*

186. Lo scienziato parli liberamente, senza riguardo al *Maestro di color che sanno;* e il letterato parli lui pure liberamente, quando abbia un'*idea esatta* dell'oggetto del suo discorso; lo che vale quanto dire, quando abbia la scienza, presa questa parola nel più ampio significato.

Che!... tutto lo scibile dunque, parmi udire da

---

[1] GALILEO GALILEI, *Il Saggiatore.*

taluno, dovrebbe essere avanti alla mente del letterato; poichè ogni scienza, ed in particolare le fisiche, che oggi dominano il mondo, *potrebbero* prestare argomento alla letteratura?....

Sia pure. Ma la *possibilità* di prestare elementi alla letteratura non è *necessità*. Badi bene l'oppositore che lo scopo di questa (e noi l'abbiamo avvertito) è eminentemente morale; è l'educazione, l'ingentilimento de' costumi. In rapporto quindi a questo scopo, le scienze fisiche, a mo' d'esempio, non sono un mezzo *necessario;* bensì saranno un mezzo *idoneo*, e non più, a produrre l'utile, che dalla letteratura si ha diritto d'attendere. È sufficiente al letterato *evitare l'errore;* il quale, per quanto splendidamente vestito, torna di danno, e quindi contravviene allo scopo anche delle lettere. Così, per tacer d'altro, non potrà mai accettarsi, contro i primi elementi di geografia, la dizione del Monti, nella sua *Basvilliana,* canto II: *dal freddo al caldo polo* [1].

---

[1] Anche Bernardo Tasso disse *Or sotto il caldo, or sotto il freddo polo;* e più indietro, Lucano, verso 51, libro I, *Della Farsalia:*

    Nec polus adversi calidus qua mergitur austri.

Non mancò chi volle giustificare anche questo grossolano sproposito del Monti (Vedi in morte di Ugo Bassville se-

Soltanto, avendo riguardo al fatto che le arti sono talvolta una *presentazione* del *sensibile*, si potrà essere indulgenti a segno da lasciar correre alcune frasi, come sarebbe *il sol cadente*, o alcune immagini, come quella, le cento volte ripetuta dai poeti, dell'*onda*, che da *lontani mari viene alla riva*, e *porta sul suo dorso* saluti, baci ed altre gaje o tristi memorie; o il *fuoco, che si sprigiona dalla selce*, come cantano i poeti da Virgilio: *ac primum scilici scintillam exudit Achates*, fino a Monti: *Anche la rude — Stupida selce che ammaestra e chiude — Una vital fiammella.*

187 Certo che il sole non si tuffa nel mare, nè le onde sono corpi d'acqua correnti, nè nella selce si racchiude il fuoco Però l'illusione ottica è tale che il sole pare proprio che cada, e l'onda corra, e il fuoco si celi nella selce E siccome le arti rappresentano un effetto sensibile, così vuolsi essere indulgenti anche nella rappresentazione di un inganno.

guita in Roma il dì XIV Gennaro MDCCXCIII. Cantica dell'abate Vincenzo Monti Verona 1891. Parte I, pag 134); e il Monti accolse le giustificazioni, non volendo correggere il proprio verso, checchè ne dicano alcuni critici in proposito. (Vedi l'ultima edizione fatta dall'autore nel 1821).

Non so però fin quando possa durare questa indulgenza; perchè il secolo tende alle matematiche, all'esattezza del linguaggio, ed anche certe licenze poetiche, certi traslati, immagini o metafore, vengono a noia e si respingono, se non hanno un fondamento nella scienza.

Questa stessa tendenza al positivo fa sì che a' nostri giorni si può rovesciare l'antico proverbio, il *purus mathematicus, purus asinus* convertirlo in *purus litteratus, purus asinus.*

Oggi si leggono e si ammirano le opere di Galileo, di Spallanzani e di Macchiavelli, a preferenza di quelle del Boccaccio, del Petrarca, del Pulci, per quanto sia avanzata la scienza fisica e naturale; e si ama meglio « lo stile assoluto e sicuro del libro *Dei delitti e delle pene*, e dell'elegante trattato del Galiani *Sulle monete*, che non la magistrale facondia del Bembo e del Della Casa [1] » Le nuove produzioni poi, che abbiano un rapporto colla scienza positiva, in quanto siano accessibili al popolo, lo che è merito speciale della lettera-

---

[1] Foscolo, *Origine e Officio della Letteratura*, cap. XV, il quale alle citate parole aggiunge: « Questi vivi inno nobile ed eterno retaggio fra noi: e mille Italiani sanno difenderlo dall'usurpazione e dalla calunnia. »

tura inglese, vengono lette più avidamente che non i romanzi.

188 La qual cosa, se per l'un verso è un bene, mostrando la tendenza del secolo a cose serie, per l'altro vi nasconde un grave pericolo per gli scienziati, quello cioè di smarrirsi troppo nel solletico dell'arte, trascurando il grave incarico della scienza. Lo scienziato con compiacenza s'avvede oggi d'essere in possesso di un patrimonio, che può essere oggetto di letteratura, che può essere gustato da tutti; e quindi è tentato, per vanità ed amore di lucro, a studiare la parola più che l'idea, e non che affaticarsi in profonde indagini, va in cerca di frasi e galleggia sulla scienza con istile brillante, talvolta poetico.... Per buona ventura questo male, che è dominante in Francia, in Italia è così raro da non farci accorti di sua esistenza. Importa però combatterlo ne' suoi primordj vigorosamente, se non vuolsi che tanto perda di serietà la scienza, quanta ne acquista la letteratura, e da ultimo non si abbia nè una letteratura, nè una scienza propria Ad *ottima materia conveniente forma;* ecco ciò che si esige dallo scrittore di scienze. A *bella forma conveniente materia,* ecco ciò che si richiede nel letterato [1]. Il poeta colga pure questa

---

[1] Intorno a questo connubio delle lettere colle scienze in

materia anche dalle scienze naturali, chè i suoi versi saranno più avidamente letti o saporitamente gustati; così, se il Prati ci alletta, Aleardi ci alletta ed istruisce

189. Del rimanente, siccome l'opera utile esercitata dalle lettere si riferisce all'educazione, così sono le scienze educative, sia sociali che dome-

genere, mi è caro riportare la sentenza di Foscolo: « Reputai sempre che le lettere siano annesse a tutto l'umano sapere come la forma alla materia, e considerando quanto siasi trascurata o conseguita la loro applicazione, mi avvidi che se difficile è l'acquistarle, difficilissimo è di *farle frutta e utilmente.* » (Disc. cit, cap 1). — Il quale severo giudizio dovrebbe dar a pensare a quelli che si danno alle lettere senza averne alcuna inspirazione « O Ateniesi, così Foscolo fa parlare Socrate, massima impostura o pubblica calamità si è l'accostarsi ad un'arte senza ingegno, studio e coraggio, convenienti ad esercitarla. » (*Id. cod.*, cap. XIV) — « L'alta letteratura riserbasi a pochi, atti a sentire e ad intendere profondamente, ma quei moltissimi, che per educazione, per agi e per l'umano bisogno di occupare il cuore e la mente, sono adescati dal diletto e dall'ozio tra' libri, denno ricorrere ai giornali, alle novelle, alle rime; così si vanno imbevendo dell'ignoranto malignità degli uni, delle stravaganze degli altri, del vaniloquio de' verseggiatori: così inavvedutamente si nutrono di sciocchezze e di vizj, od imparano a disprezzare le lettere. » (*Id cod*, cap. XV).

stiche, quelle che più propriamente s'impongon
al poeta e al romanziere: *storia, filosofia, legi
slazione;* e ciò in varia misura, secondo la natur
del componimento.

190 Victor Hugo, a cagion d'esempio, mostr
ignoranza assoluta del processo penale frances
ne' suoi *Miserabili,* e ciò non e cosa che gli i
possa perdonare, dacchè tutto il romanzo tend
alla riforma delle leggi penali e carcerarie; Di
mas, più audace, in un suo guazzabuglio di stori
e di fantasia, la fa da critico delle arti e de'ci
stumi d'Italia, mentre nulla ne sa de' casi nostr
Invece altro romanziere, come Gaboriau, avend
l'istesso intento di Hugo, si mostra acutissimo cr
minalista; e la Stael, prevenendo di trent'ani
Dumas, si manifesta versatissima nella vita, nel
letteratura e ne' costumi degli Italiani.

191. Ma a che e come andiamo noi in cerca
esempi presso gli stranieri, mentre nessuno megl
di Manzoni sentì il dovere di adottrinarsi profoi
damente nella scienza dell'uomo e della socie
avanti dettare il suo poema? di Manzoni, succe
sore, come vedremo avanti, di Parini, il *poeta-fil
sofo,* come lo disse Leopardi [1]

---

[1] « Giuseppe Parini fu alla nostra memoria uno dei p

Quanta filosofia nei *Promessi Sposi!* Non però
di quella, che giunge con prepotente logica a di-
mostrarti che la *colpa e niente* (così Hegel, *Filosofia del diritto*, § 95 [1]. No: Manzoni è un buon popolano, che dice male al male, bene al bene, secondo la
comune coscienza, e ti fa amare il bene, abborrire
il male, senza che tu te ne avvegga, e qualche
volta a tuo dispetto. Senza una dimostrazione ei
ti convince; senza una declamazione, ti fa piangere; senza un pensiero, che ti sembri nuovo nella
vita, ei ti dà molto a pensare!.. È miracolo d'arte!
suolsi esclamare È miracolo di scienza, bisogna
aggiungere, e della massima scienza; quella del-
l'uomo, e di tutto l'uomo.

192 Un giorno, essendo io giovinetto di 15 anni

chissimi Italiani che all'eccellenza nelle lettere congiunsero
la profondità dei pensieri, e molta notizia ed uso della filosofia presente; cose oramai sì necessarie alle lettere amene
che non si comprenderebbe come queste se ne potessero
scompagnare, se di ciò non si vedessero in Italia infiniti
esempi. » (*Il Parini* ovvero *Della Gloria*, Cap I.)

[1] V in proposito un recentissimo mio lavoro. *Abolizione
della Pena di morte*. Capitolo II. Esposizione della teoria
di Hegel intorno alla pena e rapporto di questo dottrine colla
pena capitale. (*Cesare Beccaria e l'abolizione della pena
di morte*. Milano 1872, pag. 236)

circa, entrai nella camera del profossore Pestalozza.
Avanti all'austero filosofo (io non avevo ancora
conosciuto da vicino il mio professore, per ammi-
rarne la sua singolare giovialità e dolcezza), sopra
un leggio vidi un libro, *Manzoni, edizione illustrata*, aperto precisamente alla pag. 284, là dove
Renzo, acchiappando per una falda del farsetto quel
recente amico, vuol proprio dargli l'ultimo goccio-
lino, e il sedicente Spada invece, liberandosi con
una stratta « buona notte, » se ne va via. Al lume
della lampada compariva sul libro la bella inci-
sione di Gonin. Renzo ubbriaco nella taverna della
Luna Piena, col bicchiere in mano, l'amico che si
svincola, la tavole, le panche ed il fiasco ... E su
quella pagina vi stava curvo un grave filosofo,
colla testa fra le mani!.. Io non potevo capirne dello
stupore. Se ne avvide don Alessandro, e quando
gli fui presso, battendomi le spalle non troppo dol-
cemente: « Giovinotto, disse egli, di questo libro
nella prima età tu assapori gustosamente il dialogo; durante il corso di rettorica ti allettano le
descrizioni; fatto adulto negli studj, ti si rivela la
storia intima del nostro popolo nel secolo XVII; e
poi e poi ogni volta che tu lo rilegga, in ogni linea,
senti e ritrovi la storia dell'uomo, gli è questo il
miglior trattato di psicologia e morale, che io mi
conosca!... »

103. E quanto dovette costare a Manzoni questo trattato!

Un avvocato qui di Milano faceva meco le meraviglie, perchè tanto tempo avesse speso Manzoni ne' suoi *Promessi Sposi* [1] E Virgilio, io rispondeva

[1] Se la questione del tempo speso per la creazione dei *Promessi Sposi* si riferisce alla raccolta, per così dire, delle impressioni, degli studj psicologici, dei materiali insomma che servirono alla fattura del libro stesso, non è esagerazione il dire, che, fin dall'infanzia, Manzoni attendeva a questo lavoro, quando col suo amico tuttora vivente, l'ingegnere Bovara, soleva passare l'autunno nella villa paterna, presso Lecco, componendo o recitando commediole da ragazzi; che se vuolsi riferire alla composizione materiale, i *Promessi Sposi* sono costati a Manzoni non più di cinque anni. Rattristato Manzoni per i rovesci del 1821, la morte e la prigionia degli amici, disse a Grossi ch'egli, non potendo più vivere a Milano, intendeva ritirarsi colla famiglia a Brusuglio Grossi trovò savio il pensiero di Manzoni, e se ne valse anche per suo conto, seguendo l'amico nel suo omitaggio. Tra i libri che Manzoni portava seco da Milano eravi la *Storia* del Ripamonti e l'*Economia e Statistica* del Gioja, in cui si trovano citate le Gride contro i Bravi, e gli inconsulti decreti annonarj. (V. in proposito l'opera di Gioja *Sul commercio dei commestibili e caro prezzo del vitto.* Prefazione a pag. 199 o seg. Nella Collezione delle *Opere minori*, questo lavoro trovasi al vol XII)

non consacrava la vita alla sua Eneide?.... E quanto tempo costava a Leonardo la sua Cena?. . Il ca-

Oh che tempi! — diceva Manzoni a Grossi, segnando specialmente le pagine del Ripamonti che alludono all'Innominato — Sarebbe bene porre sott' occhio in modo evidente questa istoria...

Per allora a Manzoni non brulicava in capo altra idea, se non il consiglio dato da quella furbacchiona di Agnese; a questa idea si univa quella delle Gride e dei Bravi, di cui Gioja gli offriva la storia esposta dal Ripamonti, quella dell'Innominato e della Peste, nella quale la carità esercitata da Francescani [1], gli suggeriva l'ideale di frà Cristoforo. Ecco l'origine genuina dei *Promessi Sposi,* come con tutta semplicità esponeva Manzoni stesso ad un suo intimo amico.

[1] Nel nostro Museo archeologico abbiamo un'inscrizione marmorea del 1616, che trovavasi già infissa nell'orto di S Maria della Pace di Milano, a perpetua ricordanza della carità esercitata dai frati durante la peste descrittaci poi da Manzoni

SISTE GRADVM, VIATOR, NON FLETVM
ANNO A CHRISTO NATO MDCXXX FVNESTA PESTILENTIA
ITALIAM INVASIT, INSVBRIAM VASTAVIT
MEDIOLANI STATVM, AC CIVITATEM PENE EXHAVSIT
IN ILLO SEXCENTV MILLIBVS, IN HAC CENTV NONAGINTA MILLIBUS DESIDERATIS
PROVINCIA HÆC MEDIOLANENSIS FRATRVM OBSERVANTIVM SANCTI FRANCISCI
FRATRES SVOS SVPRA CENTVM LVE ABSVMPTOS JVSTO DEFLEVIT PLANCTV
QVI CVM PESTE LABORANTIBVS CHARITATIS OFFICIA PRÆSTARENT,
VITAM CHARITATI POSTHABITAM AMITTENTES INVENERVNT

Questa iscrizione fu per intiero pubblicata, con relative illustrazioni, dal signor Biondelli nel *Politecnico* (1862), vol XIII, pag 89.

rattere delle opere immortali in ciò si manifesta, che *sotto e sopra* il movimento del cuore e della fantasia vi ha uno studio profondo, una logica rigorosa, per cui potete rendere ragione di ogni parola. Come alla Cena delle Grazie neppure Raffaello avrebbe potuto levarne una linea, perchè al grave concepimento dell'artista filosofo ogni linea armonicamente vi risponde, così ai *Promessi Sposi* di Manzoni ed ai varj episodj, poniamo al quadro fiammingo dell'osteria della *Luna Piena*, levate una sola parola, se il potete?... [1].

Questa è la *ragione ultima* dell'arte, è la filosofia che, imbrigliando l'immaginazione e il cuore dell'individuo, obbliga la mente ad un ideale, che personifica nell'autore l'umanità. Non è Manzoni che agisce e parla; sono *don Abbondio, don Rodrigo, l'Azzeccagarbugli,* e via via tutti gli autori grandi e minimi del quadro, e non essi soltanto,

---

[1] Qui alcuno troppo leggermente potrebbe opporre che Manzoni stesso vi ha levate molte parole colla edizione che noi vorremmo chiamare *riformata.* Manzoni nulla vi ha levato di ciò che valga all'espressione essenziale del concetto; ma soltanto vi ha sostituito un *equivalente più proprio,* secondo le sue convinzioni intorno alla lingua, delle quali tratteremo più innanzi.

ma, ciò che più importa, sono essi il *pauroso*, il
prepotente, l'*imbroglione*, quali si manifestano per
eccellenza in Lombardia nel secolo XVII, e quali
si manifestano nel *proprio genere* in tutto il mondo,
poichè *una* è l'*umana natura*, per quanto varie
sieno le modificazioni dell'essere nelle incostanti vi-
cende della vita.

Io sarei qui tentato discendere a minuta analisi
psicologica [1]; ma oltrechè il tempo non è concesso,
crederei far torto a voi, o Milanesi, che trovate,
ad ogni piè sospinto nella vita, l'incontro di un
personaggio descritto da Manzoni, un don Abbondio,
un Azzeccagarbugli, una Perpetua; e d'altronde io
sarei sicuro di mancare al mio còmpito, perchè:

> Forse intera non vedo
> La bellezza ch'io dico; e si trasmoda
> Non pur di la da noi; ma certo io credo
> Che solo il suo fattor tutta la goda,
> E così cela lei l'esser profonda.
> E l'occhio, che per l'onda
> Di lei s'immerge, prova il suo valore
> Tanto si dà quanto trova d'ardore [2].

---

[1] Dell'Ideale di Manzoni, che ha intimo rapporto con
questo argomento, parleremo largamente più avanti.

[2] GIUSTI, *Ode a Dante*.

104. E l'*ardore*, capace a sentire ed a giudicare di Manzoni, a Settembrini mancava; non tanto per il difetto di que' principj religiosi che inspirano Manzoni (chè il critico deve atteggiarsi alle credenze del Poeta da lui giudicato), quanto per i pregiudizj dell'antica scuola, di cui egli, ardito novatore di nome, tenta invano svincolarsi.

Di che daremo la prova nella prossima tornata.

LETTURA SESTA

(Fatta nell'adunanza del 23 gennajo 1873.)

PROGRESSO LETTERARIO

(Continuazione)

195 Rapporto col discorso antecedente. — 196. Si combatte il principio: *arte per arte* — 197. Quale fama conceda Settembrini a Manzoni. — 198 Quale fama gli si competa. — 199. Giusto indirizzo dato allo scuole dalle nostre autorità comunali. — 200. Lo studio che Guerrazzi fece dell'uomo è imperfetto; perfetto invece è quello di Manzoni. — 201. Manzoni raggiunge un intento morale — 202 Conseguenze del principio determinato da Manzoni. l'*utilità per iscopo.* — 203. Queste conseguenze sono sentite nella recente letteratura europea. — 204. Alleanza delle scienze colle lettere. 205. La questione sull'uso della mitologia, tratta da Manzoni. — 206 La mitologia secondo le attuali esigenze. — 207. Demolizione dei materiali che già servivano all'antica letteratura. — 208. Naturale reazione. — 209. Altre demolizioni. — 210. E di ciò porgeva primo esempio Manzoni. —

211. Manzoni fu fortunato nascendo nella sede della rivoluzione letteraria. — 212 Gli scrittori del *Caffè*. — 213. Beccaria. — 214. Alessandro Manzoni, nato da Giulia figlia di Beccaria, compie colle sue opere la rivoluzione iniziata dall'avo.

195. Nell'ultima lettura, richiamando il giudizio critico di Settembrini intorno a Manzoni, asserivasi che Settembrini, ardito novatore di nome, non riesca sempre a svincolarsi dai pregiudizj dell'antica scuola. Di che abbiamo la prova nell'incertezza di sua sentenza, per cui *disvuol ciò che volle, e per nuovo pensier cambia proposta* (Inf. 2.°), siccome colui che si trova *fra due secoli, l'uno contro l'altro armato,* e che senza avere la pretesa (lo che è bene) di *assidersi in mezzo a loro ed imporre silenzio,* subisce il chiaccherio delle due parti discordanti.

A pag. 313 del terzo volume di sua *Letteratura,* Settembrini ci dice che *I Promessi Sposi* devono essere lodati; perchè in essi *la bellezza dell'arte è piena.* . Che vuolsi adunque di più in un artista?... Se piena è la bellezza dell'arte, l'artista avrà raggiunto il suo intento. E qual è questo, se non l'*utile morale, o il bene?* .. [1].

---

[1] Vedi in proposito le eloquenti pagine di Ugo Foscolo, *Della morale letteraria.* Trattando egli *Della letteratura*

Per Settembrini però la cosa non va così; e « se non è *un libro veramente buono*, continua parlando dei *Promessi Sposi*, a pag. 231, *è certamente bello*. »

rivolta unicamente al lucro, dice che « il letterato in tal caso non può se non secondare le passioni e le opinioni, quali pur sieno, di coloro che, essendo ricchi e potenti, gli possono essere liberali di favori. » Egli quindi impreca giustamente ad Orazio, il quale, « per servire Augusto, che ancor temeva della memoria di Bruto e della costanza di Labeone, doveva insultare all'ombra di Bruto, versare fiele e sarcasmi sul nome di Labeone. » E aggiunge questa gravissima sentenza. « Io non posso, o giovani, pensare ad Orazio senza maravigliarmi, come egli, in grazia delle virtù del suo stile, sia raccomandato nelle scuole e nella letteratura sì ciecamente. » Tollera Foscolo appena Virgilio, che provvide insieme al debito di cortigiano e a quello d'uomo amico delle lettere, adulando al Principe, senza però insultare alla virtù « Io non poteva (così Virgilio per la penna di Foscolo) scrivere senza agi e senza il favore del Principe; ma io non poteva acquistare stima a' miei scritti, se all'adulazione avessi unita l'infamia e la malignità; ho dunque conservata la verecondia e la bontà d'animo anche nell' adulazione. » Altrettanto di Pindaro, *il quale ebbe* (sono parole di Foscolo, intendiamoci bene) *quella mirabile filosofia da sapersi appigliare a temperamento d'onestà e di guadagno*, offerendo ai giuocatori lodi per oro, senza però insultare ad alcuno.

Che *I Promessi Sposi* siano o non siano un libro veramente buono, è questione che ci attende più innanzi: noi speriamo di potere provare come per

Il secondo scopo che può prefiggersi il letterato si è la gloria. V. Foscolo, *Della letteratura rivolta unicamente alla gloria*. Lezione Seconda Egli però dimostra con esempi antichi e recenti « che il desiderio di fama non può per sè stesso rendere meno misero l'uomo letterato; che questa fama è incerta assai per i capricci della fortuna, l'ignoranza e le passioni dei contemporanei, gl'improperj scambievoli de' letterati, e le persecuzioni de' Principi » Con tutto ciò la gloria non va trascurata, perchè « bello ed eterno desiderio degli uomini, però ucciderebbe la radice delle lettere chi potesse nei giovani estinguere questo fuoco che le alimenta, bensì, come l'abuso d'ogni passione nuoce all'uso, ed il fuoco, che prima manteneva ne' corpi il moto ed il calore, ove s'accresca oltremodo, soffoca ed incenerisce, così siavi per ora provato che le lettere non possono vivere senza gloria, ma che ove *siano unicamente rivolte alla gloria,* non possono se non accrescere il dolore, i vizj, e il vituperio di chi le professa. »

Da qual altro rimedio sia temperata questa passione, e con che mezzo si possono rivocare le lettere a vero e certo vantaggio de' loro artefici.... viene determinato dal terzo scopo della letteratura.

Terzo scopo, secondo Foscolo: *La letteratura rivolta all'esercizio delle facoltà intellettuali, e delle passioni.*

Manzoni *idealizzare sia per eccellenza moraliz-*
zare; intanto qui sulle generali domandiamo, se
vera, se piena bellezza possa darsi senza bontà?...

Lezione Terza. L'autore pone questo canone: *Ogni arte*
deve essere dall'artefice rivolta alla propria utilità. « Ora
lo utilità d'ogni individuo in società, consistendo nella co-
modità della vita, nella estimazione pubblica, e nella soddisfazione dell'animo, chi professa letteratura deve mirare
all'acquisto di questi tre beni, il primo risguardante al-
l'economia, il secondo alla vita civile, il terzo alla filosofia »

Anche Foscolo dunque ammette *l'utilità come scopo della*
letteratura, e cerca nobilitare questo concetto, subordinando
gli agi della vita e la gloria ad un principio più elevato
Questo principio però è ancora *soggettivo,* perchè si risolve
nell'agire in modo da fuggire la sventura annessa alla gloria,
cioè quella del disinganno, e lo scopo massimo delle lettere
è riposto « nell'esercizio delle nostre passioni e nostre opinioni comunicando colla società. » — Così si ha un vero
soddisfacimento di sè, poichè « la natura, che ci ha creati
tutti all'amore e all'incanto inesplicabile della bellezza, ci
promette mille dolcezze anche nel solo vagheggiarla . L'uso
insomma intero, liberissimo e sicuro di ogni nostra facoltà
intellettuale è il piacere maggiore ed unico forse a cui la
natura ci ha destinati. » E come acquistare questa libertà'
— *A me sembra,* rispondeva il Parini a Foscolo, *di essere*
liberissimo, perchè non sono nè avido nè ambizioso

Conchiude egli quindi « che la soddisfazione dell'animo è

Non è nostr'arte a *Dio quasi nepote* (Inf. XI)?
Non ha dessa la sua sede nell'armonia dell'universo,
e questa che è mai se non *ipsa Dei voluntas quae*

l'unico scopo a cui si deve mirare nell'esercizio dell'arte ;
che la ricchezza e la gloria, essendo vantaggi accessorj e
dipendenti dagli uomini e dal caso, non devono prefiggersi
per unica meta. »

Ma il *soddisfacimento di sè* non è che conseguenza di
un principio superiore ; ed è questo il principio morale, affatto oggettivo, non subordinato al calcolo di eventuali conseguenze.

Foscolo aveva pure sentito la forza di questo principio
per l'autorità degli Scrittori. « I sommi Scrittori, egli dice,
vi saranno specchio di questa verità, che la morale letteraria è l'unico conforto degli Scrittori. » Ma di questa
morale non ne riconobbe che un solo lato, *il bisogno cioè
della verità* (Frammenti di lezioni, Transunto, *Dei fondamenti
e dei mezzi della letteratura,* Capit. 4°). Ed anche in ciò
egli partiva da un concetto egoistico, dal soddisfacimento
di sè, e non del dovere o di una legge . Di che non facciamo
le meraviglie, imperocchè Foscolo non seppe mai elevarsi
alla serena regione dell'assoluto, e la professione di fede,
fatta all'aprirsi della sua carriera, stabilisce il programma
di tutta la sua esistenza, se pure poteva convenire un programma qualunque alla sua incostante natura, *alle speranze
incredulo e al timore.* » (*Il proprio ritratto,* modificato
dall'autore negli ultimi anni della sua vita).

ducit omnia ad debitum finem? (Thom.). O non è forse l'arte, secondo la definisce lo stesso Settembrini, *l'armonica rappresentazione del vero?* [1]. Come dunque segregare il buono dal vero, se verità ed armonia sono due costitutivi essenziali del bello?...

Non pel sentimento, aggiunge Settembrini, ma

Ecco le parole d l giovanetto Foscolo nell'orazione di Laurea *Sull'orgine e limiti della giustizia* « Ma si consideri l'uomo in qualunque stato, e con quante astrazioni si voglia; ogni opinione, ed anche quella che crede il genere umano illuminato di un principio eterno di ragione pura del retto e del giusto, indipendente dalla forza e dall'interesse, deve ad ogni modo incontrarsi in questo punto che: *ogni dovere e diritto risiede nell'istinto della propria conservazione.* » Lo che è precisamente il contrario di quanto sostiene Manzoni nel citato discorso contro gli utilitarj.

Così di questi due Sommi, in ordine *al principio morale* che informa le lettere, abbiamo considerato l'accordo e le discrepanze, e ciò a bene dei giovani, i quali hanno tanto bisogno di meditare le pagine dei grandi pensatori, per non essere adescati dal vaniloquio di alcuni moderni mestatori in letteratura, i quali hanno la pretesa di dar la luce al mondo colle loro ciance.

[1] Op. cit. Vol. I, pag. 2.

per l'*arte onde è condotto, I Promessi Sposi* hanno reso grandi servigi all'Italia [1]. — Eh via, che cosa è l'arte, se falso è il sentimento? che è l'arte, là dove manchi il *vero* ed il *buono?*... Natura reale, forma, concetto, parole, immagini, che sono mai senza un vincolo colla legge morale, la quale dominì lo spirito e valga a idealizzare tutte cose, pel cui mezzo soltanto la letteratura e ogni arte bella sussiste? [2] Se togli un intento razionale a cui miri il poeta, ti rimane poco meno che un fascio di parole, fossero pur quelle con cui Virgilio edificava l'Eneide, il Tasso la sua Gerusalemme, sempre però parole, utili solo al Forcellini ed alla Crusca, che stanno in confronto dell'arte come la celebre Cava della Candoglia presso Ornavasco di fronte al Duomo di Milano. Vuolsi dunque il sentimento del bene che al vero naturalmente si accoppii, e donde sorga la face del bello

« Con la nuova filosofia, dice De Sanctis [3], il Bello prese posto accanto al Vero ed al Buono, acquistò una base scientifica nella Logica, divenne

[1] *Id. eod*, pag 316.

[2] Vedi, nel discorso *Intorno alla Verità soggetto della letteratura*, la ragione di questa asserzione.

[3] De Sanctis. *Storia della letteratura*, Vol. II, pag. 471.

una *manifestazione dell' Idea*, e come la Religione, il Dritto, la Storia, avremo una filosofia dell'arte, l'Estetica. »

196. *Arte per arte* è l'idolatria di sè, un divorzio dall'universo, dalla natura; è un barcollare senza legge, senza scopo, come *l'ebbro che desidera il vino:* formola, con cui si volle indicare a torto la rivoluzione nelle lettere, e che non è altro se non un ritorno alla vacuità arcadica, alla verbosità accademica; e quindi era naturale che ci venisse di Francia. — Arte senza sentimento, senza moralità, è voce priva di concetto, è insidia vergognosa alla buona fede degli ignoranti, è un'elemosina che si vuol fare al genio, di cui non è possibile l'annientamento. E questa elemosina vorrebbe farsi ad un Manzoni!... Egli però la respinge, perchè ha il dovere di rinunziare alla gloria di artista, quando gli negate quella di galantuomo. — L'artista senza sentimento, senza bontà, è un matricolato briccone, che aspira alla fama di Erostrato, perchè non col culto, ma colla distruzione del Tempio della verità vuol procurarsi la fama.

197. E questa è la fama che si vorrebbe concedere a Manzoni?! Dovrebb'egli dunque essere simulato come Calcante, maligno come i Borgia, se, apparendo a tutti un'anima santa, compie poi un'im-

presa che *non è buona!*.. Egli sarebbe un illustre
gabbamondo, che accarezza gli errori e i pregiudizj
del popolo per perpetuarne le miserie; egli mette
insieme bellamente frati, arcivescovi, semplici cre-
denzoni, per saldare nuovamente una catena, che,
rôsa dal tempo, minaccia cadere in frantumi nel
secolo XIX. — Ecco il Manzoni che potrebbe uscirne
dai giudizj di Settembrini. Certo, se il Professore
napoletano avesse prevedute queste conseguenze, a
cui naturalmente conduce la sua parola, sarebbe
stato più cauto nel dire, nè avrebbe domandato a
sè stesso: perchè *ancora sian lodati i Promessi
Sposi da liberi uomini e da filosofi?* . quasiche
mezzo secolo circa di fama fosse troppo [1]

198 Il libro dei *Promessi Sposi* è libro dell'u-
manità, e durerà *quanto il mondo lontano*, come
l'*Iliade*, la *Divina Commedia*, e l'*Otello* di Shakespeare. E Dio il voglia! imperocchè la profonda
scienza dell'uomo che trovasi nascosta in questo

---

[1] A dispetto degli avversarj di Manzoni, l'entusiasmo per
questo nostro concittadino si fa ogni giorno maggiore, e
nella Esposizione recente avutasi in Milano, si ebbe prova
eloquente dell'omaggio che gli vanno prestando tutti gli
artisti, scultori e pittori Alla vista delle molte sculture che
rappresentano il nostro grande concittadino, il buon popolo
esclamava. « Ve', come si risponde a certa gente .»

semplice racconto, lo *splendor del bene* che irradia da ogni frase, penetra insensibilmente nell'animo del lettore, e lo sforza a farsi migliore. — Così fu di Giusti, a sua testimonianza, così è di tutti, fino all'ultimo popolano: poichè nel poema di Manzoni vi sono pagine che valgono non solo per gli *uomini liberi e per il filosofo*, ma per ogni classe di persone. « Manzoni, dice Gioberti [1], col suo romanzo risolse l'arduo problema, se si possa scrivere un libro che sia insieme delizia del popolo e pascolo delle menti più elette » [2].

100 E qui ci sia lecito volgere una parola di lode agli educatori del nostro popolo [3], i quali,

---

[1] *Del rinnovamento civile d Italia*

[2] Nel giro che quel brillante e caustico ingegno di Guerrazzi fa fare al Romanzo, si accenna anche la gita a Lecco: « poi per ricrearsi venne in Italia, e si aggirò pei colli della Brianza, dove conobbe Renzo o Lucia, e prese tabacco nella scattola di fra Cristoforo un degno frate in verità, ma il Romanzo dentro un orecchio ai suoi amici susurrava sommesso che tre quarti delle virtù del frate Cristoforo, Alessandro Manzoni le aveva tolte a nolo da Lui.. »

[3] *Alle Onorevoli Direzioni ed ai signori docenti delle civiche scuole*, Circolare del Soprantendente delle scuole di Milano, conte F. Sebregondi. *Perseveranza*, 29 Settembre 1872.

persuasi che lo scopo dell'istruzione dev'essere un utile intellettuale non solo, ma ancora morale [1]; persuasi che i principj instillati nei giovani cuori dal maestro sono seme fecondo di virtù, con alta sapienza ritennero come libro prescritto di lettura *I Promessi Sposi, delizia del popolo e pascolo delle menti più elette* [2].

E donde mai questa popolarità, o meglio *universalità* del poema di Manzoni? Dall'avere il poeta studiato profondamente tutta l'umana natura nella

---

[1] « .. . ma siccome *è duplice* lo scopo delle scuole primarie, così, *quanto all'educazione*, cerchiamo che dalle nostre aule escano non solo fanciulli che sappiano, ma fanciulli educati alla tolleranza reciproca e a temperate costumanze urbane e civili. Le nostre scuole si ponno chiamare quelle del popolo, quanta carità di patria se si continuerà a preparare in esse uomini onesti, guardinghi ai ma' passi, amanti del giusto, del reale e del buono! — Ricordiamoci che il nostro orgoglio deve essere quello *non delle corticose novità, degli esperimenti a scatto*, ma bensì quello di mantenere il *primato della nostra istruzione elementare nel campo del vero e dell'utile*. » (Circol. cit.)

[2] « .. e la invito ad attenersi al libro prescritto di lettura, *I Promessi Sposi* » (Circol cit), allo scopo anche « di sostituire ad ogni *lenocinio e fiorettura rettorica, uno stile semplice, ordinato e chiaro.* »

sua vita intima, da *Federico Borromeo* a *Tonio* o *Gervaso*, e dall'averla studiata in modo, che ci sentiamo obbligati ad amare questa natura stessa nella *legge divina*, che le è *scorta e ragione*.

200. Un altro illustre romanziere, le cui pagine dei primi romanzi, al dire di Mazzini, *grondano sangue*, il solo a' nostri giorni che sta di fronte a Manzoni, per ciò che egli non ha un modello avanti alla mente, vive di una vita singolare; singolare la forma, singolari i concetti che sgorgano da una inesauribile fantasia, ridente come il Mezzogiorno d'Italia, ed insieme cupa come il canto del Bardo della Selva Nera, non imitatore e neppure imitabile senza pericolo di cadere nel barocco del seicento, nemico d'ogni scuola, eppure retore alla sua volta, schivo di regole prestabilite, eppure amico dell'arte [1] Guerrazzi studiò

---

[1] Vedi in proposito la Prefazione ai *discorsi funebri*.

La critica si scagliò furente contro Guerrazzi. Egli però non si smosse dal suo proposito, e disprezzò i maligni ed i pedanti. « Poco però il danno che costoro pensano fare, poiché, sebbene al ragno possa talora venir fatto velare colla sua tela la chioma del Giove di Fidia, egli si rimarrà pur sempre un insetto tiranno delle mosche soltanto — Declinate la faccia, svergognati, e rispettate gli uomini di cui gli errori formerebbero per voi la gloria più grande che mai sia lecito sperare ».

e descrisse l'uomo, ma di questo una sola pagina.
Egli « strappò dalle piaghe le bende che vi fascia-
rono attorno l'ipocrisia e la viltà, senza curarsi
delle strida di dolore o delle imprecazioni dei mal-
vagi, affinche gli uomini imparassero a medicare,
non a simulare le piaghe. » Ma gli uomini sono
così fatti che il delitto li inebbria talfiata, là dove
non vi si contrapponga prontamente lo splendore
della virtù, a don Rodrigo non si contrapponga Lucia.

Del delitto poi importa rivelarne tutta la viltà,
che gli è sempre compagna; avvegnachè eziandio
le inique imprese, quando con brillanti immagini
si presentino al giovine lettore, vi suscitino una
fatale simpatia. Di questi eroi del male serbano
soverchia memoria le guaste tradizioni del mondo
classico, ove non v'ha passione, la quale non sia
divinizzata. Oggi invece, per ristabilire il trionfo
della morale e produrre un *utile positivo,* si sente
il bisogno di descrivere le piccole virtù anzichè i
grandi delitti, di cui, quando si deve narrarne la
storia, è mestieri circondarla di tutte le deità. il
Voltafaccia, la *Meschinità,* l'*Imbroglio,* la *Viltà,*
l'*Avidità,* la *Grelleria,* la *Trappoleria* [1], tutte divinità che fanno corona al vizio, dal tiranno al
tribuno della plebe, in piazza, e fra le mura dome-

---

[1] GIUSTI, *Il Gingillino.*

stiche. Il sentimento, dunque, che deve nascere
dalla storia d'uno scellerato, non è l'ammirazione
quasi avanti ad un eroe; ma lo schifo, la compassione, il disprezzo, più ancora che l'ira o lo sdegno.

Così, più che sdegno, ci fanno stomaco la condotta
di don Rodrigo e il tradimento di Griso; Gertrude
è argomento grave di pietà, di crudo dispetto l'assassino suo padre inconscio del proprio delitto;
quanto spregevoli poi gli strumenti ciechi del male,
dai bravi a don Egidio! Tollerabile appena è quel
matto di Attilio, appunto perchè matto.... Solo l'Innominato, eroe classico (permettetemi l'espressione), ha come Farinata l'*inferno in gran dispitto*.
Assassino e cavaliere, quell'uomo, aveva obbligato
tutti i tiranni per un bel tratto di paese all'intorno,
chi in un'occasione e chi in un'altra, a scegliere
tra l'amicizia e l'inimicizia di lui, tiranno straordinario. Egli il solo audace osava fare aperta reazione a quello stupido governo. Condannato al bando,
« la segretezza che usò, il rispetto, la timidezza
furono tali: attraversò la città a cavallo, con un
seguito di cani, a suon di tromba; e, passando
davanti al palazzo di Corte, lasciò alla guardia
un'ambasciata di impertinenze per il governatore » [1].

___

[1] MANZONI, *I Promessi Sposi*, ediz III, pag. 373

Uomo di tal fatta non può lasciare indifferenti i giovani lettori, ed alcuni, che sentono il prurito di farla da prepotenti, sono quasi per dichiararsegli amici , E così fosse! chè a questi sarebbero efficacissimo rimedio la notte de' rimorsi, la voce di Federico, e quella dichiarazione che l'Innominato fa a' suoi nel salotto del castello. « Tenete per fermo che nessuno da qui avanti potrà fare del male con la mia protezione, al mio servizio. Chi vuol restare a questi patti, sarà per me come un figliuolo: e mi troverei contento alla fin di quel giorno, in cui non avessi mangiato per satollare l'ultimo di voi con l'ultimo pane che mi rimanesse in casa » [1].

Qui l'individuo Innominato scompare, e ci si presenta in piena luce *l'uomo* — Imperocchè Manzoni (a differenza di Guerrazzi, per il quale l'uomo è naturalmente malvagio) ha considerato il delitto come una deformità, uno spostamento dell'umana natura; onde il colpevole è descritto come essere eccezionale, che nulla ha a che fare co' suoi *venticinque lettori*; la virtù invece nei *Promessi Sposi* è uno specchio dell'animo, onde siamo invitati a contemplarla ed amarla come parte di noi; epperò gli ideali di questa virtù, siano frati, contadini, vescovi, nulla importa, essi sono i nostri

[1] Manzoni, *I Promessi Sposi*, ediz. ill. pag. 472.

naturali esemplari. Da ciò avviene cne chi non è buono e non è onesto non può gustare pienamente Manzoni.... a meno che una certa uggia delle *sue scelleratezze*, una ripugnanza di accrescere un peso ammontato, tanto incomodo alla sua coscienza, il *rolo penoso dell'avvenire*, non lo dispongano all'amore della virtù.

201. Per effettuare questo miracolo, come per elevare la virtù di uomini da poco, quali un cappuccino, un contadino, un sartore, a così splendido ideale che ci forzi ad imitarli, è necessario informare tutta l'azione di tanto amore all'umanità, di speranze così vive nei destini dell'uomo, che il lettore, per quanto scettico, viva almeno per un istante con Lucia e frà Cristoforo di quest'aura celeste loro comunicata dal divino Autore. In Guerrazzi invece (uso le parole di Mazzini) « un alito di scetticismo spira attraverso molte pagine dell'*Assedio*, uno spirito d'amaro, scarno, disperato sconforto diffuso per entro ai più bei capitoli, aggelano l'anima incalorita nella lettura, e distruggono a metà l'effetto sperato » [1].

---

[1] MAZZINI, *Opere*, tom. II, pag 389. — Mazzini si volge ad Anselmo Gualandi· poichè i pochi esemplari della prima edizione portavano in fronte: — *L'assedio di Firenze*, Capitoli XXX di Anselmo Gualandi.

E tanto basti intorno alla *educazione mora*
il massimo utile che si possa attendere dalle L
tere, giacchè più avanti dovremo ancora tratta
dell'elemento morale predominante nell'ideale Ma
zoniano [1], quanto alla *educazione civile,* già sop
a sufficienza si è discorso.

202. È prezzo dell'opera invece accennare a
conseguenze del principio determinato da Manzo
l'utilità scopo della poesia e *della letteratura*
genere, per riconoscere se realmente da que:
principio sorga spontanea *la rivoluzione* nelle l
tere.

Per verità, gli effetti che procedono da que:
principio sono pressochè innumerevoli e inco
mensurabili. L'avvenire soltanto potrà determina:

203 Schivi dal farla da profeti (come fece S
tembrini, che scrisse anche la storia dell'*avveni*
nel suo ventesimosesto capitolo), noi vediamo

---

[1] *Alessandro Manzoni negli stabilimenti educativi*
Milano Sotto questo titolo, nel pregiato giornale *Patri*
Famiglia, 1872, fasc. 8°, si hanno tre discorsi del prof.
masca, degni di lode per lo squisito senso morale con
l'oratore presenta il Manzoni alle scolare degli stabilime
Nova, Biraghi, Staurenghi, e per la nobile maniera con
si combatte Settembrini.

nostri giorni l'effettuarsi di questa rivoluzione in Inghilterra, dove il romanzo ha assunto il carattere di *una morale conversazione* [1], non tanto a rimpasto ingannevole della storia, come procura Bulwer sulle traccie di Gualtiero Scott, quanto a scopo diretto di educazione religiosa e domestica, come Wiseman e Newman, a diffusione di scienze e di leggi sociali, come Dikens e Thackeray, a sostegno del proprio partito politico, come il torista Disraeli, ne' cui racconti traluce l'arguzia e il sorriso dell'antica sua patria [2]; in Germania, dove la recente letteratura ha assunto un nome speciale, *Schöne Wissenschaften,* che indica come la scienza

[1] Il professore Rotondi, che ci donava testé una bella traduzione dell'opera di Samuele Smiles *Il Carattere,* giustamente avvisa: « L'opera appartiene, come le altre dell'Autore, a quella letteratura che in Inghilterra è coltivata forse più che altrove, la quale, senza apparato scientifico, per mezzo di esempj assai più che di precetti, mischiando, come vuole l'antico poeta, l'utile al dolce, si studia d'insegnare ad ogni classe di persone le maggiori verità, e additare la via del dovere. È una letteratura *che introduce la filosofia* nel crocchio domestico, e, nemica d'ogni falso splendore, anche negli eroi di Plutarco non sa lodare che gli atti veramente virtuosi. »

[2] La famiglia Disraeli trae origine di Venezia.

costituisca la parte sostanziale del Bello [1]; e finalmente anche in Italia, dove abbiamo degli scienziati
prosatori, che, per la proprietà e lo splendore della

[1] Vedi in proposito l'opera *Kulturgeschichte der neueren
Zeit*. Vom Wiederaufleben der Wissenschaften bis auf die
Gegenwart. Von Otto Henne-Am Rhyn Tom. I. Leipzig
1870 - II. 1871 - III 1872. — In questa storia del pensiero,
con mirabile sintesi si dimostra il *predominio della scienza
sulle arti,* sia sulla letteratura, che sulla musica, architettura, scultura e pittura Ci duole però avvertire che l'Autore,
quanto all'Italia, è ben lontano dal partecipare agli studj
recenti, e rispetto agli antichi, se mal non mi appongo, non
fa che ripetere in compendio le idee di Cinguené Dei moderni poi (vedi specialmente vol. III, pag. 584 e segg) dice
poco, notando piuttosto i difetti che non i pregi. — Così
Monti lo presenta soltanto come camaleonte, *abate Monti,
cittadino Monti, cavaliere Monti*. Davvero che questo era
gravissimo difetto; ma se ciò toglievagli fede « *Monti canta
per tutti e niun gli crede* » (FOSCOLO, *Epigramma*), non gli
toglieva certo la fama come inclito scrittore. — In Foscolo
poi ei non considera che lo *Jacopo Ortis,* di cui la forma
e il concetto ve li riconosce nel *Werther* di Gothe. — E
finalmente accenna appena a Leopardi, a Manzoni, a Nicolini, venendo fino al grande agitatore, Giuseppe Mazzini,
della cui critica letteraria, pur conosciuta nella Svizzera
tedesca, dove aveva ottenuti per buona parte i suoi natali,
non fa parola.

parola, meritano un posto assai più distinto nelle lettere di quello che arbitrariamente si arrogano alcuni cantastorie o certi poeti, i quali vivono a dispetto della buon'anima di Passeroni:

> Certi versi che sono, sto per dire,
> Un ammasso di gravide parole
> Che sovente si stentano a capire,
> La dotta Italia più non vuol sentire... [1]

204. Questa necessaria alleanza della Scienza colle Lettere è l'*effetto positivo* del principio esposto; e dell'importanza di ciò si è data, almeno lo speriamo, sufficiente dimostrazione [2] L'*effetto negativo,* cioè la parte che rappresenta veramente *la rivoluzione* o la demolizione del mondo antico, è pur grande, considerata soltanto secondo l'attuale condizione delle Lettere.

Accenneremo i principali effetti.

205 Se ciò che non produce un vantaggio reale, e che in particolare non provvegga all'educazione individuale, domestica e sociale non ha più una ragione di essere, anche l'antica fonte di poesia, onorata dalle scuole e ancora imposta da alcuni

---

[1] *Vita di Marco Tullio Cicerone,* c XXII.
[2] Vedi il discorso antecedente.

Classici cocciuti [1], è interamente disseccata. Intendo
dire della Mitologia.

Non fatemi il broncio se richiamo una vecchia
quistione. È vecchio anche il nostro Manzoni, e
per giudicarlo in tutti gli incidenti della sua vita
letteraria, bisogna indietreggiare di mezzo secolo,
quand'egli combatteva con lena giovanile. « Cosa
assurda, diceva Manzoni, parlare del falso riconosciuto come si parla del vero, per la sola ragione che
altri altre volte l'hanno tenuto per vero; cosa fredda
introdurre nella poesia ciò che non entra nelle
idee, ciò che non richiama alcuna memoria, alcun
sentimento della vita reale; cosa nojosa ricantar
sempre questo freddo e questo falso; cosa ridicola
ricantarlo con serietà, con aria d'importanza, con
movimenti finti ed artefatti di persuasione, di meraviglia, di venerazione, ecc., ecc » [2]. « Io tengo
per fermo, diceva l'ardito giovane Manzoni, che
Giove, Marte e Venere faranno la fine che hanno
fatto Arlecchino, Brighella e Pantalone, che pure
avevano molti e feroci e taluni ingegnosi scrittori » [3].

---

[1] In Milano vi sono ancora professori che si sfiatano ad
insegnare la mitologia, come fonte del *Vero Poetico.*

[2] MANZONI, *Del Romanticismo,* ediz. cit., pag. 116

[3] MANZONI, *Del Romanticismo,* ediz. cit. pag 119.

A queste ragioni, i Classicisti opponevano, che in tal modo erano esclusi que' concetti, quelle immagini, quelle allegorie, su cui era fondata gran parte della poesia, quindi anche molti generi di poesia venivano a cadere.

E gli avversarj, moderatissimi nella lotta, si sforzavano dimostrare che questo pericolo non vi era punto, citando ad esempio ogni genere di poesia antica e moderna, in cui vi era pure vivissima poesia, e non mitologia.

Questo argomento era una *specie di transazione* tra i rivoluzionarj ed i conservatori; e Manzoni, che è *radicale* (permettetemi la frase), non usò di questo argomento, di cui servivansi i suoi amici del *Conciliatore* [1]. E di vero, dacchè il poeta deve prefiggersi l'utile per iscopo, deve anche fuggire le cose menzognere e futili, come contrarie al vero ed all'utile, e la mitologia oggi è *menzogna* o *niente* [2]. Che se nell'Iliade, nell'Eneide, in Sofocle

---

[1] Rovani, nel recentissimo suo lavoro, chiama Manzoni « ingegno tanto grande quanto originale e rivoluzionario. » *La giovinezza di Giulio Cesare.* Vol. I, pag. 248.

[2] Anche Tasso aveva osato dire a' suoi tempi, in cui si voleva in ogni modo far rivivere Augusto « Quel meraviglioso (se pur merita tal nome), che portava seco i Giovi

ed Eschilo leggiamo con gusto le meraviglie dell'Olimpo, le grazie di Venere, i miracoli di Giunone, gli è perchè noi ci portiamo a quei tempi e conviviamo cogli eroi d'allora. — Quant'è bella, permettetemi questo volo lirico, l'invocazione di Aleardi a Maria!

> Ave Stella del mare,
> Per mille templ che da Chioggia a Noto
> Ti ergea pregando l'Italo devoto,
> Pei cerei modesti
> Ch'egli t'accende il dì della procella,
> Per Raffael, che ti pingea sì bella;
> Fa che la gloria ancor spunti, o Divina,
> Sui tre orizzonti della mia marina [1].

Quando pure non si provi in cuore il culto di Maria, la certezza che

> *Più di un popol superbo esser si vanta*
> *In* sua *gentil tutela,*

è ragione sufficiente, per sentirsi commossi ad una prece, che sorge ancor oggi dal cuore di molti.

---

e gli Apolli, e gli altri numi dei Gentili, è, non solo lontano da ogni verosimile, ma freddo, insipido e di nessuna virtù. » *Dell'Arte Poetica,* ed in particolare sopra il poema eroico, Discorso 1º.

[1] ALEARDO ALEARDI, *Le città italiane, marinare e commercianti.* Canzone.

— Credete voi che le stesse impressioni si proverebbero quando Aleardi avesse cantato a Giunone?..

206. Nè è pur lecito (presentiamo di questa questione l'ultima fase secondo idee recentissime) errare per l'Olimpo greco, fra quelle migliaja di divinità, in cerca di un tipo per foggiare un ideale, ammodernato secondo i nuovi fatti e le nuove credenze, come fece, con sublime sforzo, Dante, il quale non deve certo a questa miscela la sua gloria immortale. — Saturno diversifica dal Padre Eterno della Sistina, la Vergine di Raffaello da Diana, il Davide di Michelangelo non può confondersi coll'Apollo Bisogna vivere la antica vita e riprodurre un antico concetto, se vuolsi scolpire Ebe o Perseo, come fece il Canova.

Oggi però l'antico appartiene più propriamente alla storia; ed in letteratura è solo concesso riprodurlo (quando pure lo si voglia concedere) con tali e tante esigenze, dalle quali dovrebbero essere spaventati i poveri poeti, obbligati ad imbrigliare la fantasia coll'archeologia ed il sentimento colla glaciale critica storica [1].

Nemmeno sul sipario di un teatro si vuole oggi

[1] Vedi avanti dove si discorre del Dramma.

la mitologia! Dovendosi dipingere un sipario nuovo
nel nostro teatro della Scala nel 1857, varii artisti
presentarono soggetti mitologici, quali Orfeo portato in trionfo dagli uomini da lui dirozzati, Amore,
le Grazie e le Arti mandate dal Cielo a temperare
la fierezza delle umane passioni, e via Il Governo
d'allora respinse tali soggetti, dicendo che non con-
venivano essi al secolo dell'elettrico e del vapore;
ed un nostro illustre letterato saviamente proponeva, come quadro scenico, *la Corte di Lodovico
il Moro*, in cui raccoglievasi già il fiore degli Italiani. Volete la ragione della scelta di questo argomento? ve la porge l'inventore. « Cosi, egli dice,
allo spettacolo teatrale e artistico si unirebbe uno
scopo educativo, potendo i Milanesi impararvi e
mostrare ai loro figliuoli, alle loro donne le sembianze di tanti personaggi, che abbellivano questa
splendida città negli ultimi tempi ch'essa godette
la sua indipendenza » [1]. — Perfino dal sipario di
un teatro si vuol ritrarre un *utile morale e positivo!* .

207. Cosi questo amore del positivo, dell'utile,
ed anche del vero (che torna lo stesso), viene a

---

[1] CANTU', *Ritratti di Italiani contemporanei* · Appendice V. Vol 2°, pag. 528

distruggere non solo molte immagini ed allegorie,
ma ancora molte forme di componimenti. Non a
torto quindi si lamentavano i classicisti al veder
disciogliersi le maglie della gran rete, che teneva
in sesto la loro letteratura.

208. Bisogna poi essere giusti I letterati *lauda-
tores temporis acti* hanno gravissima ragione per
combattere le nuove idee. La loro proprietà è minacciata, il gran zibaldone, il *guardaroba* classico,
come fu quello che Monti fece vedere a Silvio Pellico (della cui immensa mole il giovine, come ci
narrano Maroncelli e Latour, fu spaventato), questi
magazzini letterari sono attaccati dal fuoco dei rivoluzionarj; ed i possessori di questi tesori sono
uomini di buona fede, che si sforzano di mantenere
le vieto abitudini sull'orlo del precipizio « e non
le abbandonano, se non quando il peso è divenuto
superiore alle forze loro » [1]. Lo che del resto è
eziandio secondo la legge dell'umanità, in cui, come
in mare, vi sono correnti e contro-correnti, che
mantengono l'equilibrio delle acque. Abbiansi dunque in buona pace *piagnoni* ed *arrabbiati* anche
in letteratura, come si hanno ancora qualche vecchio canonico ferrarese che ricordi con amore la

---

[1] MANZONI. *Del Romanticismo,* ediz. cit, pag 118.

lettiga, e qualche ambrosiano brontolone, che imprechi all'invenzione del vapore e si ostini andare a Monza in vettura ...

Si tratta ben altro che di lettiga e di vettura!... Questo vostro *positivismo* in letteratura, a lungo andare, verrà a distruggere molti generi di poesia.

E sia pure, rispondono senza commuoversi gli arditi rivoluzionarj; la poesia deve ormai ridursi a queste forme: la *drammatica, la lirica* e la *satira*

209. Si diano pure (sono sempre gli audaci rivoluzionarj che parlano) si diano pure in poesia novelle ed anche favole educative, ma non come forma necessaria al concetto; sì bene per maggior splendore di armonia, trattandosi di racconti, che amano presentarsi all'orecchio con un concetto speciale, come avveniva de' trovatori e giullari nel medioevo, e delle prime narrazioni ne' libri sacri e sibillini

Tutto il resto è morto e sepolto Morta la poesia epica cogli ultimi sforzi del nostro Grossi nei *Lombardi alla prima crociata* (di che parleremo più estesamente avanti); morta la poesia pastorale, che si fondava sulla semplicità del vivere campestre, e gli ultimi sforzi in questo genere ci vennero, a

quanto sembra, dall'Arici [1]; morta la didascalica,
per ciò che, volendo insegnare, si ama la via più
breve o più facile, ed a nessuno oggi verrebbe in
capo di dare la descrizione del Museo di storia
naturale, di Pavia, come già fece Lorenzo Mascheroni
nel suo stupendo carme l'*Invito a Lesbia* [2],
nè alcuno descriverebbe la trebbiatura o la macchina
elettrica coi versi di Giuseppe Barbieri....;
anche i brindisi (oh scandalo!) siano fatti in prosa.
Anzi più! in occasione di matrimonio, invece di
un'ode o di un madrigale, o per lo meno di un
sonetto tolto dalla *Cartella lettera M*, come dice
il nostro Porta, abbiasi la dedica di un lavoro *sulle
proprietà cardinali degli istromenti ottici anche
non centrali, o sulle figure reciproche nella statica
grafica* [3], e lo sposo non un verso doni alla

[1] Arici si esercitò in altri generi di poesia, ma con poca
fortuna. La *Pastorizia* poi, che è il migliore dei poemetti
rurali di Arici, non vive di proprio ideale, ma gode, specialmente
per ciò che riguarda la forma, di una splendida vita imitativa.

[2] *Lesbia Sidonia* era il nome dato dall'Arcadia alla contessa
Paolina Secco-Suardi Gismondi di Bergamo; e Mascheroni
era chiamato *Dafni Orobiano.*

[3] Per le nozze di Camilla Brioschi con Costanzo Carcano.
F. CASORATI: *Le proprietà cardinali degli strumenti ottici
anche non centrali.* — L. CREMONA: *Le figure reciproche
nella statica grafica.* — Milano, Giugno 1872.

sua fidanzata, ma la collezione de' Classici latini [1].
Oh tempora! oh mores!

210 E come essere altrimenti, se il *male,* come
dice il proverbio, *viene dall' alto;* se il nostro Porta
(Dio sa quante volte molestato dagli amici e dalla
famiglia!) non fece nemmeno un verso di occasione?! non per principi, non per nozze, non per ve-
stizione monacale, non per addottoramenti, e neppure fra i bicchieri .. E sapete donde ciò deriva?
Dall'avere il barbaro distrutto il repertorio de'
nostri incliti poeti Egli, l'audace, grida morte alla
lingua poetica, la chiama insulsa cosa; e certe locuzioni, che da sole bastavano a fare un sonetto
tipo, come sarebbero *regni bui, cigni canori, li-
quidi cristalli, tempo edace, stagion di fiori, ahi
ratto! lasso me.* e la *marina Teti,* la *lasciva pecora,* la *cruda pastorella,* l'*occhibendato amore,*
sono voci condannate al ridicolo [2]

211. O Dio quanta distruzione! *Quis talia fando
temperet a lacrymis?* [3] E dire che gli è ancor poco

[1] Alla celebre scrittrice Luigia Piola. lo sposo, il distinto
matematico Gabrio Piola. come dicevami un intimo amico di
Piola stesso, Don Francesco Caimi, donava il dì delle nozze
la collezione de' Classici latini

[2] Vedi Opere varie di Manzoni. *Del romanzo storico,* ediz.
illustrata, pag. 504.

[3] VIRGILIO, *Eneide,* canto secondo.

in confronto a quanto si minaccia per l'avvenire; e non pure nella poesia, ma in ogni genere di componimento letterario, in ogni scrittura, per ciò che questo benedetto *posilirismo*, fatto imperante, non solo ci dice di aver a noja alcune specie di poesia, o la così detta *lingua poetica;* ma osa raccomandare altamente di *dir breve* e *chiaramente* ciò che si ha a dire, perchè il *tempo è denaro*, e, se si parla, *si parla per farci intendere*.

Anche alla prosa classica si dà un colpo mortale. Sentite, se vi regge l'animo, questa lettera che Massimo d'Azeglio dirigeva al signor Barbèra editore: « Quando io scrissi la prima volta per illustrare la *Sacra di S Michele*, mi posi al lavoro dopo aver fatta raccolta di modi italiani, i quali mi pareva che dovessero *fare un grande effetto* sui lettori, e ne riempii, più che potei il mio scritto. Andato in quei giorni a Milano, offrii a Manzoni una copia della *Sacra*, e lo pregai di notarmi ciò che gli fosse parso errore o difetto nello stile Assunse di buon grado l'incarico, e dopo alquanti giorni, essendomi fatto rivedere, il Manzoni mi fece per l'appunto notare quei passi, che a me parevano i più belli studiati, richiamandomi alla maggiore semplicità del dire E codeste note, accompagnate dalle sue osservazioni verbali, mi a-

prirono un nuovo orizzonte nell'arte dello scrivere
e del dipingere » [1]. — Dio sa quante frasi Boccacciesche avrà levate don Alessandro dallo scritto
di Massimo, per sostituirvi il linguaggio comune!...

O quante rovine! o quale rivoluzione nell'arte!..
Milano che, in fatto di rivoluzione, fu sempre a
capo del movimento sociale; Milano (mi affretto
aggiungere le parole di un Napoletano) [2] Milano,
il *centro intellettuale della vita nuova,* aveva già
fin dal secolo scorso, prima della rivoluzione francese, una società di giovinotti decisi di farla finita
col mondo antico. Appartenevano questi per la più
parte alla nostra nobiltà.

E qui mi sia lecita una digressione per ragione
di giustizia; dappoichè non solo stranieri [3], ma
anche Italiani, giudicando del nostro patriziato
soltanto dal *Giorno* di Parini, lo personificarono
nel *lombardo Sardanapalo* [4] — Il nostro patriziato

---

[1] *Scritti politici e letterarj* di Massimo d'Azeglio. — Edizione Barbèra, 1872.

[2] DE SANCTIS, *Storia della letteratura italiana,* Vol. II,
pag. 472.

[3] GERVINUS, *Geschichte der Neunzehnten Jahrhunderts,*
Volume 8°.

[4] Sopra si disse per bocca altrui avere Parini vòlta la
sua satira contro il principe di Belgiojoso. — Questo è il

invece serba gloriosissimo memorie di que' tempi [1].
L'eruditissimo naturalista Carlo Archinti, colla
istituzione della Società Palatina dava nuovo indirizzo alla storia e all'archeologia, prestando occasione e modo a Muratori di compiere la sua gi-
gantesca impresa, Carlo Pertusati, colla sua preziosa biblioteca, dava fondamento alla pubblica
biblioteca di Brera; ammiravansi i Marchesi Triulzi
come ricercatori intelligenti di antichi tesori e
come mecenati generosissimi; Gabriele Verri, umanissimo giureconsulto; Giorgio Giulini, il più diligente raccoglitore di patrie memorie; fra le donne,
Maria Borromeo Grillo, che fondava un'accademia
filosofica letteraria, e Maria Gaetana Agnesi dei
feudatarj di Montevecchia, l'ammirazione del suo
secolo per la molteplice e profonda coltura filosofica, matematica e letteraria; e sopra tutti risplen-
devano gli arditissimi novatori Beccaria e Verri

pensiero volgare; il poeta però non poteva ad un *fatto personale* riferire la sua satira; ed era l'ideale del *Cicisbeo* di
alto lignaggio quello a cui mirava

[1] L'abate Puccinelli pubblicava nel 1670 un *Ateneo di
letterati milanesi*, in cui primeggiavano i nomi delle famiglie patrizie — Vedi in proposito anche CANTU', *L'Abate
Parini e la Lombardia nel secolo passato*, edizione 1854,
pag. 108 e segg.

Pietro ed Alessandro [1]. Ecco in qual modo i nostri patrizj seppero guadagnarsi dal popolo non servile ossequio, ma alta stima ed affetto; onde il giorno della rivolta degli antichi ordini sociali nel 1796, e della rivoluzione nel 1848, ai patrizj stessi affidava il popolo le sue sorti.

212. Or fa un secolo questa *nobile schiera di milanesi* [2], col giornale *Il Caffè*, osava *apertamente infrangere le servili catene*, dichiarando di dire « *cose* varie, *cose* disparatissime, *cose* inedite, *cose* fatte da diversi autori, *cose* tutte dirette alla pubblica utilità [3], *cose insomma e non parole*. — E con quale stile, domandavano quei giovinotti, saranno scritti questi fogli? — Con ogni stile, che non annoi. — Ed a qual fine? — Il fine di una aggradevole occupazione per noi, il fine di *fare quel bene* che possiamo alla nostra patria, il fine di

----

[1] I nomi de' benemeriti cooperatori al giornale *Il Caffè*, coll'indicazione delle lettere iniziali con cui segnarono i loro articoli, sono i seguenti. A. Alessandro Verri — B · Baillon — C.: Cesare Beccaria — F Sebastiano Franci — G.: Giuseppe Visconti — G C · Giuseppe Colpani — L · Alfonso Longhi — N N · Luigi Lambertenghi — P.· Pietro Verri — S : Pietro Secchi — X.: Paolo Frisi.

[2] SETTEMBRINI, Op cit, Vol. III, pag. 67

[3] *Il Caffè*, pag 10

spargere delle *utili* cognizioni fra i nostri cittadini divertendoli, come già altrove fecero e Steele, e Swift, e Addisson, e Pope ed altri.

213. L'utile dunque dell'umanità era pur sentito da questi giovani, ed in particolare da Cesare Beccaria, la cui profonda penetrazione psicologica, come dice Villari [1], si manifesta, meglio che in qualunque altro scrittore italiano, nell'opera *Ricerche intorno allo stile*, di cui lo scopo si era « avviare gl'ingegni italiani, che sono stati i maestri o gli esecutori delle belle arti di Europa, a considerare *la filosofia*; onde, notate bene, gli innocenti ed incolpabili piaceri dell'intelletto divengano un oggetto di scienza e d'istituzione; come formanti una non disprezzabile diramazione dell'utilità comune, ed ancora della virtù umana, che dal sentimento prende l'origine sua, i suoi motivi, e i suoi precetti » [2].

214. E costui, che poneva a fondamento di tutta la letteratura le scienze, ed in particolare quelle che costituiscono la *scienza dell'uomo, psicologia*

[1] *Le Opere di Cesare Beccaria preceduto da un Discorso sulla vita e sulle opere dell'autore*, di PASQUALE VILLARI. Firenze, ediz. Felice Le Monnier, 1854.

[2] *Ricerche intorno alla natura dello stile*. A chi legge Opere di Beccaria, ediz. de' Classici, pag. 137.

e morale in genere [1]; che faceva perciò guerra
non all'uso ma all'abuso della parola, al convenzionalismo, al retoricume, alle declamazioni; che
osava dire lo stile consistere nelle idee e ne' sentimenti, non nelle frasi, *che si doveva ottenere il
più grande effetto nel più breve tempo;* che l'effetto doveva essere positivo; che dovevansi lasciare
i cicaleggi delle consuete conversazioni, nei quali
consiste tutta la scienza e la filosofia degli inope-
rosi; che voleva perciò cose e non parole, imitazioni
della natura e non degli uomini, il vero e non il
fittizio, il semplice e non l'altitonante [2]; e definiva
le lettere: un *contenuto di verità utili e senza noja* [3];

[1] « Io mi sono sforzato di assoggettare alla filosofia del-
l'animo, che con poca proprietà vien detta Metafisica, e
meglio dovrebbe chiamarsi *Psicologia,* questa parte dell'eloquenza, che sotto il nome di Stile viene compresa, abbandonata fin ad ora quasi intieramente alla fortuita impulsione
del sentimento, ed alla sconnessa ed irriflessiva pratica di
un lungo esercizio » *Id. cod.,* pag. 131.

[2] *Id. cod passim.*

[3] *Il Caffè,* ediz. di Milano, 1804, pag. 23.

Non potendo senza pericolo di noja, per le ripetizioni di
concetto che avrebbero ad incontrarsi, dare un sunto delle
idee progressiste di questo giornale, noto gli articoli che
credo degni di maggiore considerazione.

costui era Cesare Beccaria, dalla cui figlia Giulia nasceva Alessandro Manzoni.

Sulla Commedia, pag. 38, studio di Pietro Verri, in cui si rendono le debite lodi a Goldoni, tanto avversato allora dai pedanti. « Ivi, dice Verri parlando delle ottanta e più commedie del Moliere italiano, vi ha tutta l'arte per associare le idee di onesto e utile nelle menti umane. »

Dell'istesso autore abbiamo, a pag. 151, arditissimi *pensieri* sullo spirito della letteratura d'Italia. Egli descrive al vivo tutte le mezie letterarie, i canzonieri per le treccie bionde di Madama, di cui era invasa allora tutta Italia; la meccanica puerile della poesia, delle orazioni non solo, ma perfino delle lettere famigliari, gli acrostici, i bisticci, gli equivoci, gli anagrammi, che diedero alla letteratura una forma gotica, come gotico era il nome delle Accademie e dei confratelli accademici; il *leggiadro*, che recitava sonetti; lo *spiritoso*, eccellente nelle sestine; l'*ardente*, nelle terze rime; l'*aquila*, nelle ottave, il *superbo*, nello anacreontiche; donde anche i diversi titoli secondo le Accademie a cui si apparteneva, come sarebbe a dire *il Signor tal dei tali*, fra *gl'Indotti il Sottile*, fra *gli Amati il Disinvolto* fra *gli Spensierati l'Ottuso* ..; e conchiude: « Nell'Italia nostra però vi sono tuttavia gli *Aristotelici* delle Lettere, come vi furono della Filosofia; e sono quei tenaci adoratori delle parole, i quali fissano tutti i loro sguardi sul conio d'una moneta, senza mai valutare la bontà intrinseca del metallo; e corron dietro e preferiscono nel loro commercio

Oh fortunato Colui, il cui primo sorriso era sve-
gliato dagli amorevoli scherzi di un Beccaria! Col

un pezzo d'inutile rame, ben improntato e liscio, a un pezzo
d'oro perfettissimo, di cui l'impronto sia fatto con minor
cura. Immergeteli in un mare di parole, sebben anche elleno non v'annunziino che idee inutili o volgarissime, ma
sieno le parole ad una ad una trascelte, e tutte insieme ar-
moniosamente collocate ne' loro periodi, sono essi al colmo
della loro gioja. Mostrate loro una catena ben tessuta di
ragionamenti utili, nuovi, ingegnosi, grandi ancora, se una
voce, se un vocabolo, una sconciatura risuona al loro pic-
colissimo organo, ve la ributtano come cosa degna di nulla. »

Sullo stile, pag. 197. — I diversi frammenti che si trovano intorno allo stile sono di Cesare Beccaria, e fanno parte
dell'opera di cui abbiamo già data una sufficiente nozione.

Gli studj utili di Pietro Verri, pag. 220. In questo articolo si dimostra che « la ripetuta distinzione di scienze
utili e di scienze *non utili*, è una vera e provata chimera,
venutaci dalle antiche barbarie e contrastata da ogni sana
ragione. » Ogni scienza è necessariamente utile.

Dei *fogli periodici*, vol. II, pag 5, secondo Beccaria, « lo
scopo si è di rendere comuni, famigliari, chiare e precise
le cognizioni tendenti a migliorare i comodi della vita privata e quelli del pubblico; ma questo scopo deve essere
piuttosto nascosto che palese, coperto dal fine apparente di
divertire, come un amico che conversi con voi, non come
un maestro che sentenzii. »

bacio del vecchio nonno, Alessandro respirava il primo alito di vita morale; imperocchè il fanciullo,

Nel *Saggio sopra Galileo*, vol. II, pag. 19, di Paolo Frisi, è dimostrata la necessità di richiamare o ravvivare gli studj alla fonte del Bacone italiano.

Contro i parolaj, vedi del Beccaria una raccolta di sapientissime sentenze, pag. 18.

Ma sopratutto vanno letti attentamente gli articoli « dei difetti della nuova letteratura o di alcune loro cagioni » di Alessandro Verri, vol. II, pag 96, o alcuni *pensieri* dell'istesso autore, pag. 218.

Direttamente poi contro i pedanti abbiamo: *La rinunzia alla Crusca*, di Alessandro Verri, vol. I, pag. 36, e relativa risposta di Beccaria, pag. 75; *Saggio di legislazione sul pedantismo*, vol. I, pag. 95, di A. Verri; il *Memoriale ad un rispettato maestro*, pag. 99, del Frisi; *Conversazione tenutasi al caffè*, di A Verri, pag. 114; e dell'istesso autore *Il promemoria che serve a maggior spiegazione della Rinunzia al vocabolario della Crusca*, pag 173, o di suo fratello Pietro: *Perchè mai gli uomini di lettere erano onorati ne' tempi addietro e lo sono sì poco a' nostri giorni*, pag 201; o dello stesso: *Ai giovani d'ingegno che temono i pedanti*, pag. 271. « Non temete o non badate a que' sgherri, a quegli assassini della letteratura, ch'io chiamo pedanti. » Pag. 280.

Oltre questi articoli citati, in cui vi ha la prova diretta della tesi da noi sostenuta, che il *Caffè* fu il vero fondatore

dice Smiles [1], « è condotto, per così dire, sulla soglia di un nuovo mondo ed apre gli occhi sopra cose che tutte sono per lui nuove e meravigliose. Sulle prime gli basta guardare; ma poco per volta comincia a discernere, ad osservare, a paragonare, ad apprendere, a far tesoro *di impressioni e di idee* » E *quante impressioni* raccoglieva Alessandro, che fino dagli otto anni potè trovarsi colla società di Beccaria!... Egli nell'età, in cui si comincia a foggiare, a colorire sè stesso coll'esempio di quelli di cui si invidia tanto la gloria, aveva innanzi un Parini, *scola* e *palestra di virtù*...[2]. E *quante idee* da questa società!... Se il centro più vivace di quel nuovo moto europeo era sempre

della nuova scuola, anche tutti gli altri articoli di legislazione, di economia pubblica, di morale, sono indirettamente una prova, per ciò che non lasciano di colpire i difetti della letteratura d'allora nei rapporti colle scienze in genere, ed in particolare colla filosofia.

Più avanti poi, nel discorso intorno alla *verità soggetto della letteratura,* avremo occasione di studiare meglio nel suo contenuto questa scuola, e di richiamare quelle idee del giornale *Il Caffè,* le quali furono ereditate dagli scrittori del *Conciliatore.*

[1] Smiles, *Il Carattere,* cap. II.

[2] Manzoni, *In morte di Carlo Imbonati.*

Milano [1], dove erano più vicini e potenti gli influssi francesi e germanici, in Milano poi il centro era presso i vecchi scrittori del *Caffè*, raccolti in casa del loro amico e maestro Beccaria, e nell'Accademia presieduta dall'Imbonati. Quindi le ardite idee dei novatori si scolpivano nella mente del giovane, quasi lettere, dice Cowley, che, intagliate nella scorza di un albero giovane, crescano e si dilatino col tempo; e noi le vediamo ora queste lettere sul primo libro della rivoluzione letteraria, che porta in fronte *Opere di Alessandro Manzoni.*

[1] DE SANCTIS, *Storia della Letteratura*, vol. II.

LETTURA SETTIMA

(Fatta nell' adunanza del 6 marzo 1873.)

— ——

PROGRESSO LETTERARIO

(Continuazione)

II.

Il VERO per soggetto.

215. *La letteratura deve proporsi il vero per soggetto.*
(Manzoni). — 216. Da questo principio deriva il nome che
conviene alla nuova scuola letteraria: e perchè si vuole abo-
lita la parola *Romanticismo* — 217. Si rende ragione di
questo distintivo *Scuola della verità*. — 218. Precursori di
Manzoni. — 219. Questa seconda parte del Progresso Letterario ha per intento di chiarire *storicamente* i fatti, che
si riferiscono alla nuova scuola. — 220. Perchè si pone a
capo di questa scuola Manzoni; mentre, in ordine di tempo.
egli succede ad altri. — 221. Requisiti morali per capitanare degnamente questa scuola; e come questi trovansi per

eccellenza in Manzoni. — 222. Dignità, indipendenza, originalità, magnanimità, modestia di Manzoni. — 223. Il carattere morale della nuova scuola è a riconoscersi nel suo maestro. — 224. Origine storica della nuova scuola. — 225. Scrittori, che, inconscii della loro missione, disposero il terreno alla nuova scuola *Metastasio.* — 226. *Goldoni.* — 227. *Cesarotti.* — 228. *Alfieri* — 229. Gli *scrittori del Caffè.* — 230. Il *Baretti.* — 231 *Monti.* — 232. *Retori antichi.* — 233 *Parini,* con cui si apre l'epoca moderna dell'italiana letteratura. — 234. *Parini retore.* — 235. *Parini critico.* — 236. *Parini autore.* — 237. *Parini e Manzoni.*

215. Abbiamo considerato il *fine* della Letteratura: l'*utile* in genere, ed in ispecie l'utile morale o il *buono.* Prendiamo ora a trattare del *soggetto* della Letteratura, secondo Manzoni.

La letteratura, dice Manzoni, deve proporsi il vero per soggetto [1].

216. Questo principio, determinando il campo, su cui si aggira la mente dell'artista, il tipo, su cui foggia il proprio ideale ogni onesto scrittore, l'oracolo, donde ritrae la propria inspirazione il poeta, riesce a caratterizzare la scuola di Manzoni, la quale perciò può dirsi *scuola della verità.* Nè vogliatemi

---

[1] *Lettera sul Romanticismo,* edizione di Venezia, 1853, pag. 143.

male di questo battesimo; dacchè un nome bisogna
pur darlo a questa scuola, e noi ci guardiamo
cautamente dal far rivivere quella parola, che,
*suggerita ai Tedeschi per gentilezza e cortesia
verso i popoli latini* [1], venne dai latini stessi per-
seguitata a morte. « Romanticismo ! Se n'è parlato
qualche tempo, ma ora non se ne parla più: *so-
lutae sunt risu fabulae.* La parola stessa e dimenticata; se non che di quando in quando vi capi-
terà forse di sentir pronunziare l'epiteto di *ro-*

---

[1] Vedi il *Conciliatore, foglio scientifico letterario.* Milano,
Vincenzo Ferrario, 1818, pag. 89, (era detto anche *Foglio
azzurro,* dal colore della sua carta).

Il pensiero di pubblicare un giornale, per la diffusione
delle nuove dottrine, è dovuto specialmente a *Silvio Pellico,*
come consta da una lettera di questi ad Ugo Foscolo. Bisogna credere poi che Foscolo facesse buon viso al progetto; perchè altrimenti Pellico non avrebbe mai osato do-
mandargli qualche articolo letterario. « Se tu ci mandassi
qualche articolo, sarebbe da noi accolto con grande entusiasmo. — Sia pur di soggetto meramente letterario; la
tua firma, *Ugo Foscolo,* farebbe un gran chiasso per tutta
l'Italia. Misura le tue parole al compasso della nostra go-
vernativa censura. » (Lettera 17 ottobre 1818).

Vedi avanti: *Dell'origine, degli scrittori, e della lotta
sostenuta da questo giornale.*

mantico, per qualificare una proposizione strana,
un cervello bislacco, una causa spallata, una pretesa esorbitante, un mobile fuori di sesto, o che
so io!... Non vi consiglierei parlare sul serio; sarebbe come se in mezzo ad una società alcuno venisse a chiedere se la gente si diverta molto col
caleidoscopio [1]. » *Romanticismo* dunque sia parola
condannata a vivere soltanto nel vocabolario del-
l'Ugolini: *Parole e modi di dire errati;* e colla
voce-madre siano pure condannati i suoi derivati
*romantichieri, romanticomani, romanticografi,
romanticofoli, romanticosi* [2], titoli con cui si di-
stinguevano i fondatori della nuova Scuola; a nes-

---

[1] *Del Romanticismo,* lett. cit, pag. 149.

« Si cominciò a vedere chiaro, quando fu posta da parte
la parola *Romanticismo,* materia di litigio, e si badò alla
qualità della merce e non al nome. Al romanticismo, importazione tedesca, si sostituì a poco a poco un altro nome,
letteratura *nazionale* e moderna. E su questo convennero
tutti, romantici e classici. » DE SANCTIS, *Storia della letteratura Italiana,* Vol. II, pag. 477.

[2] L'invenzione di questi titoli è dovuta specialmente ai
poeti che presero a combattere il *Conciliatore.* Un bell'e-
semplare di questa poesia lo abbiamo in un melodramma
semi-eroico-tragico-comico intitolato: *I Romanticisti,* degli
astronomi X Y. Z. — Milano 1819, Tip. Tamburini.

suno venga in mente di resuscitarla la brutta parola: « Sarebbe, diceva Manzoni, far danno all'*idea*, che vive, prospera, si diffonde di giorno in giorno, invade a poco a poco tutte le teorie dell'estetica, i suoi risultati sono sempre più frequentemente riprodotti, applicati, posti per fondamento de' diversi giudizj [1]. »

Questa idea dunque, che per vivere deve dimenticare il nome di sua origine, quando dall'oggetto, che le è proprio, dalla sua sostanza o materia, si voglia derivarle altro nome, è necessità chiamarla *scuola della verità*..

217. Ecchè! Si tratta di caratterizzare una scuola *recente*, e le applicate un nome antico quanto il mondo?.... Il più vecchio cantore, Omero, non è forse il *poeta della verità*, perciò che nessuno meglio di lui abbia saputo fedelmente riprodurre ogni moto dell'animo umano?... Così lo chiamava Aristotele nella sua *Poetica*, Longino nel suo trattato *Del sublime*, Quintilliano nelle sue *Istituzioni oratorie*, Cicerone nel *Tusculano;* n'è v'ha alcuno dei moderni che non ripeta lo stesso giudizio.... Dunque la vostra scuola è ancor quella che prima apparve sulla terra!

[1] MANZONI, *Lettera sul Romanticismo*, ediz. cit., pag. 150.

In parte avete ragione. Imperocchè « qui è levata l'apparenza di quella novità tracotante e giustamente sospetta, che pretende rifar da capo il lavoro della mente umana; ma tanto più vi risplende la novità soda e felice, che viene dal portare il lavoro stesso molto avanti [1]. »

Queste parole, che Manzoni usava parlando di Rosmini, credo che a lui stesso e alla sua scuola per eccellenza convengano.

Nulla v'ha di nuovo sotto il sole.... Nonpertanto la *rinnovazione* è necessaria per ciò che: « Tutte le cose degli uomini, come dice Parini [2], poichè dalla prima rozzezza sono salite ad un notabile grado di perfezione, tendono nel decorso del tempo a corrompersi ed a decadere. » Ed allora un nuovo genio vi manda Iddio a rivendicare la sua gloria. Per tacer d'altri, da Omero a Virgilio, da Dante a Shakespeare fino a noi, quanto tempo vi corse di mezzo, o signori, e quali rovine non minacciarono seppellire questi eroi del pensiero?.. *Le tenebre involgono il creato,* ed è allora che lo *spirito di*

---

[1] MANZONI, *Dialogo dell'invenzione,* ediz. ill., pag 556.

[2] PARINI, opere, ediz. Reina, Vol. V. — *Delle cagioni del presente decadimento delle lettere e delle belle arti in Italia, e di certi mezzi onde restaurarle.* Pag 148.

Dio si solleva sulle acque, ed è fatta la luce [1]. Ogni volta che compare un genio, è il Signore che rinnova la sua opera invecchiata sotto la mano dell'uomo : il genio è un raggio della virtù creativa. *Spiritus intus alit*, e ravviva, anche a' nostri tempi, il giovane che

> . . . . . nodrito
> In sozzo ovil di mercenario armento,
> Gli aridi bronchi fastidendo e il pasto
> Dell'insipida stoppia, il viso torge
> Da la fetente mangiatoja [2].

218. Avanti però che di questo giovine si riveli il genio, la Provvidenza dispone le genti a riceverlo. Quali fossero i precursori di Manzoni, i moschettieri che apersero la pugna, non curando il morso di uno sciame di pedanti che ronzava loro intorno [3], noi l'abbiamo accennato nell'ultima pagina del discorso intorno allo scopo della letteratura; ora che trattiamo dell'*essenza* di questa, più lungamente dobbiamo parlare di altri che succe-

---

[1] *Tenebrae erant super faciem abyssi: et Spiritus Dei ferebatur super aquas. Dicit Deus fiat lux.* Gen. cap. I.

[2] MANZONI. *In morte di Carlo Imbonati*, ediz. 1806. pag. 14 e 15.

[3] Vedi lettura precedente intorno agli scrittori del *Caffè*.

dettero nella lotta, sostennero l'impeto di tutto l'esercito nemico, e raccolsero finalmente la vittoria; onde è lor dovuta veramente la *gloria di fondatori* della nuova scuola. — Nè sarà discaro trattenerci di avvenimenti di nostra famiglia. Nè sarà inutile studio, per ciò che, mal noti questi avvenimenti ad Italiani di altre provincie, ne provocarono erronei giudizj, che, con somma sorpresa di chi sa qualche cosa delle lotte letterarie dei padri nostri, li sente ripetere ne' libri di testo delle nostre scuole.

219. Primo intento dunque di questa lettura si è di chiarire storicamente i fatti che si riferiscono alla Nuova Scuola, e poi brevemente indicare gli effetti e le fasi di questa, sulla scorta di Alessandro Manzoni, il primo dei *combattenti*.

220 Essere a capo di una scuola, che assume il suo distintivo dalla voce *Verità,* non è onore che si possa attribuire solo all'ingegno. L'espressione della verità è *Virtù.* avanti di essere poesia ed arte. E virtù non è una facile arrendevolezza di carattere, ma è forza, *virtù è un costante affetto* [1],

---

[1] CICERONE, *Tuscolo:* Virtus est affectio animi constans, ... in perspicendo, quid in quaq re verum sit ..; cohibere motus animi turbatos ..; quibuscum congregamur, uti moderate, scienter.

per cui, *signoreggiando razionalmente sè stesso
e i moti inconsulti dell' animo, si contempli e si
percepisca soltanto tutto ciò che è vero, e con
scienza e prudenza si usi del consorzio sociale.*
Bisogna dimenticare sè stesso e prudentemente
usare cogli uomini, per seguire, senza estraneo
impulso, il semplice moto della verità, che parte
da una coscienza illuminata.

E di vero, Manzoni *vir bonus et simplex veri-
tatis amator* [1], fu così austero con sè, da non ri-
velar mai la propria personalità ne' suoi scritti [2],
a tal segno che un voto, sentito pure in cuore da
tutti i poeti, *Scioglie all'urna un cantico — Che
forse non morrà,* — apparve *singolare* uscito dalla
penna di Manzoni; e se ancor oggi una nube offusca
quella fronte serena, gli è allora che lo sorprende
la lode....

Lo che è saviezza, o signori. Imperocchè la
compiacenza di sè fa capolino in cuore a danno

---

[1] *Id. cod.*

[2] Solo nei versi scritti di prima sua gioventù, *In morte di
Carlo Imbonati* e nel poemetto *Urania,* Manzoni parla di sè,
e forse non è questa ultima ragione, per cui il vecchio poeta
disconosceva questi suoi versi, impedendo che fossero raccolti nelle *Opere varie,* edizione da lui riveduta. Milano 1845.

[3] *Il Cinque Maggio.*

della verità, che si incantuccia in fondo come cosa
perduta. — Gli uomini, che si elevano sulla folla
delle genti, se non sono cauti, si creano a loro
insaputa una schiera di adulatori. Questi, come i
commensali del Conte zio, cominciando dalla mi-
nestra a dir di sì con la bocca, con gli occhi, con
gli orecchi, con tutta la testa, con tutto il corpo,
con tutta l'anima, hanno ridotto un uomo a non
ricordarsi più come si faccia a dir di no[1]. Chi da
giovane si compiace della lode, fatto vecchio, alle
frutta, non sa soffrire contraddizioni, ed allora la
verità è bandita: è *l'io* che occupa tutto sè stesso;
siamo servi della vanità.

221. Manzoni perciò non dimenticò mai il sapiente consiglio di quegli, che era stato a lui maestro
e scorta amorosa ne' primi passi della via scoscesa
— *Non ti far mai servo,* così l'Imbonati al giovanetto poeta,

> Non far tregua coi vili: il santo Vero
> Mai non tradir, nè proferir mai verbo
> Che plauda al vizio, o la virtù derida.

E come giungere a tanto di virtù? — Con un razionale disprezzo d'ogni cosa caduca;

[1] MANZONI, *I Promessi Sposi,* ediz. ill, pag. 363.

                    . . . . . delle umane cose
Tanto sperimentar, quanto ti basti
Per non curarlo [1];

como con altra frase *Vanitas vanitatum,* Manzoni rispondeva testé ad un giovane Veneto, il quale domandava al poeta, se ei fosse soddisfatto di sua gloria.

Questo sentimento purissimo, per cui tutto alla verità si posterga, siccome il più elevato in ordine di natura, così difficilmente è compreso dal volgo; e bisogna con grande prudenza guardarlo, nè credere che la tarda età sia scudo sufficiente contro la seduzione: « Voi mi avete solleticato voluttuosamente, con un vario e squisito saggio, nella gola e nella vanità, due passioni, che crescono con gli anni, » così scherzava Manzoni col proprietario del *Forno delle Grucce* [2]; e scherzando ci inse-

---

[1] Versi *In morte di Carlo Imbonati.*

[2]
                    AL FORNO DELLE GRUCCE,
            RICCO ORAMAI DI NOVA FAMA PROPRIA
        E NON BISOGNOSO DI FASTI GENEALOGICI,
                    ALESSANDRO MANZONI
            SOLLETICATO VOLUTTUOSAMENTE,
            CON UN VARIO E SQUISITO SAGGIO,
                NELLA GOLA E NELLA VANITÀ,
        DUE PASSIONI CHE CRESCONO CON GLI ANNI,
    PRESENTA I PIÙ VIVI E SINCERI RINGRAZIAMENTI

Davvero sarebbe troppo volgare la domanda: quale uo-

gnava che non si è mai sicuri di nostra virtù, e dopo lungo combattere, appare sempre avanti minaccioso il nostro nemico.... Gridi a sua posta taluno, che la è troppa questa diffidenza di sè, che la è pusillanimità e mancanza di senno, io penso invece essere giustissima la sentenza di Franklin, ripetutaci di frequente dagli Inglesi, che solo la presunzione, *la mancanza di modestia è mancanza di senno.*

222. La verità esige forza; e se questa si esercita dapprima con sè stesso nella lotta contro la vanità, si estende ancora nei rapporti con tutto il mondo che ci circonda. Sventuratamente ancora a' nostri giorni si sente lo strascico della letteratura cortigianesca del cinquecento [1], e non mancano scrit-

portanza ha il panettone donato dal Prestino delle Grucce in rapporto alla Scuola di Manzoni?... Non vo' rispondere, e domando invece: Quale importanza in rapporto alle teorie di Kant ha la perdita di un bottone nell'abito di uno scolaro?... eppure Jachmann e tutti i biografi di Kant ci ripetono quest'aneddoto, aggiungendo che Kant fece male la sua lezione, perchè aveva l'abitudine di fissare lo sguardo in quel bottone.... Io credo che le deduzioni possibili dei tratti caratteristici di Manzoni da noi qui esposti sieno di maggior momento

[1] « L'adulazione chiamò *secol d'oro* questo, che fu secolo cortigianesco. » (SETTEMBRINI, op. cit, tom. 2, pag. 34).

tori, come gli antichi, ambiziosi di partecipare al
potere, agli splendori, alla mensa di qualche Me-
cenate. Quanta dignità invece avanti i potenti
seppe sempre conservare Manzoni per poter dire a
tutti e per intero la verità! [1]

Non è però rispetto ai principi che più si manifesta
in oggi la vigliaccheria degli scrittori. Questa si
esercita destramente con ipocrita adorazione di altri idoli minori. Non parlo di chi serve al men-
dacio colla coscienza di mentire: abiettissimi in-
setti, non meritano questi di essere considerati fra
la schiera de' letterati; e non meriterebbero punto
pietà, quando, dopo lunga carriera di illusioni, siano
da ultimo, come avviene di frequente, offesi mor-
talmente nella vanità e nell'interesse, le sole divinità, a cui hanno immolato l'ingegno e la coscienza.... Parlo degli uomini onesti, che amano la
verità e la vorrebbero pur proclamata; ma, quando
si danno a scrivere, sono tentati a spiare l'opinione

---

[1] A tutti è noto come l'arciduca Massimiliano facesse
rivivere in alcuni le speranze di un governo autonomo quale
esisteva nei tempi felici di Maria Teresa e di Giuseppe II.
Gli è a questi tempi che noi alludiamo; nè ci è lecito aggiungere altra parola finchè Dio ci conservi il nostro conci-
cittadino.

pubblica, le passioni popolari, i giudizj della stampa, per misurare il tanto di vero, che si possa dire impunemente; ond'è che l'adulazione ha esteso il suo campo « Non si fanno complimenti soltanto ai ricchi, dice un vivente moralista inglese, ma si fanno anche ai poveri. Una volta per adulare non si osava dire il vero alle persone di alto grado; ma oggi per lo stesso motivo non si osa piuttosto dirlo a quelli che sono in umile stato. Ora che la massa del popolo [1] ha parte nella vita politica, vi è una tendenza sempre crescente di accarezzare questa massa, di piaggiarla, di non volgerle che parole melate! Le si attribuiscono virtù, ch'essa pur troppo sa di non possedere. Si evita di dir chiaro e tondo in pubblico quelle verità, che, sebbene salutari, pure a lui non piacerebbero; e per guadagnarsene il favore si vorrebbe sovente far credere che ci muove una simpatia, la quale evidentemente non può essere sentita. »

In mezzo a questa generazione vi trovi un uomo, il quale non ha mai ceduto nè all'idolo del potere, nè all'idolo del popolo, ma *vergin di servo encomio e di codardo oltraggio,* a tutti disse il vero, con costanza più presto divina che umana.

---

[1] *Il Carattere,* di SAMUELE SMILES, traduzione di P. ROTONDI, pag. 138.

Questo carattere però condanna il genio ad una specie di solitudine, lo scioglie da ogni vincolo, per concentrarne la mente soltanto alla reale essenza delle cose; donde l'*originalità* [1] nel senso più rigoroso della parola, ed una naturale tendenza a camminar sempre solitario [2], quasi si voglia far

---

[1] Vedi pure citato dall'istesso Smiles, pag. 138, intorno alla *originalità del carattere*, un singolare giudizio del grande filosofo ed economista J. S. Mill, nell'opera *On Liberty*. « In questo nostro tempo il solo esempio di uno, che non voglia conformarsi a quello che tutti fanno, il solo rifiuto di piegar le ginocchia all'uso dominante, è già cosa utile. Appunto perchè la tirannia dell'opinione pubblica è tale da far credere biasimevole ogni originalità, dobbiamo desiderare che vi sia chi sfida questa opinione, e che si diano molti originali. L'originalità fu sempre frequente quando e dove abbondò la forza del carattere; e in una società essa generalmente si mostrò in proporzione del genio, del vigore intellettuale e del coraggio morale, che quella aveva. Oggi pochissimi osano di comparire originali; e questo rivela il difetto maggiore del nostro tempo. » Op. cit, pag. 120-121.

[2] Ottimamente dice il nostro Rovani: « Nel genio di Manzoni è assai caratteristica questa tendenza a camminar sempre solitario. — È notevole quel suo coraggio di uscir a combattere un'opinione appunto allora che è fatta uni-

divorzio dagli *amici,* dalla *religione* (scusatemi lo
strano supposto), da *sè slesso,* per seguire la nuda
verità: .

> Vien dietro a me e lascia dir le genti:
> Sta come torre fermo, che non crolla
> Giammai la cima per soffiar de' venti.
>
> (*Pur* V)

Manzoni amava pur tanto, e tanto stimava Giusti;
eppure fino dal primo incontro con lui, per la
smania di dir tutta la verità, certo l'avrebbe rotta
con Geppino, ove questi fosse stato schifiltoso, come
la più de' letterati. E come non risentirsi a questo
complimento: « In quelle poesie (lettera di Manzoni
a Giusti, 8 novembre 1843), che da una parte amo
ed ammiro, tanto deploro amaramente. ciò che
tocca la religione e che è satira personale?.. »
Quando il difendere Rosmini pareva a' maligni ed
a' pusillanimi un'eresia, Manzoni scriveva il dialogo
sulla *invenzione,* in cui conchiudeva · « Fate di
meno, se potete, di questa filosofia » [1]. E mentre

---

versatissima, e dimostrare che tutti hanno torto nel momento che tutti sono persuasi che non è possibile non aver
ragione... » (Rovani, *Gazzetta di Milano,* 1855, N. 78).

[1] Manzoni, *Dell'invenzione,* ediz. ill., pag. 582

tutto il mondo applaudiva al suo *Promessi Sposi*, egli riprovava questa sorta di componimenti, perchè dannosi alla verità [1].

223. Manzoni dunque, come disse un nostro collega [2], è ancora più grande come pensatore e come uomo, che come scrittore; il Vero è la sua vita, la sua poesia, la sua fede. »

E di fatto, si può spingere più oltre l'eroismo per la verità, che sacrificando a questa quanto vi ha di più caro?. E dopo ciò, chi negherà a Manzoni il primato in questa scuola?... Chi, per dir tutto, non ammirerà, come nel maestro, così anche ne' suoi scolari, la virtù della *modestia*, che, a detta di Giusti (parlando appunto di Torti, Grossi o Rossari), la è una cosa sola colla *sincerità* e *dignità* di carattere?... E chi non imparerà per tal modo ad educare moralmente sè stesso, prima di arrogarsi l'ardua missione di letterato, che è quanto dire: educatore del popolo?..

224 Esposto il carattere della nuova scuola, secondo il soggetto che si propone, *la verità*; e derivatone da ciò il diritto che ha Manzoni di capi-

---

[1] MANZONI, *Del romanzo storico.* ediz. ill., pag. 483. Vedi il discorso seguente.

[2] Giulio Carcano a Gubernatis.

tanare questa eletta schiera, veniamo ora alla esposizione storica dell'origine e dello sviluppo di questa scuola.

« La Rivoluzione, dice Settembrini, dai *fatti* si ritrasse nella coscienza, dalla politica nell'arte. Se l'arte non è fatta, nè per pochi, nè per una classe, ma per tutti, *bisogna che esprima quello che tutti sentono, e in modo che tutti intendano*. La vita nuova dev'essere la materia dell'arte presente; e da essa vita nuova nascono necessariamente nuove leggi, le quali, come tutte le cose nuove, paiono opposte alle antiche, ma non sono altro che svolgimento di quelle, come figliuole, che nascono da madri. Il vecchio e il nuovo sono momenti dello spirito, sono come i passi che fa il pensiero che cammina; e il nuovo passo di oggi sarà vecchio domani » [1].

Eccoci per tal modo al successivo sviluppo della rivoluzione letteraria.

225. Scrittori italiani, forse

Con cosa in capo non da lor saputa

(Purg XII).

disponevano il terreno a' nuovi principj. Così *Me-*

---

[1] Settembrini, *Lezioni di letteratura italiana*, Vol. III, pag. 306.

taslasio, colla mente educata al mondo classico [1], più che al francese [2], aveva un cuore, che sentiva modernamente; donde i sentimenti de' suoi personaggi tolti dall'attualità delle cose, ed i comuni concetti esposti con venustà, con grazia e con tale popolarità, che è miracolo unico nell'arte [3]. E donde ciò? Dalla verità del sentire: *Si vis me flere, dolendum est. Primum ipsi tibi* [4]; onde egli stesso diceva:

---

[1] « Metastasio rappresenta lo stato di transizione tra la vecchia e la nuova letteratura. Egli amava anzitutto essere ritenuto tragico; ed i suoi eredi Martinez gli coniarono una medaglia col motto *Sophocli Italo.* » *Storia della letteratura italiana* di FRANCESCO DE SANCTIS. Napoli 1872, Vol. II, pag. 281, e *Nuova Ant*, Vol. XVII. Agosto 1871.

[2] Gli esemplari francesi di Metastasio erano Quinault, Corneille e Racine.

[3] E davvero non è mai abbastanza apprezzata la chiarezza specialmente nella poesia italiana, dove ancor oggi non mancano scrittori, i quali credono coll'oscurità dei concetti e della parola guadagnarsi fama di poeti-filosofi:

> *Quid juvat obscuris involvere verba tenebris*
> *Ne pateant animi sensa?.... tacere potes.*

[4] ORAZIO, *De arte poetica.*

Sogni e favole io fingo; eppure in carte,
Mentre favole e sogni orno e disegno,
In lor, folle ch'io son, prendo tal parte,
Che del mal ch'inventai piango e mi sdegno [1].

In Metastasio però non è la verità considerata in tutti i suoi momenti, in tutte le circostanze di costumi, di luogo, di tempo quali circondano un fatto; è la verità nell'espressione di un sentimento, di cui è investito il poeta; epperò anche ne' più disparati componimenti vi spira un alito di vita che *fa piangere anche gli orsi:* sempre però la stessa vita e le stesse lagrime cadute a quel tocco, allo stesso modo e nell'istessa misura.

Ciò non è tutto quanto esige l'arte: è però un gran passo alla radicale riforma, che si andava lentamente maturando, attraverso gravi ostacoli.

I governi corruttori amavano cullare l'Italia e addormentarla con armonie buffe o piagnolose, le quali non penetrassero nel cuore de' lettori. Era troppo pericoloso il sentire veracemente! Bisognava

[1] DE SANCTIS, loc. cit., pag. 392, e SETTEMBRINI, tom III, pag. 136, citano questi versi; ed è sull'autorità di questi ch'io ne ripeto la citazione senza conoscerne la prima fonte.

cantare per cantare, scrivere per scrivere: quindi circonlocuzioni vane di parole, leziosaggini, frasi eleganti e ad un tempo volgari, con istile monotono, affettato, convenzionale; non idee, ma fronzoli, immagini e traslati, che ricordavano ancora il Seicento. Ecco, meno qualche eccezione, la letteratura che signoreggiava allora nelle scuole e nelle accademie [1]. Pareva che il dire le cose *come*

---

[1] Nessuno ricorda a' nostri giorni le pastorali od i sonetti del conte Pompei, del conte Paradisi, del Vettori, del Frizzi, di Daniele Florio, di Paolo Rolli, di Salvioli, nomi allora assai celebrati. Ed anche del Vetturelli, del Cotta, del Minzoni e del Frugoni, sceltovi ciò che può meritare il nome di poesia, a stento si potrebbe formare un piccolo volume.

Sembrano ancor degni di qualche considerazione Balestrieri, il Chiari ed anche il Casti, di cui il poema *Animali parlanti* fu tradotto nelle principali lingue d'Europa (Vedi Ugoni, *Letteratura italiana*, tom. 1, pag. 155). Poeta del resto gravido di fantasia e di libidine, onde egli stesso ebbe a dire nell'ultima ora: « Questa volta la carogna se ne va.» (Ugoni, loc. cit.)

Sul principio di questo secolo, o poco prima, vi erano pure valenti, che, sdegnando le forme petrarchesche, poetavano grecamente: Chiabrera, Guidi, Testi, Menzini. Il gusto purissimo di questi valse assai a soffocare il Preti, ed a far degnamente apprezzare un Filicaja ed un Redi.

¹ *Della perfetta poesia italiana, spiegata e dimostrata con varie osservazioni* da Lodovico Antonio Muratori. Vol. II, Modena 1706, pag. 4.

In quest'opera di Muratori, ricca di notizie peregrine, colte dai codici delle biblioteche, vi ha una descrizione vivissima· del cattivo gusto de' tempi; ed a sradicare questo gusto·cattivo, se Muratori non è sempre felice nella proposta degli *esempi,* lo è meravigliosamente per allora, quanto alle proposte di *principj.* Annunciamo a' principali:

« La poesia non è che figliuola, o ministra della morale filosofia. (Op cit. passim.)

« Provando la nostra natura diletto nel considerare ed abbracciare il bello, più coraggiosamente e volontieri si muove a cercare lo stesso vero e lo stesso buono, a' quali è congiunto il bello. (Lib. I, pag. 64).

« Rivolgiamo noi tutti il nostro studio a considerare quel bello che è fondato principalmente sul vero. (Pag. 65).

« Il bello dilettante e movente con soavità l'umano intelletto, altro non è se non un lume o un aspetto risplendente del vero. » (Pag. 67).

· Questi principj fondamentali sono sufficienti per dimostrare il sano criterio, sempre relativo al tempo, che regge quest'opera di Muratori, la quale da taluno è a torto giudicata Così, per tacer d'altro, si ripete che Muratori *proponeva per modelli* i poeti *Maggi* e *Lemene* nomi pres-

In Metastasio dunque dobbiamo riconoscere una certa gagliardia nel togliersi dalle pastoje arcadiche, in cui veniva iniziato. Per verità a lui giovava molto l'indirizzo di Apostolo Zeno; se però non avesse avuto fede nella propria missione, o se avesse paventato il morso dei pedanti non avrebbe aperto un nuovo orizzonte alle lettere.

La vita di latte e di miele di questo insigne poeta fece dimenticare questa sua virtù. — Eppure, se ei fu genio nell'arte, perchè le comunicò vita nuova, era suo destino il combattere.... Dissimulò le gravi cure ; chè

> . . . . . Un'alma grande
> È teatro a sè stessa. Ella in segreto
> S'approva o si condanna;
> E placida e sicura
> Del volgo spettator l'aura non cura [1].

sochè ignoti.... Siamo nel 1706· Muratori cita per la Toscana Redi, Menzini, Filicaja; e solo parlando della Lombardia, e limitatamente all'introduzione del buon gusto, dice: « In Lombardia siami lecito il dire che la gloria di avere sconfitto il pessimo gusto è dovuta a Carlo Maria Maggi ed a Francesco di Lemene. Il Maggi, specialmente verso il 1670, cominciò a ravvedersi del suo o dell'altrui traviare. » Ediz. cit. pag. 31.

[1] *Artaserse,* melodramma di Metastasio, atto secondo, scena seconda.

226. A Metastasio possiamo associare Goldoni; il quale *non ritrasse solo la superficie della vita* [1], ma con profondo senso psicologico, alla commedia d'intreccio sostituiva la commedia di carattere, al fittizio il naturale , al pregiudizio delle regole il buon senso e il buon cuore [2].

Con *Goldoni* la verità estende il suo dominio; poichè il concetto non è più derivato dai segreti sentimenti dell'autore, ma dallo studio intimo delle umane facoltà.

Il Goldoni è ben lontano dall'allargare il suo orizzonte come Shakespeare, e neppure ;come Racine e Molière; ma oltrecchè il carattere stesso pacifico di Goldoni restringeva la sua azione a scene limitatamente domestiche; lo Stato e la sospettosa aristocrazia, in cui egli viveva, e fors'anche la critica ingiusta, da cui veniva attaccato, lo rendevano peritante nella descrizione de' gravi difetti sociali, che avrebbero potuto dare dell'uomo un più completo studio , ed educare il popolo a maschia virtù.

---

[1] SETTEMBRINI, loc. cit , tom 3, pag. 14. — Più avanti però Settembrini da ragione a Goldoni e lo dice il *Poeta popolare*. Pag. 161.

[2] DE SANCTIS, loc. cit., pag. 400.

Ad ogni modo « non c'è chi non riconosca nelle commedie del nostro Goldoni una pittura la più varia e fedele di costumi, una abbondanza di caratteri originali e ben mantenuti, non solo nei personaggi principali, ma anche nei secondarj, una fecondità d'invenzioni, un ingegnoso artifizio d'intrecci e tanti altri requisiti primarj in quel genere di componimenti » [1].

227. Ma dove meglio si rivela il germe della nuova scuola si è in *Cesarotti*, il quale, non già per la sua traduzione dell'Ossian, e meno ancora per il fastoso paludamento imposto a Demostene e ad Omero audacemente ammodernato; ma col *Saggio sulla filosofia della lingua* [2], e con altri scritti didattici [3], fu veramente maestro all'incalzante generazione. Col *Saggio* si confutavano i vecchi

---

[1] MANZONI, Appendice alla relazione sulla lingua italiana, *in fine.*

[2] Oltre il *Saggio* vanno studiati gli *Schiarimenti*, pubblicati come appendice al *Saggio*, contro gli appunti del conto Napione. *Dell'uso e dei pregi della lingua italiana*

[3] *Saggio sulla filosofia del gusto all'Arcadia di Roma.* — *Saggio sugli studj* — *Ragionamento sul diletto della tragedia.* — Lettera al·Denina in difesa degli scrittori padovani, ecc, ecc.

pregiudizj intorno alla lingua, cui richiamava al suo naturale destino: *servigio dell'idea;* ponendovi così a fondamento il senso logico e la filosofia; rifiutando forme convenzionali, consacrate solo dall'autorità de' grammatici, dei vocabolarj e delle accademie. Per tal modo si ampliava di troppo la fonte della lingua italiana, poichè anche le lingue straniere erano invitate a dare il loro tributo. Parve anarchia; e la era forse; ma dovevasi pure distruggere, prima di riedificare. Cesarotti necessariamente precede Manzoni·

Quanto ai canoni supremi dell'arte, non è esagerazione il dire che vi abbiamo in germe i principj della nuova scuola « Chiunque, egli dice nelle poche pagine sulla filosofia del gusto, si consacra alle lettere, deve essere *filosofo nella teoria, originale nella pratica* » [1].

Egli, il più distinto ellenista d'Italia, osò rispettosamente rimproverare all'Arcadia l'idolatria classica de' suoi classici pastori. « Bentosto le opinioni de' Greci si videro trasformate in oracoli, gli esempli in leggi, le usanze arbitrarie in doveri universali ed essenzialissimi, i difetti stessi in virtù » [2]. Nel

---

[1] *Saggio,* ediz. Silvestri, 1821, pag. 277.
[2] *Id. eod,* pag. 275.

Saggio sugli studj così definisco la poesia: « L'arte di rappresentare o perfezionare la natura » [1] e definisco l'epica: « Una storia poetica di un'azione grande, una, mirabile, verosimile, interessante e morale » [2].

Finalmente, parlando dell'interesse, anima della poesia, tocca la cima dell'ideale artistico: « L'interesse, che forma l'impressione più toccante e profonda, risulta *dalla moralità*, la quale va circolando con apparente negligenza e disegno occulto nel corso della narrazione, e spicca poi in piena luce nella conclusione del poema » [3].

Ecco vaticinato il *Promessi Sposi;* in cui, come nella *Divina Commedia*, risplende luminosamente, userò una frase di Sauer, la Psiche Nazionale [4].

228 Nè qui so tacere di *Alfieri,* il cui fremito scosse virilmente tutta Italia

> . . . che ne le reggie primo
> L'orma stampò dell'Italo coturno
> E l'auro manto lacerato, ai grandi
> Mostrò lor piaghe e vendicò gli umili [5].

[1] *Id. cod.*, pag. 370.

[2] *Id. eod.*, pag. 375.

[3] *Id. eod.*, pag. 370.

[4] SAUER, *Alessandro Manzoni*

[5] MANZONI, *In morte di Carlo Imbonati.*

Egli però veste ancora la clamide greca e la toga romana, mentre mirava pure a' due genj novatori: Cesarotti e Parini.

L'Alfieri è il degno antecessore di Foscolo, è l'uomo delle antinomie, il Faust del suo secolo. Come il suo discepolo, egli è aristocratico di cuore e proclama la libertà popolare; odia la tirannide e disprezza il popolo; respira la nuova aura di Francia e scrive il *Misogallo*.

Se questo uomo non fosse stato, si sarebbe ritardato il movimento letterario e l'attuale rivoluzione?

Importa, secondo avvisa acutamente Schelling [1] distinguere l'evoluzione storica dalla filosofica, « La prima corrisponde a ciò che noi chiamiamo *critica*, suppone la cognizione de' monumenti, li giudica, li spiega nel loro rapporto collo sviluppo storico dello spirito, la seconda ha per oggetto *l'intuizione intellettuale dell'arte,* la spiega dal punto di vista speculativo, come parte essenziale nello sviluppo della coscienza estetica » Per questo secondo ri-

---

[1] Ueber das Verhältniss der bildenten Kunste zu der Natur-Vorlesungen uber die Methode des akademischen Studiums.

guardo, se Alfieri non fosse stato, non ne avrebbe sofferto il progresso dell'arte [1]

Fin qui abbiamo forze disperse di uomini inconsci della loro missione [2]. « Il vero artista, dice Schelling, è spinto alla produzione talvolta suo malgrado Come l'Uomo Fatale, il quale non fa sempre ciò che vuole, è instrumento d'una forza superiore, così l'artista, qualunque sia la sua idea, egli sembra posto sotto l'influenza di un potere, che lo obbliga ad esprimere cose che egli stesso appieno non comprende, e di cui il significato è infinito. »

229. La prima associazione, che si proponeva di distruggere l'antico, il manierismo, il retoricume, l'arcadico, l'accademico, per sostituirvi la verità « il cui centro fosse l'uomo studiato come un fenomeno psicologico, ridotto alle sue proporzioni

---

[1] Gravina coi precetti, Scipione Maffei e Antonio Conti avevano già iniziata la scuola tragica seguita da Alfieri.

[2] Fra questi dobbiamo annoverare anche il Gravina, per il quale gli scrittori del *Conciliatore* mostravano tanta stima, quanto disprezzo ne aveva mostrato Baretti nella sua *Frusta*. — Fra le molte pagine degne di considerazione, nel Settembrini, si hanno ad annoverare quelle che riguardano il Gravina. Vol. III, pag. 15 e seg.

naturali e calato in tutte le particolarità della vita
reale » [1], fu in Milano, nel Caffè Demetrio.

Pare però che questi giovani novatori fossero paghi
soltanto della parte negativa. Così Beccaria, in un
suo articolo sui *Fogli periodici* [2]. « I fogli periodici, diceva, non tanto devono servire ad estendere
le cognizioni positive, quanto contenerne *molte di
negative*, vale a dire, distruggere i pregiudizj e
le opinioni anticipate, che formano l'imbarazzo, il
difficile e, direi quasi, il montuoso e l'erto di ogni
scienza. »

Solo Alessandro Verri, in un articolo *Dei difetti
della letteratura e di alcune loro cagioni* [3],
aveva osato anche abbozzare qualche nuovo principio; ma vuolsi che fosse fiato perduto: epperò
lo stesso autore, nel congedarsi da' suoi lettori,
con sale attico, avvisa che: fra poco manderebbe
alla luce un trattato di metafisica aristotelica,
che sarà cotanto profondo e sublime, che nessuno lo potrà intendere, e che perciò appunto lo
dovranno stimare; che vi verrà poi dietro una
tragedia sul gusto greco; con relative illustrazioni

---

[1] DE SANCTIS, loc. cit, pag. 420.

[2] *Il Caffè*, terzo semestre, foglio primo.

[3] *Id. eod.*, Vol II, pag 96.

sui vasi Etruschi o Papiri dei Romani, col suo buon greco, o buon ebraico....; poi una diatriba sulla etimologia di alcune parole della nostra lingua...; disquisizioni magiche del P. Martino del Rio, in cui si spiegheranno le cose chiare o si passerà sulle oscure... Infine si sta manipolando una certa cosuccia, ma che cara cosuccia! cioè certe letteruccie sul gusto del Caro, nelle quali anderemo in isvenimenti, con tante belle o scelte frasuccie o vocabolucci, dove i vuoti o rarefatti pensieri, nuotanti in un lago di parole, saranno impinguati ogni tanto tempo di sali illepidi e di lepidezze insipide.... Finalmente sarebbe capace il briccone di regalarci una raccolta di poesie per nozze, per dottoramenti o per monacazioni [1]. »

E fu veramente così. Imperocchè altri, dopo Alessandro Verri, si prese l'incarico (e volesse il cielo che la fosse finita almen oggi!) di conservare gelosamente tutte le miserie tradizionali della letteratura accademica ed arcadica; e bruttata di questa lebbra era al principio di questo secolo la società milanese, allucinata dallo splendido ingegno di Monti, il quale partecipava, eppure non voleva riconoscere il nuovo soffio di vita.

---

[1] *Id. eod.*, pag. 249 e seg.

Può quindi di leggieri immaginarsi quanta tempesta si provocassero sul loro capo i giovani del *Conciliatore,* i successori del giornale *Il Caffè,* di cui terremo lungamente parola nella prossima lettura. Questi non solo si ridevano de' loro avversari e davano loro de'gravi argomenti da sciogliere, come la *descrizione de' Giardini* di *Pekino,* la *storia di un pappagallo,* il *teatro della Scala* e la *scala del teatro,* e via [1], ma osavano ancora trovare una difesa delle loro teorie negli scritti stessi degli avversarj. Nè, io penso, a torto, perchè l'arte, come la filosofia e le scienze sociali, progredisce per vita propria, e le idee, a dispetto di chi le combatte, come i gravi, tendono al loro centro nè forza umana può arrestarne il corso.

Così l'arguto e classico Baretti, il quale teme tanto l'importazione di merce straniera, disprezza il *Caffè,* chiama il Verri « un sacciutello, che crede saper tutto e non sa nulla; una bestia piena di albagia, come d'ignoranza; » getta fango a larghe falde sul capo del povero Goldoni; puerilmente giudica Dante; al Filicaja, degno antecessore' del Parini, dà una buona *staffilata sul deretano* (sono sue parole,) per ogni verso insulta al Gravina

---

[1] *Il Conciliatore,* passim.

senza conoscerlo; e lui introduttore del buon gusto secondo alcuni ammiratori della *Frusta*, consiglia Parini a ridurre i suoi versi sciolti in rimati; questo Critico è poi il lodatore più entusiasta di Metastasio, il nemico acerrimo de' Frugoniani e degli Accademici, vuol bene al Passeroni, e ciò che più importa, è maestro di scrivere semplice e spigliato [1]. — Anche l'amico di questi, il conte Carlo Gozzi, vuol essere aristocratico ed è popolano, ostenta antica dignità e scrive modernamente; e suo fratello Gaspare è il redattore del giornale l'*Osservatore*, che poteva degnamente gareggiare col *Caffè;* e il poveretto si lamenta d'esser fatto mestierante per guadagnarsi il pane:

« Non credo si chiudesse verginella
In monastero per servire a Dio,
Nè che andasse a marito mai donzella
Senza un gran pezzo del cervello mio. »

231. Perfino *l'abate Monti* [2], prima di cantare a Talia, alle vergini Camelie, e che so io a tutte le

---

[1] Baretti però, collo scrivere troppo bilioso, riescì di danno alla polemica letteraria; perciò che molti seguirono o seguono ancora, specialmente nei giornali, la forma, di sovente villana, dell'acuto critico.

[2] Parlando di Monti, dice Mazzini, (*Opere varie*. Milano 1862, Vol. 1, pag. 296) « Monti contribuì largamente al-

divinità dell'Olimpo, commoveva Italia colla storia
di un fatto recente, in cui era bandito l'Olimpo, poi
scuoteva il giogo classico cantando col Bardo della
Selva Nera; e ciò che più cale, sulle orme di Francesco Varano, ristaurava nobilmente gli studi di
Dante.

Finalmente *Alfieri*, ultima tavola di salute dei
Classicisti, intollerante di tradizioni, scandalizzava
gli Arcadi colle sue profane licenze:

> Un cinico, un superbo, un d'ogni stato
> Furente turbator, fabbro d'incolti,
> Ispidi carmi, che gli onesti volti
> Han d'Apollo e d'Amore insanguinato [1].

232. E se non basta, gli stessi retorici, più scru-
polosi osservanti delle norme aristoteliche, in se-

---

l'emancipazione letteraria iniziata da Cesarotti, da Alfieri
e da Parini, scuotendo la dittatura delle accademie, i canoni pedanteschi, e la plagiaria imitazione. Di fiacca indole
però, non ebbe *un'idea*, e prima ancora che in Francia
fondò egli l'*Arte per l'arte*.

[1] E questa una quartina di un sonetto del Monti, fatto
in servizio degli Arcadi. È giustizia però anche aggiungere
il giudizio che di Alfieri più tardi ne dà Monti stesso nella
sua prolusione: « . . . . ingegno supremo, che bastava per
sè solo a dar nome al suo secolo e a creare la gloria d'una
nazione. »

coli addietro danno qualche sprazzo di luce. Ci basti qui accennare ad un Italiano caduto a torto in dimenticanza, *Giambattista Giraldi Cintio*, che con eroico coraggio seppe difendere il suo contemporaneo Ariosto, predicendo il giudizio della posterità intorno a questo autore, giudicato pazzo perchè di due secoli preveniva il movimento letterario. « Ma il tempo, così Cintio, che è detto padre della verità, e che senza animosità e senza invidia giudica, farà vedere di età in età quanto sia torto il giudizio di coloro che biasimano quello autore che non si puote abbastanza lodare e che merita piuttosto d'essere imitato che ripreso [1].

.

1 *Lettera, ovvero discorso, di Giovambattista Gualdi Cintio, sopra il comporre le satire atte alle scene, a Messer Attilio Dall'Oro.* — Risposta di G. Giraldi a M. G. Pigna. Milano 1864. Parte IIª, pag. 162.

Altro ammiratore, quasi contemporaneo all'Ariosto, fu Galileo. Interrogato egli donde traesse « la chiarezza ed evidenza delle opere sue » rispondeva con modestia che « Se tal parte in quelle si ritrovava, la riconosceva totalmente dalle replicate letture di quel poema: scorgendo in esso una prerogativa propria del buono; cioè che quante volte lo rileggeva, sempre maggiori vi scopriva le meraviglie e le perfezioni. » VINCENZO VIVIANI, *Vita del suo maestro Galileo Galilei.*

233 Amici dunque ed avversarj, e retori perfino del Cinquecento, epoca in cui la letteratura era mancipio del potere, disponevano il terreno alla nuova scuola. — Colui però, la cui ombra riesce sì funesta al rumoroso Frugoni, al tronfio Algarotti, all'audace Bettinelli (le cui lettere Virgiliane del resto si meritarono il favore del Foscolo [1]), è *Giuseppe Parini*; il quale, più coll'esempio che coi precetti, aprè l'epoca moderna della italiana letteratura.

234 Eccovi le conclusioni che il Maestro dalla sua cattedra di eloquenza in questo nostro Ateneo, derivava dai *principj fondamentali e generali delle belle lettere:* « Da quanto finora si è detto intorno all'origine, ed ai progressi delle Belle Arti, egli è facile di conchiudere, che queste hanno per loro oggetto l'*utile* insieme, ed il dilettevole, e che nell'operare che esse fanno talora cercano il diletto, per *più facilmente e più fortemente promo-*

---

[1] Anche gli scrittori del *Caffè* accolsero con occhio benigno le *Lettere di Virgilio all' Arcadia di Roma*, non tanto per il valore intrinseco del lavoro di Bettinelli, e meno ancora per la censura fatta a Dante, quanto per il coraggio dimostrato nel combattere alcune idee consacrate dal pedantismo.

vere l'*utilità;* talora cercano l'utile stesso, per rendere tanto più grande e più energica la impressione del diletto. Da queste due cose congiunte insieme, e secondo le varie circostanze in vari modi impiegate resulta quel toccare, quel muovere, quel fare impressione, che si disegnano col solo vocabolo *interesse* o *interessare* usurpato presentemente da tutta l'Italia in un più largo significato di quel che prima si facesse nella nostra Lingua [1] »

Queste idee di Parini, di preferenza citate perchè racchiudono la formola del nostro Maestro *interessante nel mezzo,* di cui avremo a dire più avanti, ed altri suoi canoni della letteratura, non è chi oggi possa accoglierli come massimo sviluppo dell'arte; sono però l'espressione fedele di quanto poteva allora insegnarsi dalla cattedra, secondo il moto progressivo, che noi abbiamo annunciato.

Del resto il retore è al dissotto del poeta, il maestro è da meno dell'autore. Fosse una eccessiva modestia; fosse l'indole stessa della cattedra, che gli era assegnata, detta di *eloquenza;* fosse, osiamo anche aggiungere, la mancanza di studj positivi filosofici, o forse insieme tutte queste circostanze lasciavan desiderare nel Precettista una ben ordita

[1] Opere di Parini, ediz. Reina, tom. 6, pag. 15.

trama di principj razionali, profonde convinzioni intorno alla natura del bello e del vero, e successione rigorosa di logiche conseguenze. Il suo dire intorno allo studio delle belle lettere è più descrittivo che razionale; affascina la sua splendida parola sulla *Proporzione,* sull'*ordine,* sulla *chiarezza,* sulla *facilità;* sulla *convenevolezza,* ed in particolare sull'*origine* e sul *progresso* della lingua italiana; ma non sempre convince, perchè i suoi canoni non si fondano sopra dimostrazioni ontologiche, donde (come vedremo a suo luogo) deve prendere le mosse un dettato intorno al Bello.

Ciò nonpertanto, nella sfera ristretta in cui limitò le sue osservazioni il maestro Parini, sulla forma anzichè sulla natura del pensiero e de' sentimenti, egli rivela dottrine estetiche, quali forse nessuno prima di lui aveva saputo ritrarre dalla fonte genuina de' classici, e fa sentire vivissimo il desiderio ne' suoi scolari i quali si presero poi cura di soddisfare il maestro, che anche lo studio dell'eloquenza, dall'orditura delle orazioni a modo Ciceroniano o di Demostene, dallo studio delle amplificazioni, delle perorazioni, delle metafore, delle voci, si sollevasse allo studio della logica, della metafisica e delle arti sociali, con un solo intento: *il trionfo della verità.*

235. E questi criterj servirono a Parini d'indirizzo nella sua critica [1]; onde i suoi giudizj sopra i contemporanei [2], Alfieri, Mascheroni, Casti, Passeroni ed il nobile Pindemonti, sono ancora altamente apprezzati meglio che i suoi precetti [3].

Non è però a giudicarsi Parini, in rapporto alla

[1] Fra gli studj critici sono a porsi le polemiche col P. Alessandro Bandiera; il quale, nell'opera Dei pregiudizj delle umane lettere, aveva, per tacer d'altro, la pretesa di correggere il Segneri col Boccaccio. Parini prendeva in fallo il P. Bandiera, dimostrando che il P. Bandiera era stato cattivo interprete del suo maestro, togliendo via dal Segneri appunto quelle voci che sono suffragate dall'autorità del Boccaccio o sostituendovi altre non boccacciesche. In questa polemica Parini va lodato per la sua moderazione.

Più viva al certo fu la polemica col P. Branda; il quale disse pure delle verità nel Dialogo sulla lingua toscana, sacrificando però il concetto ad una forma leziosa e lussureggiante. Questa polemica col P. Branda potrebbe presentare oggi una speciale importanza per la questione, che si sta agitando sulla sede della lingua italiana.

[2] Con alcuni, o specialmente colle donne letterate, Parini fu qualche volta indulgente.

[3] Ad ogni modo, anche come retore, Parini primeggiava indubbiamente nel suo secolo, o nessuno meglio di lui aveva saputo approfittare di quella vasta miniera La perfetta poesia di Muratori. — Vedi retro intorno quest'opera di Muratori.

rivoluzione letteraria, dai precetti di eloquenza lasciati scritti, nè dalle sue polemiche letterarie, e nè anche da' suoi giudizj critici. Egli va studiato dalle sue opere e dalle amichevoli conversazioni co' suoi scolàri.

236. Nelle opere letterarie voi vedete l'uomo che estende il suo impero sopra qualunque ordine di verità. — Semplice e modesto, egli non ha la coscienza del suo dominio · sono i posteri, che scoprono questo fatto, e quando il giovane Foscolo si fa interprete della posterità, il santo veglio solleva gli occhi soltanto al cielo ...

Parini fu il padre dell'evo moderno nelle lettere.

Certo il Settecento, in mezzo a molta miseria, fu fecondo di nuovi elementi per l'attivissima gara de' nostri padri nelle lettere [1]; ma il *predestinato a raccorre questi elementi* era Parini [2].

---

[1] Noi siamo ben lontani dal pareggiare i nostri padri nell'attività letteraria Chi vuol averne un pieno concetto legga lo studio critico: — *L'abate Parini e la Lombardia nel secolo passato* — di Cesare Cantu, e le poche, ma concettose, pagine di De Sanctis, *Storia della letteratura e Nuova Antologia,* ottobre 1871; in cui si da un breve quadro della trasformazione letteraria avvenuta a Milano ai tempi di Parini

[2] Parini rappresenta pure per eccellenza la scuola lombarda. Vedi avanti Lettura ultima.

Dapprima appare il culto della *verità soggettiva;* quindi (siamo al *secondo stadio*) l'autore astrae, o meglio, distingue il vero oggettivo dalle proprie impressioni, e cerca il suo ideale *nello studio psicologico dell'uomo,* ma in un campo però assai limitato, l'uomo nella sfera della famiglia; finalmente Parini (siamo al *terzo stadio*), naturalmente filosofo, allarga il suo orizzonte su tutto il creato, gli uomini, le cose, la società; e *accenna* anche a Dio ed alla patria [1].

Egli canta *dell'innesto del vajuolo,* della *salubrità dell'aria, del primo pallone areostatico,* del *vivere agiato,* o *delle doti di qualche inclita Nice;* ma più ancora egli si eleva là dove ci parla *della gratitudine, del pericolo, del bisogno, della semplicità della vita rustica;* nè manca di provvedere al bene morale e civile col *Giorno,* miracolo d'arte per ciò che l'ideale è attinto ai fatti i meno capaci a svegliare l'estro poetico

Io non vo' però dire che Parini abbia compiuta la sua missione.

Dio e la patria dovevano inspirare particolar-

---

[1] Diciamo *accennare,* imperocchè Parini disse poco di Dio e della patria. Il poeta religioso e civile d'Italia doveva essere lo scolaro del Parini, Alessandro Manzoni.

mente i suoi scolari. Chi può ridire il testamento di
questo inclito maestro? Io mi valgo delle parole del
suo scolaro *il più degno,* come lo chiama Cantù [1],
il quale così scriveva a G. B. De Cristoforis:

> Nè tu la immensa delle sue parole
> Piena sentisti risonar nell'alma,
> Allor che apria dalla inspirata scranna
> I misteri del Bello e, rivelando
> Di natura i tesori ampj, *abbracciava*
> E *le terrestri e le celesti cose.*
> E a me sovente nell'onesto albergo
> Seder fu dato all'intime cortine
> De' suoi riposi, e per le vie frequenti
> All'egro pondo delle membra targli
> Di mia destra sostegno, ed ei scendea
> Meco ai blandi consigli, onde all'incerta
> Virtù, non men che all'imperito stile,
> Porgea soccorso; ed anco, oh meraviglia!
> Anco talvolta mi beàr sue lodi.

237. L'autore di questi versi *pochi e valenti,* come
i servitori ragunati dell'Innominato, noi, giovinetti
ancora, lo abbiamo di frequente incontrato « dal
volto sereno, dalla spaziosa fronte, dall'arguto sorriso, e da' bianchi capelli svolazzanti » [2].

---

[1] Cantu', op cit., pag. 65.

[2] Vedi giornale *Il Crepuscolo,* Milano 1852, pag. 132.

Egli passeggiava con Alessandro Manzoni! Oh
l'amico avrà versato nel cuore dell'amico il prezioso ricordo del Maestro!... E Giusti, che era a
parte dei segreti di questo animo sublimi, al morente
Poeta ravvicina il fanciullo, che per mezzo del Torti
doveva poi raccoglierne la gloriosa eredità .. Parlando Giusti della morte di Parini, che qui a pochi passi da noi, nel nostro palazzo, nella camera
confinante cogli uffici di questo Istituto avvenne
la mattina del 15 agosto 1799, dice; « La Lombardia perdè il suo poeta, e non poteva cadere in
mente ai cittadini, che lo piangevano, di consolar-
sene nel caro aspetto di un fanciullo di 13 anni,
ch'era allora in Milano e che di lì a poco fu quell'-
uomo che tutti sanno. Dico di te, Alessandro mio;
nè mi sarà imputato a vanità, se ti rendo quell'-
onore che ti è dovuto con quell'amorosa dimesti-
chezza che volesti concedermi, della quale mi
sento nell'animo un'alta compiacenza temperata di
rispetto e di gratitudine » [1].

[1] Giusti, *Il Parini.*

LETTURA OTTAVA

(Fatta nell' adunanza del 6 marzo 1873.)

PROGRESSO LETTERARIO

(*Continuazione*)

II.

Il VERO per soggetto.

238. Come è giudicata la nuova scuola da *Settembrini* e da *Ranalli*. — 239. Si rende ragione del giudizio dato da Ranalli; — 240. e del giudizio dato da Settembrini. — 241. L'accusa fatta alla nuova scuola dell'*importazione di merce straniera* è fondata. — 242. Ciò però non è ragione sufficiente per imprecare a questa scuola; dev'essere dessa giudicata dal tenore delle sue dottrine e da' suoi effetti. — 243 Teorie di *Bouterwech* seguite dalla nuova scuola. -- 244. Teorie di *Schlegel*. — 245. Teorie di *Novalis*. — 246. Influenza esercitata da altri stranieri. — 247. Questione sull'*imitazione de' Classici*. Calunniose imputazioni contro la nuova scuola. — 248. Si risponde a queste imputazioni,

dimostrando che la nuova scuola combatteva l'idolatria, e non lo studio, del Classicismo. — 249 Vantaggi di un'*imitazione razionale* e danni dell'*imitazione servile*. — 250. In che consiste veramente il Classicismo. — 251 Le dottrine della nuova scuola segnano un reale progresso. — 252. Esemplari della nuova scuola. — 253. *Shakespeare.* — 254. *Scrittori del Conciliatore* — 255. Principj del *Conciliatore* — 256. Guerra mossa al *Conciliatore*, e relativa difesa. — 257. Morte del *Conciliatore* e persecuzione de' suoi scrittori. — 258. Conseguenze de' fatti enunciati. — 259. Qual posto avrebbe dovuto scegliersi Manzoni nella descritta lotta letteraria, quando avesse seguito solo l'impulso della vanità o dell'interesse.

238. La nuova scuola, così di lunga mano preparata, come ci fu facile dimostrare nell'ultima lettura, che trae origine dal bisogno comunemente sentito di ringiovanire una decrepita letteratura, che è una necessità logica nella storia dell'arte, nello sviluppo spontaneo del pensiero italiano ed europeo, ve' come è giudicata da alcuni scrittori viventi! [1]

[1] Giudizj incerti ed i più disparati procedono in gran parte dalla mancanza di un indirizzo razionale nella letteratura; e quindi dalla *critica soggettiva*, per cui i giudizj variano secondo le istantanee e diverse impressioni

Un vecchio qui di Milano mi narrava come, essendo egli

« Essa, dice Settembrini, è l'espressione della reazione politica in letteratura, è abborrimento dell'arte antica e dispregio anche della forma, la quale così polita e lisciata non bisogna al buon cristiano ed al suddito fedele che debba soltanto tacere ed obbedire. [1] » Ed un altro nostro vivente così fieramente impreca: « *Gran che!* Più che il belletto e gli artifizj de' Gesuiti, che tolsero alle opere italiane il colore di nazionalità, ci contristano ed offendono gli imbratti e deformezze e deliramenti delle nuove scuole romantiche e trascendentali » [2].

239. Ma Ranalli appartiene alla compagnia del Cesari, del Bandiera, del Giordani, del Perticari e

giovanetto e discorrendola con Monti intorno all'anarchia dell'arte, osava applicarvi i versi dal poeta dettati per definir la Morte.

Arte, che se' tu dunque? — Un'ombra oscura,
Un bene, un male, che diversa prende
Dagli effetti dell'uom forma e figura

E Monti rispondeva all'ardito giovane:

Non avete poi tutto il torto!!

[1] SETTEMBRINI, Op. cit. Vol III, pag. 303.
[2] RANALLI, *Lezioni di Storia*, Vol. II, pag. 620.

del Botta [1]; egli è un'antica galera, che si ostina
a solcare le acque dopo la scoperta delle ruote e
dell'elice a vapore. La voce del Ranalli perciò [2]
« rimane senza eco nel deserto; il mondo cammina
e gli volge le spalle; e se pur taluno guarda indietro, è per battezzarlo l'ultimo dei puristi. »

[1] L'*Arcadico* di Roma al Vol 37 pubblicava una lettera
di Botta contro i Romantici, che « io ho in odio, diceva lo
storico peggiormente che le serpi, la peste che certi ragazzacci, vili schiavi delle idee forastiere, vanno via via semi-
nando nella letteratura italiana Io gli chiamo traditori della
patria, e veramente sono. Ma ciò procede parte da superbia,
parte da giudizio corrotto, superbia in servitù di Caledonia
e d'Ercinia, giudizio corrotto con impertinenza e sfacciatag-
gine. Spero, che . . . . questa infame contaminazione sfu-
mera, e che ancora vedremo nel debito onore Virgilio, il
Tasso e l'Alfieri. »

A cui rispondeva Mazzini, nell'*Indicatore Genovese,* n. 14:
« È strano oramai l'accusare i Romantici d'essere schiavi
delle *idee forestiere,* dei *mostri Caledonici ed Ercinici.* I
veri Romantici non sono nè boreali, nè scozzesi; sono italiani, come Dante, quando fondava una letteratura, a cui
non mancava di romantico che il nome, ma sanno, che i
Sommi non sono d'alcun paese; e che il genio è europeo,
e che gli scrittori che lo possiedono sono i benefattori della
razza, sotto qualunque grado di latitudine abbiano sortita
la scintilla che li anima. »

[2] *Nuova Antologia,* Vol. IX, pag. 509.

Che questo cocciuto classicono sbuffi tanta ira nello *svertare la odierna corruzione* [1] di coloro i quali amano libertà nella espressione del vero, la è cosa naturale. Egli è lo scrittore di quattro grossi volumi di *Ammaestramenti* [2], al cui confronto la retorica del Giardini e di Blaire sono un non nonnulla, una ciancia....

[1] RANALLI, *Ammaestramenti*. II. ediz, *L'Autore a chi legge*, pag. XII.

[2] *Degli Ammaestramenti di letteratura di Ferdinando Ranalli*, Libri quattro, Firenze, Felice Le Monnier, 1857-58.

Con sincera compiacenza abbiamo letto un giudizio favorevole dell'opera di Ranalli dato da un vivente straniero, Amédée Roux (Hystoire de la littérature italienne contemporaine, Paris 1870, pag 447). Ciò che noi condanniamo in Ranalli è l'eccessiva ortodossia; ed anche il Roux è del nostro avviso Quanto a' *sommi principy* letterarj può darsi l'incontro anche con Ranalli: « il buono ed il bello, dice il professore pisano, tanto per le arti del disegno, quanto per quelle della parola, consistere nel vero; e il vero procacciarsi collo stare il più che si può ai visibili insegnamenti della Natura » (*Ammaestramenti*, Cap. I, pag. 10. *Di alcune massime fondamentali*.) Ma che è mai la natura? quali i suoi insegnamenti? Dove ha la sua sede il *bello assoluto* ?. La risposta, che offre Ranalli a queste ed altrettali questioni, a lui solo appartengono ..

Nè fa male del resto: imperocchè il mondo progredisce anche per reazione. Che non ha giovato a Parini l'avere avuto per avventura a maestro un P. Bandiera, il quale non trovava abbastanza boccaccevole il Segneri!.. [1] Ed il rivoluzionario De Sanctis non fu forse il più distinto scolaro dell'*ultimo de' puristi,* il marchese Basilio Puoti? [2]

Teniamoci dunque in pace col signor Ranalli, i cui principj, per quanto discordi dai nostri, non minuiscono punto la venerazione dovuta ad uno de'più colti ed infaticabili letterati d'Italia, ad un maestro, che tutta sente la coscienza del suo alto ufficio.

240. Come va di Settembrini?.. Egli riconosce pure la nuova fase letteraria, e la chiama *Rivoluzione interiore,* vuole l'armonia della forma col pensiero, giudica ottimamente che: mutato il pensiero, non sia più possibile ritenervi l'antica veste;

---

[1] Vedi PARINI, *Opere,* Vol. 5, ediz. Reina: Lettera intorno al libro intitolato · *I Pregiudizj delle umane lettere.* Giuseppe Parini all'abate Pier Domenico Soresi.

[2] Ne' *Saggi critici* del De Sanctis è degno di considerazione, per la storia intima letteraria, il cap. l'*ultimo dei puristi,* con cui è data la storia interessantissima del marchese Puoti tanto benemerito della gioventù napoletana. — Vedi anche Gubernatis, *Rivista Europea,* aprile 1873.

cho l'arte, sia antica sia nuova, devo essere espressione spontanea della vita d'un popolo; cho ogni imitazione, sia da antichi sia da moderni, è sempre una falsità nell'arte, ò *cosa da scimmia non arte di uomo* [1]*;* loda all'opportunità i preconizzatori e fondatori della nuova scuola, applaude al *Caffè* [2], al *Conciliatore*. Che più? Egli fonda sulle idee della nuova scuola il concetto dell'arte. « L'arte, dice saviamente, è l'armonica rappresentazione del vero in una forma fantastica » [3]; e poi un tanto uomo parla con vile dispregio di questa stessa scuola, che sostanzialmente gli conviene?!

Molte ragioni potrebbero spiegare questo fenomeno; io mi attengo alla principale, a quella idea politica cho domina in tutto il lavoro di Settembrini: l'*odio allo straniero* [4] ed odio a quelli che

[1] SETTEMBRINI, op. cit. sotto il capitolo *Rivoluzione interiore,* passim.

[2] Vedi il giudizio sugli scrittori del *Caffè* e del *Conciliatore*.

[3] *Lezioni di letteratura,* Vol. I, pag. 1 e 2.

[4] Lo impressioni giovanili di questo vecchio liberale furono così acerbe, da perdonargli so fu egli ed è ancor oggi in letteratura pertinacemente antitedesco.

Nello ricercho ch'io feci intorno a Settembrini, a me noto appena di nome prima ch'ei scrivesse di Manzoni, ebbi ad incontrarmi in una lettera, da cui togliamo lo seguenti pa-

avanti il 1859 amicavano coi Tedeschi, fosse pure
in letteratura [1]. Così anche Emiliani Giudici, venti
anni prima di Settembrini, denunciava quali emis-
sarj del governo austriaco quei novatori, i quali
attingevano a dottrine tedesche.

241. Per verità l'accusa di importazione straniera
sta bene; imperocchè egli è fuor di dubbio che, se
l'origine e gli elementi della nuova scuola si ma-
nifestarono in Italia [2], gli architetti di questa scuola,
quelli che ne coordinarono le idee e ne eressero
uno splendido edificio, sono stranieri. Avvenne

rolo: « I Tedeschi sono buona gente, dotta, laboriosa, valo-
rosa, che discorre d'arte finamente...., ma io fin da fanciullo
non le ho voluto mai bene Mi ricordo soldati tedeschi nel
1821, vestiti di bianco, col lauro al cappello, che chiudevano
in mezzo a loro un *carbonaro* seminudo legato sopra un
asino e frustato dal boja. Ora sono nostri maestri ed educatori. va bene, ma io non voglio andare alla scuola loro,
e mi contento di rimanere asino e italiano. Sono troppo
vecchio per rifarmi di gusto e di giudizio, e dimenticare il
carbonaro, il boia, e i soldati tedeschi »

[1] « Nella servitù pubblica, le dottrine romantiche parevano dottrine di libertà e non erano che reazione religiosa
e negazione di nazionalità nell'arte. » SETTEMBRINI, op. cit.,
pag. 325.

[2] Vedi Lettura antecedente.

come del Duomo di Milano, di cui il primo abbozzo
può essere stato italiano, ma l'assieme, lo stile, la
scuola insomma è indubbiamente tedesca [1]. Ai Tedeschi si volsero [2] gli amici del *Conciliatore* i quali

[1] Vedi la questione sull'origine del nostro Duomo risolta
con diligenti ricerche e con acume speciale di mente da
G. Mongeri nell'opera *L'arte in Milano*, pag. 97 e seg. — In
quest'opera si rivela come l'opinione di Schlegel, nell'opera
Geschicte der alten und neuen Letteratur, sull'origine del
nostro monumento tanto importante nella storia dell'arte,
non sia poi destituita di fondamento, come pensò taluno
per vanità nazionale.

[2] Non è dubbio che i seguaci della nuova scuola abbiano
esaltato di troppo i Tedeschi; ma a ciò li muoveva anche
spirito gentile e cavalleresco: perchè era loro cura dimostrare col fatto che l'odio al governo austriaco ed alla do-
minazione straniera non era a riversarsi sulla nazione germanica. Del resto, anche i Tedeschi esaltavano allora gli
Italiani, e prova ne sono le opere di Goethe, di Bouterweck,
di Schlegel, e della Stael, la quale scriveva bellamente di
Italia giusta l'indirizzo avuto nella seconda sua patria.
    Qualche ardita opinione di Niebuhr o di Mommsen ed i
giudizj troppo recisi ed anche gli errori di Gervinus, non
credo che siano argomento sufficiente per giustificare una
tirata di Settembrini: « Oggi, egli dice, i Tedeschi sono
usciti d'Italia, e siamo tornati fratelli; ma badate, o giovani, che essi in altro modo ci offendono, e non frustano

al *caffè Verri* continuavano la discussione del *caffè Demetrio* da pochi anni sospese.

242. Ma la è questa una ragione sufficiente per dedurne il giudizio pronunciato da Settembrini? Indaghiamo il *tenore* di queste dottrine, le quali ci offrono il carattere dell'impresa, a cui attendevano questi allievi dell'*audace scuola boreale;* e vediamo anche di riconoscerne gli *effetti pubblici* di questa impresa, sia politici che letterarj: *a fructibus eorum cognoscetis eos.*

più gli uomini vivi, ma oltraggiano i morti, e gettano nel fango Livio e Cicerone, sprezzano l'Alfieri, e cercano persuadere al mondo che le nostre glorie letterarie, uniche che avemmo, non sono che imposture . » Op. cit, pag. 335.

Ed i Francesi come ci giudicano? « Corre lunga stagione, dice Guerrazzi (*Torre di Monza,* in princ) dacchè la massima parte degli scrittori di Francia ha preso il mal vezzo di profondere a piene mani il vituperio sopra Italia nostra. »

È giustizia avvertire che Guerrazzi diceva ciò avanti che fosse pubblicata l'opera di Amédée Roux gia sopra citato, la quale è un monumento di stima e di simpatia all'Italia ed alla sua letteratura.... Guerrazzi, ritenendo la massima, avrebbe certo ricordata la *splendida eccezione....*

Gli Inglesi poi, almeno per quanto mi consta nella ristretta sfera dei miei studj, mostrano verso gli Italiani tale noncuranza che rasenta molto il disprezzo.

243. *Bouterwek* [1], nella sua *Storia della poesia,* sente il bisogno di raccorre ad un punto tutte le varie letterature: l'italiana, la spagnuola, la portoghese, la francese, l'inglese e la tedesca; e con acutissimo ingegno trova i rapporti delle varie nazioni nella storia unica del cuore dell'uomo, della famiglia, della divinità. — I nuovi tempi però importano nuovi uomini, nuove divinità, nuovi costumi. Come non è possibile mantenere le traccie dell'antico incivilimento greco-romano, così non è possibile mantenervi lo spirito dell'antica letteratura. — Il *culto della divinità* in antico offriva un infinito campo alla poesia, dacchè la mitologia era figlia dell'immaginazione. Nel Cristianesimo il campo è più angusto; in questo non sono possibili le Metamorfosi d'Ovidio, perchè è imprigionato il genio entro i confini del dogma; vi guadagna però la letteratura cristiana dal lato del sublime, elevan-

---

[1] *Geschichte der Poesie und Beredsamkeit dem Ende des dreizehenten Jarhunderts von Friederich Bouterweck.* Gottingen (1801-1820. XII Vol in 8.°) — Seguì dapprima le dottrine di Kant, poi seguì Jacobi, di cui spiega le dottrine in due opere filosofiche (*Lehrbuch der philosophischen Wissenschaften,* 1813. Vol. due in-8.° — e *Religion der Verfunf,* 1824.)

dosi l'umanità fino a Dio; nè vi manca il meraviglioso colle favole delle fate, della magia, dei giganti, strascico delle idee religiose settentrionali delle avventure degli Arabi venuti di Spagna e dei Crociati d'Oriente. — Anche l'ossequio alla donna ben altrimenti si prestava nel mondo antico; nessuno avrebbe piegato il ginocchio od incontrata la morte per una sola parola: *amore*. — E così era pure della *patria*: solo i maggiorenti, sia del popolo che della corte, la costituivano. Oggi la patria sono tutti i cittadini di una nazione.

Rinnovata l'*idea di Dio*, *della donna* e *della patria*, le tre grandi fonti che inspirano il poeta e il letterato, bisognava far divorzio eziandio dagli antichi principj; e gli Italiani, che parevano spaventati a tanta rovina, leggevano con meraviglia nell'opera del Bouteweck: — in tutte le migliori opere de' poeti italiani, mista alla bella verità poetica, scorgesi questa vigoria giovanile, che si spinge innanzi sempre senza badare a ritegni. Ed anche là dove i poeti sembrano sottomettersi alle antiche regole, la gioventù dello spirito, l'anima vera della poesia, non istà quieta, ma urta e rompe e s'apre la sua strada attraverso ogni metodica circoscrizione. — La poesia italiana non si piegò umilmente come la francese alle regole vecchie;

ma lottò sempre contro di esse. Dante, Petrarca, l'Ariosto, più che alle regole, si lasciarono andare alla prepotenza del loro genio, e riuscirono grandi nella libertà. — Tutto ciò che v'ha di veramente poetico in Italia, è dovuto alla libertà del vigor giovanile. — Dante adorava Virgilio; eppure non gli venne in capo di fare un poema eroico alla maniera di Virgilio. Il Petrarca era oltre ogni dire invaghito dei classici antichi, tanto quanto della sua Laura, ma il Petrarca cantò il proprio amore come ei lo sentiva, nobilitando le maniere dei Provenzali.... Ariosto studiò Omero; ma volle a bella posta riescire diverso affatto da Omero. E fin anco il Tasso, il Tasso medesimo non ardì spingere a tanto la imitazione del poema eroico antico da rinunziare al carattere romantico dell'epopea cavalleresca.

211. Altro straniero, che esercitò grande influenza sulla nostra Scuola, fu *Schlegel*[1]; il quale, scrivendo dell'antica e della nuova letteratura, ebbe appunto per iscopo di spiegare i principj del Romanticismo. Egli va in cerca della popolarità nella letteratura;

[1] *Geschichte der alten und neuen Litteratur*. Vorlesungen gehalten zu Wien im Jahre 1812 — Zweite verbesserte und vermehrte Ausgabe. Wien 1822.

imperocchè (le sono parole queste che dovrebbersi porre a capo di ogni libro) « la separazione della classe letterata da quella gentilmente educata, e di tutt'e due dal popolo, è il più grande impedimento all'universale coltura di un paese [1].

Quanto allo spirito dominante nella nuova letteratura, se lo riconosce questo nel principio cristiano, non dubita poi asserire che « il Cristianesimo in sè e per sè non è propriamente argomento di poesia, eccetto che della lirica come immediata espressione del sentimento » [2].

Trattando poi della poesia cavalleresca, espone egli un giudizio, che oggi senza civile repugnanza possiamo ripetere: « Ella è cosa notabile che la poesia cavalleresca degli Italiani toccò la sua perfezione non in Firenze, ma nella Lombardia, dove trovò adito anche l'architettura del medio evo, e dove anche lo stile della pittura accostavasi a quello dei Tedeschi, o per lo meno non erane tanto straniero quanto in Firenze ed in Roma [3]. »

---

[1] Die Trennung des gelehrten Standes und der gesellschaftlichen Bildung unter sich und von dem Volke ist das grosste Hinderniss einem allgemeinen Nationalbildung. Ediz. cit. pagina 4

[2] Lezione nona ediz cit.

[3] Id. eod.

Sull'uso opportuno della parola, avvisa che il pensiero e la parola, siccome originariamente sono una cosa sola, così anche nella più varia loro applicazione non debbono mai disgiungersi del tutto ma sì essere sempre ed in generale quanto più è possibile uniti e corrispondenti tra loro [1].

E ai Petrarchisti saviamente nota [2] « Anche a Laura, se ella avesse dovuto leggere tutte insieme le poesie che il Petrarca sacrò a lei, in tutto il tempo che le bastò la vita, sarebbero forse parute soverchie. » Ma dove egli spiegò più chiaramente le sue teorie fu nella lezione duodecima e nelle due ultime, dove determina la vera e dritta relazione della poesia col presente e col passato, quesito che tocca proprio la profondità e l'intrinseca essenza dell'arte.

Egli ammette pure che il rappresentare le cose comuni, le cose di attualità, è difficile impresa, ma non però impossibile al genio, il quale può trarre un senso profondo, fisiologico, universale, anche dall'ordinario e dal volgare. Se si può giungere a ciò, si viene a toccare la cima dell'arte. « Lo spirito giovanile, così questo inclito maestro, l'espe-

---

[1] Lezione prima, ediz. cit., pag. 10.

[2] Lezione settima, ediz. cit, pag. 231.

rienza del mondo, la facile intuizione, l'abbondanza d'amore danno ali alla fantasia per poetizzare sul reale [1]. » Queste parole, stampate nel 1815, parevano direttamente volte a' nostri giovani del *Conciliatore*, ed in particolare a Manzoni, a Pellico, a Berchet ed a Grossi, e dovevano pure fruttarci lo *Scetticismo e religione* [2], l'*Ildegonda* ed il *Promessi Sposi*.

245. A Schlegel possiamo associare il suo amico *Federico di Hardenberg*, meglio conosciuto sotto il nome di *Novalis*, poeta lirico distintissimo, che lasciò frammenti di filosofia, curiosa miscela di Spinosa, di Fichte e di ascetismo cattolico [3].

Secondo Novalis la filosofia sarebbe un complemento della religione, l'annientamento di sè come

[1] Lezione duodecima del Vol. II, ediz. cit , pag. 108.

[2] Il poemetto del Torti *Scetticismo e religione* fu pubblicato dieci anni dopo il *Promessi Sposi* In questo poemetto l'episodio della *Vecchierella della mia montagna* è così aderente alla realtà da non poter andar oltre, ed è scritto con tale e tanta nobiltà di concetto e di forma da ricordarci i più semplici versi di Dante, che sono ad un tempo i più sublimi. Torti avrebbe con questi versi raggiunta, secondo le dottrine di Schlegel, la *cima dell'arte*. . .

[3] I Frammenti di filosofia di questo campione del romanticismo in Germania, morto appena trentenne, furono raccolti dai suoi amici Federico Schlegel e Tieck. (Berlino 1802).

individuo, per identificarsi nell'io universale, in
Dio, il quale si rende a noi manifesto mercè un'intima rivelazione.

Egli richiama lo studio della natura come disegno sistematico, armonia di tutte le forze, che si
riflette nello spirito dell'uomo ed eleva a Dio.

L'uomo attende a quest'armonia, a questo accordo anche con sè stesso mercè la vita morale.

Il morale e il sentimento della nostra facoltà
creatrice; rende perciò l'uomo padrone di sè e della
natura; e quindi forma l'uomo tipo o ideale, a cui
deve mirare l'artista.

È al Cristianesimo destinata quest'opera, mercè
l'arte e la filosofia, che è la teoria dell'arte stessa

Filosofia, perciò, religione ed arte si concentrano
in un solo intento; la verità assoluta, in cui solo è
posto il pensiero; dappoichè il *Cogito, ergo sum*
di Descartes non indica altro, se non che tutta la
filosofia posa sull'assoluto.

246. I principj della nuova scuola erano pure difesi
da *Byron*, dalla *Stael*, da *Fouriel*, da *Victor Hugo* [1],

---

[1] Victor Hugo pensava compendiare i principj della nuova
scuola in questa sentenza· « il faut toujours parler comme
si l'on devait etre entendu, écrire comme si l'on devait
étre lu, et penser comme si l'on devait etre medité. » (*Odes
et Ballades* par Victor Hugo. Bruxelles 1832. *Preface*, pag. 5.)

da *Goethe* [1], da *Schiller* e *Bürger;* i quali procuravano eziandio colle opere loro di confermare e applicare le nuove teorie [2]

247. Non si trascuravano perciò gli studj classici, come vorrebbe far credere taluno. « Si diceva, così Settembrini parlando della nuova scuola [3], che ormai i Classici bisogna lasciarli perchè sono pagani e sono immorali.... Che l'antichità anche noi Italiani dobbiamo dimenticarla, perchè è un mondo morto e seppellito; e che bisogna ritrarne la vita moderna. E sapete qual'è la vita moderna? Il medio evo.... Che questo dicessero i frati di Montecassino, continua il critico, che erano baroni, e gli altri

---

[1] Quantunque Goethe e Schiller appartenessero ed anzi fossero i principi della nuova scuola letteraria, pure avversavano i fratelli Schlegel per il loro eccessivo misticismo: « Nonostante il loro ingegno, diceva Goethe parlando di questi, sono dessi uomini infelicissimi. Le loro pretese sono piu grandi che il loro valore, donde il male che hanno fatto all'arte e alla letteratura »

[2] Giovarono molto a far conoscere questi scrittori le traduzioni di Berchet, Pellico, Maffei; come giovò assai a convertie al romanticismo i piu eletti ingegni di Lombardia il soggiorno a Milano di M. Stael, di Byron, di Gothe, di Hobbouse, Stendhal ed altri molti.

[3] SETTEMBRINI, Op. cit., Vol. III, pag. 325.

frati e preti, che ci ebbero la loro cuccagna, s'intende; ma farà meraviglia che dicevano così il Manzoni, il Grossi ed altri di quella scuola Lombarda. »

218. Non è vero. Nè Manzoni, nè Grossi, nè altro dei Lombardi della nuova scuola dissero che si lasciassero o dimenticassero gli antichi. Essi sostennero· la parte morale de' classici esser falsa. E di vero per questo rapporto nessuno vorrà consigliare la lettura de' classici, dove è sempre l'idolo della forza presentato al culto del lettore: l'ira o la vendetta è divinizzata. — I romantici, ad evitare il pericolo di corrompere il cuore con false idee di virtù, consigliavano che, invece di proporsi i classici alla *cieca imitazione* de' giovanetti, si sottoponessero all'esame di qualche uomo maturo: esame intento, risoluto, insistente, che costringesse l'attenzione de' molti su questo argomento [1]. Frattanto, finchè arrivi l'uomo a ciò, diceva Manzoni, è bene che « si perda di quella venerazione così profonda, così solenne, così magistrale, che previene ed impedisce ogni esercizio del ragionamento.... ed, anche parlando dei classici, si adoperi, massimamente coi giovanetti, quel linguag-

---

[1] MANZONI, *Lettera sul Romanticismo*, ediz. cit., pag. 128.

gio più misurato, più riposato, che adoperano per
le altre cose umane tutti coloro che ne osservano
con qualche attenzione i diversi aspetti » Insomma vuolsi verità in tutto e per tutto e non
idolatria, vuolsi *imitazione razionale* e non cieca
e servile.

È calunniosa l'accusa che i Romantici vilipendes-
sero i Classici, e pretendessero doversi gittar via
come anticaglie di nessun pregio. « I Romantici,
dice Manzoni, rigettarono sempre un tale carico,
negarono questi sentimenti, che venivano loro opposti, e sostennero che non ve n'era traccia nelle
loro espressioni, nè tampoco nelle conseguenze
legittime e ragionevoli di queste. Anzi, per mo-
strarlo più evidentemente, cercarono tutte le oc-
casioni di lodare i Classici, *ragionatamente,* e di
notare in essi dei pregi, che non erano stati indi-
cati dai loro più fervidi ammiratori » [1].

249. La nuova scuola quindi non sognò mai di
abbandonare lo studio de' Classici Sapevano ben
essi i fondatori di questa scuola « che l'osservare
in noi l'impressione prodotta dalla parola altrui
c'insegna, o, per dir meglio, ci rende più abili a
produrre negli altri impressioni consimili; che

---

[1] *Id. eod.*, pag. 127.

l'osservare l'andamento, i trovati, gli svolgimenti dell'ingegno altrui è un lume al nostro; che ancor quando l'ingegno non pone direttamente questo studio nella lettura, ne resta, senza avvedersene nutrito e raffinito; che molte idee, molte immagini che esso approva o gusta, gli sono scala per arrivare ad altre, talvolta lontanissime in apparenza; che insomma per imparar a scrivere bisogna leggere, come ascoltare per imparar a discorrere: e che questa scuola è allora più profittevole, quando si fa sugli scritti d'uomini di molto ingegno e di molto studio, quali appunto erano, fra gli scittori che ci rimangono dell'antichità, quelli che specialmente sono denominati classici. Quello che combattevano e che avrebbero voluto sbandire, è il sistema d'imitazione, che consiste nell'adottare e nel tentare di produrre il concetto generale, il punto di vista, se oso dirlo, dei classici; il sistema che consiste nel ritenere in ciascun genere d'invenzione il modulo, che essi hanno adoperato, i caratteri, che essi v'hanno posti, la disposizione e il rapporto delle diverse parti, l'ordine e il progresso dei fatti, ecc. » [1].

Questo sistema, o l'*imitazione de' classici* pro-

---

[1] *Id. eod.*, pag. 122.

priamente detta, mentre ha la pretesa di difendere il classicismo, ne inaridisce le sorgenti; perchè, partendo dal supposto che i classici stessi « abbiano trovato tutti i generi d'invenzione e il tipo di ciascuno » obbliga a tale servitù, che isterilisce il genio, gli toglie il carattere individuale; onde non si può uscire da questo dilemma: o non ammettere più classici per l'avvenire, ma bensì scolari ed imitatori; od ammettere che per divenir classico debbasi anzitutto esser romantico.

250 In che consiste questo classicismo?

Nella originalità dell'autore. Nè sono classici soltanto Pindaro, Omero, Sofocle, Virgilio, Orazio e Cicerone; ma sono pure classici Dante, Ariosto, Metastasio, Shakespeare, Schiller, Goethe e Parini. Orbene, come gli antichi trovarono l'arte nello studio del soggetto preso a trattare, nei movimenti del loro animo, nelle circostanze speciali della società o de' tempi in cui vivevano, così anche quelli che vi vennero dappoi, in quanto furono ingegni originali, seguirono questo stesso andazzo, e si guardarono dal dettare orazioni secondo Quintilliano o dallo scrivere poesia soltanto secondo Orazio, Aristotele e il Quadrio.

Non è dunque che si voglia disprezzare l'antica letteratura: che si *dia di martello a tutto ciò che sa di Greco e di Romano* [1]. Chi non sa con quanto amore Manzoni e la nuova scuola versarono tutto l'animo negli esemplari greci e latini?... Vuolsi soltanto distinguere ciò che in questa vi ha di assoluto, di universale, di eterno, ciò che è essenzialmente vero, da ciò che è relativo, speciale, contemporaneo ed essenzialmente falso.

251. *Reazione*, se prendiamo il concetto della parola, è un andar all'indietro. Orbene, una scuola che succede all'antica, dirla retriva, è contraddizione di termini. Voi dite: il *romanticismo fa rivivere il medio evo*. Se ciò ancor fosse, noi avremmo sempre la meglio in ragione de' tempi, perché il *classicismo farebbe rivivere il mondo pagano....* Non crediate ch'io voglia instare su questa idea, che arieggia molto di pedantesimo... Aver spezzato le catene, aver varcate le colonne d'Ercole, che chiudevano l'arte nel mondo antico, mescere con questo il mondo moderno, far succedere all'ordine etrusco, dorico e romano, il longobardo, il moresco, il gotico, è un agire secondo legge provvidenziale dell'umano progresso e perfettibilità, secondo legge ontologica, per cui inesauribile è la fonte del bello.

---

[1] ROVANI, Prefazione all'opera: *La giovinezza di Giulio Cesare.*

Che cosa volevano dunque i Romantici? Essi volevano, così Manzoni [1], che da litiganti di buona
fede si definisse una volta il punto della questione,
e si cercasse un principio ragionevole in quella
materia: domandavano che si riconoscesse espres-
samente che, quantunque i classici abbiano scritto
cose bellissime, pure nè essi, nè alcun altro non ha
dato, nè darà un tipo universale, immutabile, esclusivo di perfezione poetica ...

252. Intanto, concessa agli scrittori greci e romani l'autorità che loro è dovuta senza declinare
in idolatria, i Novatori ricordavano agli Spagnuoli
il Calderon [2], ai Portoghesi il Camoens, agli Inglesi
lo Shakespeare, ai Tedeschi le tradizioni de' Bardi,
ai Francesi le tradizioni provenzali; avvertendo
del resto che, anche i capiscuola di questa nazione,
come Corneille, se per la tirannia de' tempi ebbero

---

[1] MANZONI, op. cit, pag 124.

[2] Calderon de la Barca (Don Pedro) celebre poeta drammatico spagnuolo nato nel 1600. Fu soldato e morì canonico
a Toledo nel 1687. — Scrisse anche negli ultimi giorni di
sua vita *con molto fuoco . . . . ma quel fuoco non riscaldava più nessuno,* diceva testè Manzoni ad un amico, che
lo pregava, sull'esempio di Calderon, a scrivere per il nepote
di Napoleone Primo.

a scrivere *more greco*, coglievano però il concetto
da' lavori romantici: *Cid* assomiglia più alla romanza di Cervantes che a qualunque tragedia greca.

253. Quegli, a cui gli arditi Novatori volgevano
più amorosamente gli sguardi, era *Shakespeare,
l'uomo della rivoluzione,* che scuote « gl'inciampi
della vita letteraria come stilla di rugiada dalla
giubba del leone, » che mira al suo scopo impavido,
lasciando che sibili il vento al suo passaggio. Non
idea, per quanto sacra, fiacca l'ira sua, non il culto
della donna, onde ci rugge tremendo:

> Ove di donna
> Potesse il pianto fecondar la terra,
> Di un serpente saria madre ogni stilla[1],

e avanti allo spettacolo del cielo, non è come « di
quelle cavallette dalle gambe lunghe, che volano

---

[1]. « Solite parole (dice il Ranalli, *Ammaestramenti*. Vol II,
pag 53, citando questi versi dell'*Otello*) che raccolgono
i nostri romanzieri per ingemmarne lo stile » E Ranalli
non ha torto Come si è abusato d'ogni cosa sacra, così si
è abusato o si abusa di Shakespeare rubacchiando frasi
senza pudore e criterio . . . . Però queste frasi sono realmente perle nella loro sede naturale, e perdono ogni valore
solo quando innestate in qualche meschino lavoro, o cadute
sotto la critica di pedanti . . . .

sempre, e il loro volo è un saltellar canticchiando
nell'erba la vecchia cantilena,» egli invece sente
tutta la lotta del pensiero coll'infinito; è la personificazione del Faust [1], secondo le tradizioni sas-
soni, colla fantasia perduta in cielo e negli abissi,
sì che tal fiata ti sorprende raccapriccio e spavento. — Oh! allora solo ei si raffrena, perchè è
sua la sentenza che Faust pone in bocca al poeta
nel *Prologo al teatro* [2], « ciò che subito sfavilla,
muore rapidamente, e solo il semplice ed il vero
è serbato alla posterità ». Perciò i personaggi di
Shakespeare sono l'espressione delle comuni passioni, la sua scena rappresenta la più viva e fosca
realtà — Se così non fosse, non si gusterebbe
Shakespeare altrettanto quanto più lo si legge·
chè il meraviglioso colpisce la prima volta, la seconda ci annoia. Questo reale però è idealizzato
col più ardito slancio di fantasia; per cui storia,
tradizione, tutto l'intreccio della vita, che sono il
corpo a cui si attacca l'uomo che scrive, gradatamente si disciolgono nell'anima di Shakespeare, il

[1] *Ballad of the Life and Deat of Doctor Faust,* — pubblicata a Londra fin dal 1587.

[2] Faust di Goethe in principio.

tempo fugge: abbiamo l'eterno Amleto [1], scolpito col ferro di Michelangelo.

« Quando col Tasso, dice Carcano [2], finisce la poesia del medio evo, comincia con Shakespeare la poesia moderna ». Ecco il perchè i Novatori mirassero a questo gigante del pensiero.

251. Io domando perdono, o signori, se tardai finora a fare noti questi prodi, la cui bandiera (sono parole di Maroncelli) era: *condurre al vero per mezzo del bello* [3].

Erano questi: per le scienze sociali, *Pellegrino Rossi* e *Sismondi*, residenti in Ginevra, *Gioia*, *Romagnosi*, *Ressi*, *Pecchio*, il conte *Dal Pozzo* e il conte *Giovanni Arrivabene*, nelle scienze mediche, *Rasori;* nelle esatte, *Plana*, *Carlini* e *Mussolli*, nelle lettere, *Pellico*, il marchese *Ermes Visconti*, *Berchet*, lo *Scalvini*, *Lodovico de' marchesi di Brème*, de' cui scritti abbiamo a lamentare la per-

---

[1] In Amleto, secondo Johnson, Shakespeare avrebbe riprodotto sè stesso.

[2] *Reale Istituto Lombardo, Rendiconti* 1870 Fasc 17

[3] MARONCELLI, *Addizioni alle mie Prigioni di Silvio Pellico*, sotto il titolo *Uomini del Conciliatore*. Parigi 1835, cap. I, pag. 9.

dita, don *Pietro Borsieri,* e fors'anche *Manzoni, Torti, Grossi* e *De Cristoforis* [1].

Abbiamo ricordati gli scrittori del *Conciliatore,* perchè il loro nome soltanto basta a dare un alto concetto di questo giornale ed a rispondere alle scipite invettive, che dal *Giornale rosa* [2] e dalla *Gazzetta ufficiale* di Milano discesero fino a noi [3].

[1] Questi nomi ci sono dati da Maroncelli nel lavoro sopra citato, pag. 26.

Il Pellico, scrivendo a Foscolo, dice: « Rasori, Brème ed altri, la più parte amici tuoi caldissimi (e vi son io), faremo un giornale, che uscira il 3 settembre prossimo. » Lettera 9 agosto 1818

« Ti mando le copie finora uscite del *Conciliatore.* . . . . G. R è Rasori; — G. D. R. Romagnosi; — L. D. B Brème; — B. Borsieri; — Grisostomo è Berchet; — G. P. è Giuseppe Pecchio; — Cristoforo Colombo II. è il fratello di Pecchio, — Vi sono io· v'è il Professore Ressi; — S S. è Sismondi di Ginevia, ecc » Lettera 17 ottobre 1818.

[2] Era detto *Giornale rosa,* perchè stampato sopra carta rosata, per combattere *in modo sensibile* (ve' quanta sapienza!) il *Conciliatore* di carta azzurra Il suo titolo era *L'Accattabrighe, ossia Classico-romantico-machia, giornale critico-letterario.*

[3] E debito di giustizia ricordare il conte Luigi Porro-Lambertenghi, nella cui casa trovava generosa ospitalità il *Conciliatore.* Vedi Maroncelli, op. cit., pag. 18-19.

255. Questi giovani ben conoscevano le difficoltà
della loro impresa « Il diffondere nel pubblico, per
via de' giornali, che si succedono a brevi intervalli,
la sociale filosofia de' costumi, e gli studj generosi
del bello, è opera sommamente ardua in sè stessa,
nè abbastanza pregiata per lusingar sempre i buoni
scrittori ad assumerne la fatica » [1].

Li confortava però il pensiero del senso estetico
richiamato a nuova vita. « Le gare arcadiche, dicevano, le dispute meramente grammaticali, infine
la letteratura delle nude parole, sembra per una
volta venuta a noja anche ai più pazienti » [2].

Eredi del concetto de' loro padri, scrittori del
Caffè, si proponevano come fine l'utilità generale:
« L'utilità generale dev'essere senza dubbio il primo
scopo di chiunque vuole, in qualsiasi modo, dedi-
care i suoi pensieri al servizio pubblico, però i libri e gli scritti d'ogni sorta, se dall'utilità vadano
scompagnati, possono meritamente assomigliare a
belle e frondose-piante, che non portano frutto

---

[1] Il Conciliatore, foglio scientifico-letterario. Milano 1818,
Vincenzo Ferrario, Introduzione.

[2] Id. eod.

e che il buon padre di famiglia esclude dal suo campo » [1].

Desumendo poi la ragione della critica dal soggetto della letteratura: « Noi intendiamo, dicevano, per critica, quella che, dall'intima conoscenza dell'umano cuore e dalle nostre facoltà intellettuali, desume le leggi ed il metodo, con che procedere, sia nel comporre le varie opere dell'ingegno, sia nel giudicarle. Le finzioni della fantasia, se non posano sulla reale natura delle cose e degli uomini, sono anzi un abuso che uno sfogo della mente » [2].

Queste dichiarazioni, per quanto in oggi ci sembrino spontanee e naturali, per quanto, anche allora, come in eterno, si dovessero sentire nella coscienza di tutti, pure il proclamarle era temerità in que' giorni, in cui correvano per le mani di tutti la *Jerogonia*, la *Musogonia*, il *Prometeo*, la *Feroniade*, le *Nozze di Cadmo ed Ermione;* nei quali componimenti retorici raccoglievasi pure un tesoro di gemme classiche, ma la verità, l'originalità, la moralità, l'attualità del concetto invano si desideravano; ed invano pochi anni prima il savio Pindemonti rimproverava Foscolo ·

---

[1] *Id. eod.*

[2] *Id. eod.*

Perchè tra l'ombre della vecchia etade
Stendi lungi da noi voli sì lunghi?
Chi d'Ettor non cantò?... Venero anch'io
Illio arso due volte, e due risorto,
L'erba ov'era Micene, e i sassi ov'Argo;
Ma non potrò da men lontani oggetti
Trar fuori ancor poetica scintilla? [1].

256. Era necessità dunque lottare, e con maggiore energia di quanto avevano fatto gli scrittori del *Caffè*; per ciò che la lotta non era soltanto letteraria, ma politica; ed i rappresentanti del dominio straniero erano gli avversarj del *Conciliatore*.

[1] I *Sepolcri*, ad Ugo Foscolo

E altrove:

. . . . perchè si eccelso,
E amator sempre d'ogni eccelsa cosa,
Delle umane speranze oltre la tomba
Spingere il volo non curasti?

E questo rimprovero ben poteva venire da chi aveva amato il giovane poeta, vaticinandone la sua gloria:

Sublime, austero ingegno, a suo talento
Graccli la turba di sovra il poeta
Debito serto irrai.

La più feroce e sleale [1] guerra quindi era mossa
dalla gazzetta privilegiata di Milano, la quale sfo-
gava, in prosa Boccacciana, ed in versi Frugoniani,
la sua classica bile contro il foglio azzurro, cen-
surando perfino le parole de' fogli d'avviso (miseri
giornalisti, se fossero responsabili della quarta pagina!..), e scrivendo un articolone, perchè quelli del
foglio azzurro, i romantichieri, i romanticomani, i romanticografi, avevano scritto *asta* invece di *concorso*.

Per questi purgatissimi scrittori della i. r. *Gazzetta di Milano*, a cui stava a capo Francesco
Pezzi, i. r. estensore ed editore, che cosa era mai
il genere romantico?

Uditene un saggio: « Il genere romantico [2] consiste nel mostrare i delfini nei boschi e i leoni nel
mare; nell'unire insiememente le cose più dispa-

---

[1] La slealtà de' nemici del Romanticismo era giunta a
tal segno, da dare seriamente (non come fece Porta, i cui
sonetti ascritti all'avvocato' Stoppani portavano la sua firma)
il nome de' più distinti della Nuova Scuola a scipite poesie
da loro inventate. Io ne serbo alcune di queste sotto il nome
di Manzoni

[2] Così in un'appendice di detta Gazzetta 29 aprile 1818.

Vedi anche il Ranalli, *Ammaestramenti*, Vol. IV, pag. 322,
il quale ci dà oggi una tale descrizione delle *goffe astrazioni dei così detti romantici*, da disgradarne la *Gazzetta
di Milano* del 1818.

rate, mescolando il grave col burlevole, il tragico col basso, il vero colle più stolide fole, il patetico, il grande, colle scede, e coll'abbietto parlare della plebaglia. »

Con quanta acutezza d'ingegno poi gli avversarj del *Conciliatore* sapessero combattere, ce lo dimostri un fatto veramente degno di nota fra i mille. Silvio Pellico nel 1818, pubblicava la traduzione del *Manfredi* di Byron. Il 22 giugno di quell'anno, così la gazzetta si esprimeva su quest'opera del primo lirico inglese: « Componimento più romantico di quanti ne sono usciti finora alla luce; anzi mi avviso che, se i corifei della setta si unissero tutti in corpo per pubblicare un lavoro spirante la più sottil quintessenza dell'arciromanticismo, ne sarebbero al certo oscurati da codesto *Manfredi*, che pure è opera di un solo.. » Ma ciò è poco, ora viene il grazioso. « La stima ch'io prefesso, così conchiude il gran Critico, ai talenti di lord Byron, mi fa assolutamente credere che, pubblicando il *Manfredi*, egli abbia voluto burlarsi della setta arciromantica; giacchè non si può leggere al certo parodia più bella d'un genere ormai screditato dalla esagerazione e dalla vanità. Se il signor Pellico la tradusse di *buona fede*, cadde in un laccio, a cui non si sarebbe lasciato prendere sì di leggieri chi ha fior di senno e di gusto. I Francesi direbbero; *Voilà une véritable mistification.* »

Davvero che siamo invitati a cantare con Porta [1]:

Al dottor Pezzi,

Oh Pezzi bravo! Oh bravo Pezzi ed almo,
    Che sei maestro del piu gran sapere
    Che tu rivedi con spirito calmo
    Tutto quello che c'è da rivedere.
Tu ti tieni Minerva come in palmo:
    Vate sei e poeta e canzoniere
    Tu, come dice il Profeta di Patmo,
    Sei spada, stella, luce e candeliere.
Ma ciò che sino al fondo dell'atlantico
    Ti fa più chiaro, si è che nell'averno
    Schiantasti per sempre il serpente romantico.
Cosicchè noi ti erigeremo un tempio,
    E fondendoti in bronzo sempiterno
    Ti innalzeremo in piazza per esempio [2].

---

[1] Carlo Porta, con finissima arguzia a lui tutta propria, si fa ad imitare certo Stoppani di Beroldingen, poeta cesareo, nemico acerrimo di tutti i *Romanticosi*, epperò ammiratóre dell'almo Pezzi.

[2] Ancora rivolto al Pezzi il Porta

    Capisco anch'io che non riuscirai
    A polverar quella infame gente,
    Quel conciliabolo che non lascia mai
    Di rinascere come di Cadmo il dente.

Facevano eco alla *Gazzella Ufficiale* mille opuscoli, piovuti in prosa ed in rima, a cui risponde-

Perchè tu troppa gentilezza or hai,
   Troppa logica adopri da sapiente,
   E a loro addosso, qual ti dò non vai,
   Che lo buono con lor non fanno niente.
Hai visto pur che dopo saettati
   In pubblico teatro dall'Apollo
   Ciò non ostante ancora sono rinati.
Bisogna a mostro tal tirare il collo,
   Chiuderci addosso da cani arrabbiati.
   Pezzi' cangia il tuo stil ch'è troppo mollo.

—

Chi vuol veder quantunque può natura
   In un gran uomo insigne e prelodato
   Osservi il nostro Pezzi, che sicura-
   mente la dico restera soddisfatto.
Ei di Temide e l'alla ha gran premura,
   Ercol li diede il stil forto e librato
   Apollo, Minerva insieme e Diana pura
   Tutti i lor doni gli hanno spalancati.
Ma qual, di cui tutti stupir piu ponno,
   Massimo in questo nostro sì corrotto
   E maledetto secolo decimonono,
Si è che lui scrive franco, ardito e chiaro,
   Ed è oggi al certo l'unico dotto
   Che non si lascia corromper dal denaro

Questi sonetti, ed altri, ch'io vidi pubblicati in una col-

vano il Torti col *Sermone sulla Poesia*, l'Ermes
Visconti coll'*Idee elementari sulla poesia romantica* e col *Dialogo sull'unità drammatica di tempo
e di luogo*, e il nostro Porta colle sestine sul romanticismo [1], e Berchet, con lettere critiche, sotto lo

lezione di poesie del Porta, e recentemente da Cesare Cantu,
nella *Collana di storie e memorie contemporanee*, Vol. XI, e
nell' opera *Alcuni Italiani contemporanei* (inclusa in questa
Collana, Vol. II, pag. 275), erano posti in bocca dell'avv. Pietro
Stoppani di Beroldingen, uno de' classicisti più sfegatati'
che, co' suoi goffi versi, suscitava l'ilarità ne' buoni Milanesi.

[1] Contro le sestine del Porta si scagliò l'*Accattabrighe;*
e il Porta, sempre in bocca di Stoppani, li ringraziava col
seguente sonetto:

> O voi degni del coro degli dei
>> Che col velame dell'*Accattabrighe*
>> Saettate da bravi Pittonei
>> I turbatori delle greche righe,
> Sì voi beati sette volte e sei
>> Sederete in Olimpo assiem d'Alcide
>> Che i mostri crudi, dispietati e rei,
>> Distrusse come Borea le spighe.
> Là su sarete al certo incoronati
>> Di lauri poeteschi immarscibili
>> Per man delli superni dei Penati.
> E Apollo cantera con mille cantici
>> Che voi distrutti avete quelli orribili
>> Non romantici no, ma negromantici.

pseudonimo di Grisostomo [1]. A capo poi di tutti era il nostro Manzoni, a cui i classicisti, con miranda sapienza, applicavano il proverbio *Conveniunt rebus*

[1] Anche Berchet, il Grisostomo del *Conciliatore,* ebbe invidiati favori dalla *Gazzetta Ufficiale;* onde il poeta Porta fa dire al poeta Stoppani:

> Ora che ho detto degli altri piu insu,
>> E tutto in ver dell'Apollo mercè,
>> O *Grisostomo* mio, or vieni tu
>> Che da Minosse farò adesso con te.
> Non sai Omero, Tasso o Virgilio chi fu!
>> E che hanno cantato grandi duci e re,
>> E che simili a quei non ne avrem piu
>> Perchè la vera Minerva era con sè!
> Dunque da te che si pretenderà?
>> Sarai tu fiero e perfido così
>> Che contro i Greci di latinità
> Ti tenghi armato sempre notte e dì?
>> No, Marte o Bellona ti combatterà
>> Come Prometeo in ballo hai visto qui.

Della vita e delle opere di Giovanni Berchet, e quindi dell'influenza da questi esercitata nella nuova letteratura, abbiamo nel giornale *La Gioventù* di Firenze (luglio, agosto, settembre 1868) uno studio degno di tutta lode del nostro collega professore Benedetto Prina.

nomina saepe suis. Onde ancora il Porta, imitando sempre Pietro Stoppani di Beroldingen:

A Manzoni che meglio si chiamerebbe Bue.

Noi tutti i letterati di Milano,
  Che siamo quelli che da legge al mondo,
  Abbiamo letto con sdegno inumano
  La tua tragedia senza il giusto pondo.

E per frenare il torrente malsano
  Che vuol mandare il buon gusto in profondo,
  Gli andiamo incontro con armata mano
  Coll'articolo primo ed il secondo.

E il terzo della vera e gran gazzetta
  Che fa il Pezzi, quell'uom così famoso
  Di cui la fama il gran nome trombetta.

Leggili tutti e due, trema, e sappia
  Che 'ci vuol altro che un bue romanticoso
  Per sconvolgere' la nostra poetica prosapia [1].

— Oh quanto gustosamente venivano accolti questi saporitissimi zuccherini, che erano dal Porta offerti a que' *ghiottissimi di esotiche vivande,* come li chiamava la *Gazzetta* privilegiata, a que' *cervelli*

---

[1] Ancora contro Manzoni. *Discussione intorno al compor tragedie.*

Troppo, o Manzon, fosti tu già superbo,
  Nel calzare la tragica Camena
  Per correr con l'Alfieri nell'arena
  Cui il piè del tuo senno è troppo acerbo.

bisbetici di *Manzoni*, di *Grossi*, di *Torti*, di *Pellico*, di *Ermes Visconti*, di *Borchet*, di *De Cristoforis*, di *Confalonieri*, tutti colleghi di Manzoni, raccolti o a Brusuglio nella villa del loro maestro, o in casa dell'umanissimo conte *Porro!...*

257. Fu però di poca durata la gioia sincera di questa famiglia. Il suo poeta milanese moriva il 5 gennaio 1821, e prima di lui moriva il *Conciliatore*. « In quest'anno (era il 1820), il governo [1], aveva

> Che ancor tu non conosci il vero nerbo
>> Di far tragedie in unità di scena,
> E di star fermo in sull'eroico verbo
>> Perchè tua frase e stil debole è in lena.
> Che s'anco in mezzo a questo avevi tintillo
>> Di gir tu pure in sugli eroici rezzi
> Con Sofocle, con Fidia e con Eschillo,
> Dovevi allor andar dal luminario
>> Del più maggior saper, dall'almo Pezzi,
>> Che lui è quel che insegna il necessario

[1] La polizia austriaca, inspirata dagli avversarj del *Conciliatore*, moveva a questo giornale feroce guerra, giudicandolo (e con ragione) l'organo della cospirazione; onde sempre il citato Stoppani, per mezzo del Porta.

> Per coprire con malizia furbesca
>> Le loro trame inique, stolte ed ire
>> Si sono messi i Romantici a dire
>> Che lor letteratura è la tedesca.

obbligato il *Conciliatore*, così scrive Maroncelli,
a cessare, a forza di tali esorbitanti censure, che
non lasciavano più negli articoli che il titolo e la
firma. L'ultimo anelito del *Conciliatore* è nello
Spielberg, dove Silvio Pellico spiega le sue teorie
a Maroncelli [1].

La scuola si tacque; perchè non era più necessario il predicare precetti, quando già luminosi
esempj avevano fatto seguire all'epoca delle teorie
quella dell'azione [2]. Moriva il giornale del *Conci-*

> Ma noi, che sappiam bene questa tresca
>   Da Carlo Magno e sua Francia venire,
>   Ce la faremo, grazie a Apol, finire
>   Come finì l'altra giacobinesca.
> Resto stordito che non mi par vero
>   Come non si desti il fatal rigore
>   Di chi regge gloriosamente l'impero.
> E non vendichi il dileggiato onore
>   Incarcerando i nemici d'Omero,
>   Che forse son quelli dell'Imperatore
>   Della Chiesa Cattolica e suo clero.

[1] *Addizioni alle Mie Prigioni,* loc. cit., pag. 35.

[2] « La Società del *Conciliatore* educò o preparò almeno
una nuova generazione d'Autori, e questa educazione o pre-
parazione non fu scritta. La creava il Circolo: laonde non

llalore, ma le dottrine di questo avevano già ottenuta splendida sanzione con gli inni e le tragedie
di Manzoni, l'*Ildegonda* del Grossi, i poemetti di
Torti, le tragedie di Pellico; e presto dopo la morte
del giornale si erano rese famigliari queste stesse
dottrine, come in Germania con Goethe, in Inghilterra con Byron, in Francia con Victor Hugo, così
anche in Italia cogli inni dell'esule del Cenisio im-
parati a memoria da tutti i giovani italiani, e col
poema, che ebbe i suoi natali nel romitaggio di
Brusuglio, dove erasi condannato Manzoni per meglio convivere collo spirito de' suoi amici dispersi
e perseguitati dalla polizia austriaca.

258. Ecco in breve, o signori, gli immediati effetti
della nuova Scuola, chiamata da Settembrini reazione cattolica, idee vecchie in forma nuova, il medio
evo col papa, i frati ed i baroni confettati nelle
dolcezze moderne [1].

Noi le abbiamo studiate alla loro fonte le dottrine di questa scuola, e ci fu facile avvertire che

può trasmettersi intera che da chi vissevi frammezzo, ed è
la più importante e caratteristica perche la meno inceppata. »
(Cenni intorno a Silvio Pellico, preposti alle *Addizioni* di
Maroncelli, pag. XXXVIII).

[1] SETTEMBRINI, op. cit., Vol. III, pagina 301.

esse sono eterne, di là partite donde irradia ogni
opera grande nell'arte e nella scienza. — I primi
cultori della nuova scuóla miravano all'Evo Medio,
è vero; ma era dessa allora la sola via possibile
di progresso. Imperocchè il concetto letterario non
poteva *ammodernarsi*, senza rompere i ceppi da cui
era vincolato al mondo greco e romano, senza ran-
nodare presso ciascun popolo le proprie caratteristiche tradizioni, che derivano la loro origine dal-
l'epoca teocratico-guerriera dell'Evo Medio.

Oggi la cosa corre altrimenti· non è, nè può es-
rere medio-evale la nostra letteratura. Ma il merito non è nostro; è de' nostri padri. Essi hanno
tolta la sbarra che separava il mondo antico dal
moderno, hanno uguagliato il terreno; per essi si
è allargato il nostro orizzonte... Oggi si coglie il
vero ed il bello ovunque si trovino, senza riguardo
a tempo ed a nazione E prima di giungere a tanto
si doveva combattere; ed era questo reazione? .
« Combattendo a pro del romanticismo, dice il
grande cospiratore italiano, intendevamo combattere sull'unica via che ci restava aperta a pro della
Rivoluzione Nazionale » [1] Il romanticismo, aggiun-
geva, « è in Italia la battaglia della libertà contro

---

[1] MAZZINI, *Opere*, ediz. cit, Vol II, pag. 10.

pressione, la battaglia dell'indipendenza contro
ii forma o norma non scelta da noi in virtù della
tra ispirazione individuale, ma del pensiero col-
tivo che freme nelle viscere del paese » [1].

E questo pensiero sarebbe morto?...

Anche nel 1821, quando coll'esilio, colle torture

Ecco come è giudicata questa scuola dal più autorevole
rico tedesco.

In Italia, più distintamente che in Austria, la scuola
antica, seguendo fin dal suo principio le tendenze in
te riformatrici ed in parte restauratrici dell'epoca, era
etrata dall'idea di risvegliare la nazione alla coscienza
à stessa e di condurla ad una nuova vita. La repressione
moti del 1820-21 e la condanna dei cospiratori del Lom-
do-Veneto ebbero qui riscontro a noi ben noto negli av-
imenti di Pietroburgo nel 1825 e la giovane letteratura
iva sorpresa in quo' tempi in Italia da colpi tanto im-
bati sopra una quantità di suoi rappresentanti, precisa-
te come in Russia ed in Polonia. — Al nord i Pellico
i Maroncelli erano caduti nelle carceri austriache. Giov.
chet cacciato in Grecia, ed altri di qua e di là emigrati
sul Gabriele Rossetti, come partecipe alla sollevazione
oletana, costretto in esilio; dove anche il giovane Paolo
lio Imbriani seguir dovette il padre suo » Gervinus.
chichte des neunzehnten Jahrunderts, Acter Band
oniz 1866, pag. 88. Italien.

col carcere, colla morte, degnamente si rimerita-
rono gli scrittori del *Conciliatore*, non mancarono
menarne trionfo i vigliacchi nemici [1], i quali yati-

---

[1] Fra questi non vanno certo confusi Foscolo e Monti.

Foscolo, dispettoso per carattere, nemico del mondo che
lo circondava, era naturale che vivesse dell'antica virtù e sde-
gnasse ogni novita letteraria sorta sopra principj, ch'egli non
voleva pure esaminare ed a priori respingeva con disprezzo.

Monti era troppo aderente al suo *zibaldone,* per ricomin-
ciare da capo la sua carriera letteraria; ed era troppo servo dei
tempi, per mescersi in una società che puzzava di carbonarismo.

Questi due però frequentavano la casa Porro, dove era
secretario Silvio Pellico e dove erano ospitati la Stael,
Schlegel, Byron, Hobhouse, Schiller, Davis, Brougham,
Thorwaldsen, ecc.

Il segretario del *Conciliatore* era in ottimi rapporti con
Monti, il quale amava averlo a collaboratore, ed anche con Foscolo, come risulta dalle lettere di Silvio gia da noi sopra citate.

Silvio anzi servì di paciere fra i due poeti, che dichiaran-
dosi amicizia, si dilaceravano a vicenda senza umanità. Un
giorno, come narra Maroncelli, essendo Silvio al caffè *Verri,*
in un momento in cui fervevano fieramente la gare fra
Montisti e Foscoliani,

« Ebbene, disse Monti al giovane poeta, mi negherete che
Ugo mi nimica e mi vilipende? L'ingrato! e chi lo ha fatto
salire in onoranza se non io? I *Sepolcri* sarebbero rimasti
ignorati, s'io non li proclamava sublimi e una sola parola

cinavano che il romanticismo era morto e sepolto. Non è certo l'eco di questa voce quello che in oggi

ch'io pronunciassi, li tornerei nel fango onde li ho tratti.

Silvio rispose

— Adagio, Monti mio. I *Sepolcri* salirono in grande stima per voi, ciò è vero, e ciò onora il vostro criterio, il quale allorché segue gl'impulsi del core, vi conduce sempre a nobilissimi atti. Ma voi tornereste i *Sepolcri* nel fango, se parlaste? Voi nol pensate, o il vostro criterio vi tradisce qui, come spesso. Nè potreste, *volendo,* distruggere l'opera vostra; perchè quelli a cui avete aperto gli occhi, ora anch'essi, la mercè vostra, veggono la luce, e giudicano i colori quanto voi. Prima che gli aveste seccati, potevate far loro udire il suono della tromba, e poscia giurare: *Sappiate che questo è il color rosso* — ma ciò non è più eseguibile. Quanto al dire ch'ei vi nimica e vilipende, io so il contrario, io so che nimica e vilipende chi nimica e vilipende voi, e so che qui, in questo caffè Verri, nel loco ove sedete, Ugo ha dato uno schiaffo a chi per adular voi, parlò irrispettosamente di voi.

Monti si battè la palma sulla fronte, gridando: — *Ed io avea potuto dimenticarlo!* — Partì commosso e confessante che una razza bassa e maligna si frapponeva ad essi, la quale non poteva sperare altra esistenza letteraria, che pascendosi de' bricioli che cadevano dalle loro mense, le quali, se fossero state unite, non avrebbero avuto bisogno d'alimentare quel satellizio.

ispira i nostri avversarj È bene però che sappiamo
donde partiva primo il grido che oggi inconsultamente si ripete ...

Morta è solo la parola *romanticismo;* e con questa siano sepolte tutte le miserie di omiciattoli, che,
per apparir grandi, seguivano il nuovo impulso con
ali di struzzo; siano dissipate la nebbia e la polvere, che sempre si sollevano ne' grandi travolgi-
menti, il disprezzo di studj classici per giustificare
la propria ignoranza: l'orgoglio modestamente coperto col cappuccio di frate, le smorte paure ca-
vate dalle selve interminabili dei folti abeti di set-
tentrione, ove ogni raggio di sole è immagine di
speco; le sciocche fantasticaggini, strillo di zingara o
di strega; certi canti popolari, cinguettio di pas-
sere innamorate, le affettate sdolcinature di preti-
smo tolte a partito dai poeti· francescani .. Tutte
queste miserie siano sepolte; ma la scuola *soslan-
zialmente* viva . E certo vivrà sempre, perchè
scuola della verità, di quella verità per cui Manzoni combattè sempre vigorosamente, e per la quale
ora, a tarda età, l'amore si è convertito in tale
entusiasmo da sgomentare i suoi stessi amici [1]. —

---

[1] Vedi Lettura seguente, dove si tratta del *Discorso sul
romanzo storico*, e del *Dialogo sull' Intenzione.*

È combattò egli la più difficile delle battaglie: quella contro la propria gloria.

Giovanetto, il Manzoni, non dalla casa materna, ma dalla scuola e dai consigli dell'Imbonati, aveva appreso un indirizzo strettamente classico. I suoi primi versi avevano ottenuto l'ambito onore d'essere citati nei *Sepolcri* di Foscolo [1], e Monti leggendo l'*Urania*, ebbe a dire: « Io vorrei finire come questo giovane ha incominciato. »

259 Certo che se l'autore del classico poemetto *Urania* avesse seguita soltanto la propria ambizione, non avrebbe lasciato la compagnia di quei grandi, che lo circondavano di tanto onore; e conversando notte e giorno co' prischi sommi, sì che gli

.   .   .   .   parea vederli
Veracemente, e ragionar con loro [2]

il concetto, le immagini, e la forma degli antichi gli sarebbero tornati più facili. Con lieve fatica

---

[1] Il Foscolo, dopo avere citato, come commento al verso 280 de' suoi *Sepolcri*, lo stralcio di Manzoni *in morte di Carlo Imbonati*, che si riferisce ad Omero, aggiunge. « *Poesia di un giovine ingegno nato alle lettere e caldo d'amor patrio, la trascrivo per tutta lode e per mostrargli quanta memoria serbi di lui il suo lontano amico* »

[2] *In morte di Carlo Imbonati*, versi di Manzoni.

quindi avrebbe potuto acquistare grande gloria, gareggiando con Monti e còn Foscolo. Invece, maturando nel segreto nuovi principj, scrive gli *Inni*, che solo tre anni dopo la pubblicazione ottengono un cenno dal *Conciliatore* [1]. Dopo gli inni, l'atleta si manifesta in tutta la maestà della sua forza nei *Drammi*, nel *Cinque Maggio*, e finalmente nel poema *I Promessi Sposi*. — Da quel giorno non ebbe più avversari serj, ma imitatori I nemici stessi della nuova scuola. Leopardi, Nicolini, Pieri, Giuseppe Montani, Capponi, tutti i classicisti d'allora si dichiararono per Manzoni; e perfino Giordani, giudicando del *Promessi Sposi*, così scriveva: « In Italia io desidererei che fosse letto, e riletto, predicato in tutte le chiese, e in tutte le osterie, imparato a memoria » [2].

---

[1] Vedi il *Conciliatore*, 4 luglio 1819, pag. 355. — Cantù dice essere stato G B. De Cristoforis l'autore di questo articolo.

[2] GUBERNATIS *Ricordi biografici* · ALESSANDRO MANZONI. — *Rivista europea*, maggio 1872, pag. 526.

LETTURA NONA

(Fatta nell' adunanza del 20 marzo 1873.)

———

PROGRESSO LETTERARIO

(Continuazione)

II.

Il VERO per soggetto

260. Relazione colla lettura antecedente. — 261. *Del Romanzo storico, o in genere dei componimenti misti di
storia e d'invenzione.* — 262. Effetti di questo discorso di
Manzoni. — 263 Idee rivoluzionarie di Manzoni; e come
queste idee siano sostenute da una logica inespugnabile. —
264. Anche il fatto ha dato ragione a Manzoni: ora non è
più possibile un poema epico — 265. Vano tentativo di
poema scientifico. — 266. *I Lombardi alla prima Crociata*
del Grossi. — 267. Non è perciò a dirsi che il vero reale
sia il soggetto della letteratura. — 268. Quali rapporti
abbia il reale colla letteratura. — 269. Come serva il reale
a formare il vero ideale, soggetto della letteratura —
270. Fatale conseguenza delle dottrine di Manzoni. — 271. Lo

260. Alla completa pubblicazione delle opere artistiche di Alessandro Manzoni, di cui si tenne parola nell'ultima Lettura, si amerebbe credere avere
la scuola della Verità raggiunto il suo massimo
sviluppo, se il genio irrequieto non procedesse
sempre avanti nelle sue ardite speculazioni. «Quando
il tornare indietro, dice Manzoni nel dialogo dell'*Invenzione*, è impossibile, e il fermarsi è insoppor-
tabile, non c'è altro ripiego che d'andare avanti.
Non è poi un così triste ripiego.... [1] »

[1] Ediz. illustr, *Opere varie,* pag. 587.

Il genio tende all'infinito.

Anche la scuola opposta a Manzoni, se teoricamente pende
allo scetticismo, un istinto del cuore e più spesso forse, della
fantasia, la rattiene sull'orlo del precipizio. « Essa, dice
Mazzini, non ha fede che nella lotta. La mente de' suoi non
riconosce l'infinito, ma il cuore lo confessa quasi sforzato. »

261. Dall'autore del *Promessi Sposi* e della *Let-
tre à M. C.*** sur l'unité de temps et de lieu dans
la tragédie* [1], nessuno si sarebbe aspettato la grave
dissertazione *Del romanzo storico e in genere de'
componimenti misti di storia e d'invenzione* [2].

La nuova scuola respingeva la favola, e quindi
la mitologia, di cui l'orazione funebre doveva re-
citarsi dal principe del Parnaso, Vincenzo Monti [3],
ed amava il connubio delle due verità, la storica
e l'ideale; quando (userò le parole di Rosmini nel-
l'*Introduzione alla filosofia: fine terzo, ecc*, ecc.)

---

[1] MANZONI, *Opere varie*, pag. 111.

Fu scritta questa lettera in risposta alla critica fatta al
Carmagnola dal Prof Chauvet sul giornale letterario *Lycée
française.*

Il Critico francese si atteggiò audacemente a pedagogo-
maestro, che corregge il còmpito del suo scolaruccio. Non
l'ebbe però a male Manzoni; e rispose al Critico con distinta cortesia e modestia. Rarissimo esempio fra' letterati
ed in ispecie fra' letterati francesi ed italiani.

[2] Vedi Ediz. illust, *Opere varie*, pag. 477.

[3] Il *Sermone* di Vincenzo Monti alla M. Antonietta Costa
sulla Mitologia è una sfuriata contro il romanticismo, che
ebbe il merito d'avere prevenuti gli eccessi della nuova
scuola: il *possibile realismo, o materialismo nell'arte*. Vedi
De Sanctis *Saggi Critici* e *Amedèe Roux*, op cit., pag 131.

« lo stesso autore del più perfetto e del più meraviglioso de' romanzi storici (e coll'idea dell'alta sua mente, non coll'ignobile senso, ne aveva ordite le fila), mal pago di sè medesimo, fra l'inaudita celebrità, ei solo, riprendendo sè stesso d'aver saputo trovare un verosimile, che dal vero della Storia intrecciatovi non si discerne, spuntò la penna onde avea scritta l'opera immortale è la rattemprò di poi per accusare l'intrinseco vizio di quel genere di componimento. »

262. Il discorso di Manzoni gettò lo sgomento nella nuova scuola: era il radicalismo nella rivoluzione. *Siamo fritti!* scriveva Grossi a Cantù [1] E di vero, dopo la condanna capitale del *Promessi Sposi*, non è più possibile un *Marco Visconti* od una *Margherita Pusterla*.

Mazzini era più moderato di Manzoni. Imperocchè ammetteva con Manzoni la necessità di distinguere il vero reale dall'ideale; ma riteneva ad un tempo la possibilità di loro coesistenza in un solo componimento, a patto che l'un d'essi fosse predominante e l'altro secondario [2]. Manzoni invece tratta

---

[1] Vedi CANTU', *Alcuni italiani contemporanei*, Vol. I, *Tomaso Grossi*.

[2] « Senza trattar la questione se il romanzo storico sia genere buono o non sia, — accettandolo, non foss'altro,

alla recisa la questione e rigetta in modo assoluto
il *genere ibrido* del romanzo storico, come contrario all'intento dell'arte.

263. Quali siano queste idee di Manzoni, che segnano l'ultimo stadio della rivoluzione, è argomento di grave considerazione; noi vi attenderemo
come prova della tesi, che ci siamo proposti a
svolgere: *che Manzoni è a capo dell'attuale rivoluzione letteraria.*

Manzoni prepone alla questione questo *avvertimento: «* L'autore sarebbe in un bell'impegno
se dovesse sostenere che le dottrine esposte nel
discorso, che segue, vadano d'accordo con la lettera
che precede. Può dir solamente che, se ha mutato

come parte d'una letteratura di transizione qual'è la nostra,
— una cosa puramente inevitabile, ed è che fra i due elementi,
storico e romanzesco, reale e ideale che lo compongono, uno
ha da essere predominante, l'altro secondario. Tocca allo
scrittore decidere a qual dei due spetti, nel suo libro, il
dominio; e la base della sua scelta sta nella natura del
soggetto ch'ei prende a trattare, e nell'intento ch'ei si
prefigge. » Opere di Mazzini, ediz. cit., Vol II, pag. 382 e seg.

Mi è caro citare di frequente Mazzini, che per ragione
politica, fatto segno d'*inestinguibil odio* e d'*indomato
amore*, non ha ancora ottenuto presso tutti quell'*autorità
nelle lettere,* che *giustamente* gli si compete.

opinione, *non fu per tornare indietro*. — Se poi questo andare avanti sia stato un progresso nella verità, o un precipizio nell'errore, ne giudicherà il lettore discreto, quando gli paia che la materia e il lavoro possano meritare un giudizio qualunque [1].

Noi non dubitiamo (giacchè Manzoni ci ha data facoltà di pronunciare il nostro giudizio) di dichiarare: che la nuova opinione è un vero progresso, e ci affrettiamo aggiungere che non ne soffre per ciò il poema stesso di Manzoni; e perchè il carattere, che questo assunse, è secondo l'epoca de'suoi natali, qualunque siano le modificazioni avvenute più tardi nell'arte, e perchè desso è altro di quei monumenti in cui la bellezza sarà sempre sentita e sempre viva l'autorità « Fabbricato da mano maestra non solo, ma in parte con strumenti, che hanno persa la loro attitudine, pare che dica a chi più e meglio lo guarda: Ammirami e fa altrimenti » [2]. Studiamo ora la ragione che mosse Manzoni a scrivere il *Promessi Sposi,* per

---

[1] MANZONI, *Del Romanzo storico e in genere dei componimenti misti di storia e d'invenzione*, ediz. illust., pag. 475. *Avvertimento.*

[2] *Id. eod.,* parte I, pag. 493.

apprezzare convenientemente il grave motivo che lo obbligò a riprovare piu tardi l'opera sua.

Perchè scrivere un romanzo storico? Perchè volevasi con questo « rifacciare in certo modo le colpe a quel carcame che è in così gran parte la storia » [1]. Non dare una mera e nuda storia, che è di solito un racconto cronologico di soli fatti politici e militari e per eccezione di qualche avvenimento straordinario di altro genere; ma dare una rappresentazione più generale dello stato dell'umanità in un tempo e in un luogo, naturalmente più circoscritto di quello in cui si distendono ordinariamente i lavori di storia nel senso più usuale del vocabolo [2], dare insomma una storia più ricca e più compita.

Ma la Storia, pensava dappoi Manzoni, non si propone forse di dare il vero positivo?... E come dunque il vero-simile, che è commisto col vero, potrà convenirle?... « La realtà, quando non è rappresentata in maniera, che si faccia riconoscere per tale, nè istruisce nè appaga » [3]. Orbene nel Romanzo il reale è appunto indistinto dal vero-

[1] *Id. eod*, pag 481

[2] *Id eod*, pag. 478.

[3] *Id. eod.*, pag. 482.

simile; e da ciò procedono due cose sole, cioè o
l'una o l'altra di due cose, opposte nè più nè meno
all'intento dell'arte: l'*inganno* o *il dubbio*. « L'arte
è arte in quanto produce, non un effetto qualunque,
ma un effetto definitivo. E, intesa in questo senso,
è non solo sensata, ma profonda quella sentenza,
che il *vero solo è bello;* giacchè il vero-simile (materia dell'arte) manifestato e appreso come verosimile, è un vero, diverso bensì, anzi diversissimo
dal reale, ma un vero veduto dalla mente per
sempre o, per pàrlar con più precisione, irrevocabilmente: è un oggetto che può bensì esserle tra-
fugato dalla dimenticanza, ma che non può esser
distrutto dal disinganno. Nulla può fare che una
bella figura umana, ideata da uno scultore, cessi
d'essere un bel verosimile: e quando la statua materiale, in cui era attuata, venga a perire, perirà
bensì con essa la cognizione accidentale di quel
verosimile, non, certamente, la sua incorruttibile
entità Ma se uno, vedendo, da lontano e al bar-
lume, un uomo ritto e fermo su un edifizio, in
mezzo a delle statue, lo prendesse per una statua
anche lui, vi pare che sarebbe un effetto d'arte?. » [1].
Bell'effetto dell'arte quello che dovesse dipendere
da un'ignoranza accidentale?! .

[1] *Id. eod.,* pag. 483.

Ed altro effetto del Romanzo storico, il quale avversa l'intento della letteratura in generale, *si è il dubbio*. Imperocchè, dalla natura stessa del componimento, il lettore non sa se la tal cosa sia di fatto o sia una mera invenzione, rimane quindi in dubbio; e certo senza sua colpa, come contro sua voglia. « Assentire, assentir rapidamente, facilmente, pienamente, è il desiderio d'ogni lettore, meno chi legga per criticare. E si assente con piacere, *tanto al puro verosimile, quanto al vero positivo*, ma con assentimenti diversi, anzi opposti; e, con una condizione uguale in tutt'e due i casi; cioè che la mente riconosca nell'oggetto che contempla, o l'una o l'altra essenza, per poter prestare o l'uno o l'altro assentimento » [1].

Il Romanzo Storico produce dunque o inganno o dubbio; dunque dal Romanzo Storico, non che utilità, deriva un danno all'intelligenza: *il sacrificio della verità* [2]. — « Ma se fosse così, dice Manzoni, sarebbe in ultimo il romanzo storico che avrebbe torto per ogni verso. »

---

[1] *Id. eod*, pag. 484

[2] La stessa tesi è trattata nei rapporti strettamente filosofici da Rosmini, *Introduzione alla filosofia. Terzo fine.* Dare una filosofia che possa essere solida base delle scienze.

« Questa, egli risponde prontamente, è appunto la nostra tesi » [1].

Nè si può opporre che il dubbio e il verosimile vi hanno pure, nella Storia. « Nel dubbio provocato dalla storia, lo spirito riposa.... Nel dubbio invece eccitato dal romanzo storico, lo spirito s'inquieta. Così anche il verosimile trova il suo posto nella storia; ma nella forma sua naturale, cioè come induzione e non racconto » [2] Sia poi congetturando che raccontando, la storia mira sempre al reale: lì è la sua unità.

E ciò che del romanzo, può dirsi di altri componimenti misti di storia e d'invenzione

Sottilissima si è l'osservazione: che se a taluno fosse fatta la proposta, *per la prima volta e a priori*, di fare un poema epico secondo il concetto generalmente ricevuto di un tale componimento, stranissima gli parrebbe la proposta stessa; anzi sarebbe progetto « che non verrebbe neppure in mente a nessuno » [3]

Eppure l'Epopea ebbe la sua ragione di essere, in quanto rappresentava, sì in Grecia che in

---

[1] MANZONI, *Del Romanzo storico,* ediz. illust, pag. 485.

[2] *Id. eod.,* pag. 437.

[3] *Id eod.,* pag. 496

Roma, le tradizioni e la storia. « L'*epopea primitiva*, e, dirò così, spontanea, non fu altro che storia: dico storia nell'opinione degli uomini ai quali
era raccontata o cantata; che è ciò che importa
o che basta alla presente quistione. Di quella allora creduta storia rimasero due monumenti per-
petuamente singolari· l'Iliade e l'Odissea. » Da
questi primi tentativi di storia nacque l'idea di
comporre pure altri Poemi sopra soggetti presi
egualmente dalle tradizioni dell'età favolosa « Non
era più la storia, ma non c'era una storia colla
quale avesse a litigare » [1]. Ciò bastava alle esigenze
dell'arte; e si ebbe l'*epopea letteraria*, di cui splendido esempio è l'Eneide.

Per ritornare donde era partita questa sorta di
componimento, o doveva avvolgersi nelle tradizioni
favolose, come fece l'Ariosto sulle traccie di Virgilio; ma in tal caso la vita doveva essere di poca
durata, come di poca durata le favole, o doveva
presentare un carattere storico, come in Lucano
presso i Latini, nel Trissino e nel Tasso presso
gli Italiani. In tal caso s'incontrano i guai già notati nel romanzo storico. Onde il poema epico, come
I Promessi Sposi, non è più cosa fattibile a' no-

---

[1] *Id. cod.*, pag. 497.

stri giorni; ed il Poeta si trova obbligato a convertire il suo lavoro poetico in un lavoro di tutta prosa, di critica storica, come fece appunto Voltaire nella sua *Henriade*.

264. A questo ragionamento di Manzoni risponde oggi la testimonianza di fatto. — Più di cinquanta poemi epici comparvero in Italia in questo secolo, e quale di essi promette di passare ai posteri?... Non parlo dei poemi di Bellini, in cui spicca per eccellenza il barocco del classicismo e vi ha un misto di favola e di storia senza misura e criterio; parlo dei poemi, che, seguendo l'ultimo stadio, ebbero la pretesa di rappresentare veramente la storia Così la *Russiade*, di Orti Gerolamo, la *Cacciata de' Francesi dall'Italia*, di Biamonti Giuseppe, *Napoleone a Mosca*, di Castorina Domenico, l'*Italianiade*, di Ricci Angelo Maria. — Io domando chi mai oggi legge un sol verso di questi poeti? . E neppure voglionsi ricordare i poemi di quelli i quali colsero la loro materia dall'epoca favolosa; così il Cellanese col *Carlo Magno in Italia*, il Bagnoli Pietro col *Cadmo* e *Orlando il Savio*, il Carlo Botta col *Camillo* ossia *Vejo conquistata*.

Nessuno quindi de' due generi di epopea potè far fortuna a' nostri giorni, e ciò che dà molto a pensare, si è che valentissimi poeti, datisi a que-

sto genere di componimento, o troncarono a mezzo
il lavoro, come fecero Monti nel suo *Prometeo* e
l'Arici nella sua *Gerusalemme distrutta;* oppure
raccolsero i più gravi disinganni, come il nostro
Grossi

Persuadiamoci una buona volta, che l'Epopea
non ha più una buona ragione di essere, e il meglio che si possa fare ai nostri giorni, per non
defraudare alle lettere le bellezze sparse in questi
lavori e per donare un po' di memoria a chi ha
pur tanto lavorato con amore, si è di raccogliere
gli ultimi aneliti di questa poesia morente ne'
brani migliori, come avvenne di fatto in qualche
recente Antologia sulle traccie della massima collezione, meritamente tanto apprezzata del nostro
collega prof. Zoncada [1].

263. E non sarebbe egli possibile, sulle rovine
di questa forma poetica, suscitare un'altra forma
più libera sia nel verso che nel concetto?

Questo tentativo di nuova forma sulle rovine dell'e-
pica antica, lo abbiamo per parte di una donna amica
del Manzoni, che giovinetta ancora si meritava

---

[1] *I fasti delle lettere in Italia nel corrente secolo* Du
volumi in 4.° a doppia colonna. Milano 1853

dal Parini amplissime lodi [1], la Diodata Saluzzo,
la quale, con metro svariato secondo l'alternarsi
dei concetti, narrando di Alessandrina Ipazia, mirò
non tanto a commuovere gli animi con un racconto storico, quanto a persuadere la mente « come
mal giovino le opposte dottrine delle scuole nei
tempi in cui manca agli uomini il freno delle leggi
e perciò quanto sia migliore e più possente, la
forte, l'ottima, l'immortale filosofia dei Cristiani » [2].

Le dottrine principali dell'antichità, dei pitago-
rici, degli epicurei, degli stoici, e degli etnici in
genere, sono esposte e confutate coi principj attinti alla filosofia cristiana. La lotta qui è tra la
filosofia e l'ideale poetico. Non credo però che si
possano evitare anche con questa forma di *poema
scientifico* (la quale per altre ragioni sopra notate va respinta) le contraddizioni notate dal
Manzoni; dacchè la esposizione dei sistemi filosofici è *vero positivo* e *storico* Per noi dunque
il tentativo di Diodata Saluzzo, la quale d'altronde

---

[1] E degna di considerazione questa lettera di Parini a
Diodata Saluzzo, che trovasi nella Collezione del Reina,
Vol IV, pag 196.

[2] Parole di Diodata Saluzzo-Roero nella Prefazione al suo
poema.

scriveva avanti che Manzoni dettasse il suo celebre discorso, epperò per proprio impulso, è altra
prova che non vi ha più nuova forma che si convenga al poema epico.. E non dico bene: perchè
accennando a *nuova* forma, faccio supporre che
l'antica sia morta e sotterrata, quindi il neonato
non sarà mai un poema, ma una romanza, una
novella, una visione, o che so io.. Del resto al
genio non si può precludere la via di scoprire
nuova forma sulle rovine dell'antica.. [1]

206 Di questa morte la prova più sicura la abbiamo nei *Lombardi alla prima crociata* di Tom-
maso Grossi, pubblicato nel 1826.

Era questo lavoro prevenuto da altissima fama
perocchè nessuno aveva saputo meglio di Grossi,
scrutare gl'intimi segreti dell'animo e cavare dol-
cissime lagrime col racconto della *Fuggitiva*, del-
l'*Ildegonda*, dell'*Ulrico e Lida* [2].

---

[1] La *Divina Commedia* è Lirica?.. è Dramma?. è Epica?...
Un carattere unico non si può attribuirle; eppure tutte le
parti cospirano armonicamente all'*unità di azione*.

[2] La prima fama che si guadagnò Grossi fu di *Poeta Milanese*, scrivendo la *Prineide*, che gli procurò due giorni
di arresto e la sorveglianza di polizia Scrisse pure con
Porta la commedia trag'co-comica *Gian Maria Visconti*.

Ciò che erasi fatto in poche pagine, con tanta verità e sentimento in un lavoro di immaginazione, non avrebbe forse potuto estendersi su più larga tela?

Se l'arte fosse una macchina fotografica, dice un vivente scrittore, correrebbe la cosa; ma l'arte è intelligente ed esige che tutte le misure e proporzioni dell'opera da prodursi, siano preventivamente poste a calcolo, onde avere l'*armonia delle parti nel tutto,* in che, secondo Platone, sta l'essenza del Bello

Grossi concepì una novella, una storia di famiglia; ma poi, raccogliendo per via quanto si presentava alla immaginazione, buttò fuori un poema, una *diavoleria* di Crociati e di Lombardi, come disse tanto acutamente Manzoni [1].

Non fu però questa la massima ragione, per cui si avventò tale sfuriata contro il Grossi da farne

---

la *Pioggia d'oro,* e i commoventissimi versi in *morte del Porta.* Egli si era così favorevolmente disposto il terreno, da ottenere 2500 sottoscrittori a' suoi Canti, sulla *prima Crociata,* che è quanto dire un capitale di trentamila lire, caso unico in un letterato. Vedi CANTU', *Italiani contemporanei,* Vol. I.

[1] MANZONI, *I Promessi Sposi,* ediz, illust., pag. 228.

di un poeta un notaio!... La ragione principale
gliela esponeva Manzoni; il quale a Grossi, che
leggevagli alcuni brani dei *Lombardi*, domandava:
« Ma ciò è proprio vero?.. Ma questo è storico?...»
E come l'altro gliel'asseriva, Manzoni s'acquie-
tava [1].

267. Dunque sussisterà solo il reale? *Ciò che
tocca la man, che l'occhio vede?*

Ci guardi il Cielo! — Manzoni non ha mai inteso pronunciare sì erronea sentenza. Egli ha voluto soltanto dimostrare che il *reale* si merita
maggiori riguardi, che vuol vivere indipendente,
come a sua volta viva indipendente l'*idealità*. Insomma si facciano opere o tutto *storiche*, o tutto
ideali. Del rimanente, se *togliete dal nostro cielo
l'ideale, avete uccisa l'arte;* se togliete la realtà
correte pericolo di smarrire *l'immagine del vero.*

268. La *realtà* non è solo in un intento ben definito nell'artista, come sopra abbiamo dimostrato
trattando dello scopo delle lettere; ma si trova
ancora nel soggetto della letteratura, avvegnachè

---

[1] CANTÙ, *Alcuni italiani contemporanei*, Vol. I, pag. 283.
Sarebbe illogico dedurne la conseguenza: che dunque Man-
zoni voleva come contenuto del poema solo il *vero storico.*
— Vedi avanti.

il germe di quell'ideale, che l'artista va foggiando secondo la propria anima, sia posto nel *vero reale* il solo perciò che possa dirsi *propriamente vero*.

« L'arte di osservare, dice Say [1], come tutte le altre arti, si perfeziona a misura che il mondo invecchia. » La scuola di Bacone, di Galileo, di Newton, che sostituisce al dogmatismo ideale l'esperienza ed il fatto, non signoreggia solo le scienze fisiche e matematiche, ma ancora le scienze sociali: l'economia politica, il diritto, la storia; e per certo rispetto anche le scienze morali.

Qual meraviglia dunque se a questo andazzo inclini anche la letteratura? È un male ciò? No. S'egli è un moto spontaneo nello svolgimento della vita umana, colui che ha fede nel progresso deve assecondarlo.

269. Il male sta nella esclusività del sistema sperimentale, quasi nessuna idea potesse accettarsi senza *il fatto in ispecie*. Si considerino, e ciò per quanto riguarda la letteratura, ancora più fatti speciali, e particolarmente quelli che accadono ogni giorno, ogni ora (occorre molta filosofia, dice sapientemente Rousseau, per saper osservare una

---

[1] SAY, *Corso completo di Economia Politica Pratica. Considerazioni generali* Biblioteca Ferrari, pag. 10.

volta quello che si vede ogni giorno); si procuri d'indagarne i rapporti, e su su, dietro questi, si attenda alla scoperta di una legge unica. Cosa avrete allora? La vera ragione del primo fatto, la sua legge, il *sommo genere* [1], il *vero universale* in confronto al *vero speciale,* il vero ideale in confronto al vero storico, il vero-simile in confronto al vero reale.

Il romanzo non dovrebbe avere altro contenuto, che questo vero ideato dalla mente umana secondo *l'esperienza.*

Se vi togliete da questa, se smarrite la realità, l'universalizzare diventa semplificare, si dileguano *sensim sine sensu* gli oggetti dell'intelligenza fino al punto di aver nuda avanti soltanto l'*idea dell'essere* [2]. Testa dunque in cielo, ma piedi in terra!

---

[1] Ci torna a proposito la definizione di Rosmini, quantunque sotto altro aspetto tratti la questione· — « Per sommo genere di realtà intendiamo: un'essenza semplice astratta dal reale degli enti mondiali da noi percepiti, da cui non si può astrarre più nulla senza uscire da ciò che è in quel reale su cui s'esercita l'astrazione. » (*Teosofia di Rosmini.* Torino 1859 Vol. I, *Ontologia,* pag 178).

[2] Vedi lo sviluppo di questo idee nel discorso seguente: *L'interessante per mezzo.*

Pensarci — si diceva all'aprirsi dell'attuale rivoluzione letteraria [1].

Era molto il dir così, ma non era sufficiente questa parola.

Se ci concentriamo solo in noi stessi; se la realtà è per noi un enigma; se tace la natura; se dal nostro animo soltanto si strappano le impressioni; una febbre interna ci corrode, ed alle tradizioni dell'uomo, all'armonia dell'universo, alla voce di Dio, si sostituisce un mondo meschino, il *semetipsum*, la propria coscienza, l'individualismo, di cui i frutti sono ormai maturi nelle lettere: *scetticismo e anarchia* [2].

Si parta pure da sè stesso; ma gradatamente si allarghi la tela alla famiglia, alla nazione, all'uni-

---

[1] Manzoni « bandiva nel 1806 con alcuni versi giovanili una riforma letteraria della quale gli ho sentito più d'una volta enunciare il principio in una parola — *pensarci* — ricavar cioè dall'intimo del soggetto le ragioni del sentimento lirico, e i dati e le leggi della sua rappresentazione artistica: era la negazione dell'estrinseco, del convenzionale e del falso nell'arte. » Giorgini, *Novo Vocabolario,* ecc. Prefaz., in fine . . . . Era molto ciò; ma non è quanto può prefiggersi oggi l'arte. Vedi avanti *L'interessante per mezzo.*

[2] Vedi in proposito De Sanctis, *Saggi critici:* Delle opere drammatiche di Federico Schiller.

verso; riviva l'uomo nell'infinito, la vera patria
del poeta; e riviva in tutti i suoi più minuti dettagli [1]; e riviva secondo l'*attualità:* imperocchè gli
spettatori devono mescersi cogli attori del poema.

La storia è uomo morto; dunque per sè non si
conviene ad un'azione in cui mi agito e confondo
tutto me stesso Se vuolsi usare della storia, debba
questa, così Augusto Conti, sottoscrivendo all'opinione di Manzoni in un suo recentissimo lavoro di
Estetica [2], « convertirsi poeticamente in idealità ,
non rimanere storia da un lato, e invenzione ideale
dall'altro: se no, avvi rappezzamento di due specie contrarie, l'una che riguarda il vero, e l'altra
il verosimile [3]. »

[1] Manzoni, a testimonianza di Goethe, sta al disopra
d'ogni altro poeta nell'arte di colpire sovranamente i dettagli della vita. Ogni atto, ogni motto, ogni sguardo de' suoi
personaggi è legge dell'universo.

[2] *Il bello nel vero,* libri quattro, di Augusto Conti. Firenze, Le Monnier 1872.

[3] *Id. eod.,* Vol. I, pag. 297.

Lo stesso autore , trattando dell'*Invenzione ,* pag. 117
e seg., n. 9, 10 e 11, accenna all'opinione di Manzoni sui
componimenti misti di storia, e d'invenzione: ma non credo
ch'abbia egli appieno risolta la questione.

270. E quando mai secondo queste ardite dottrine si giudicasse il *Promessi Sposi*, che ne avverrebbe egli?

La rivoluzione sarebbe compiuta: Saturno si mangerebbe i propri figli, il *Promessi Sposi* bisognerebbe rifarlo.

271. Che si disse allora? . e che si ripete ancor oggi?..

Lo scandalo fu grave E noi di Manzoni abbiamo sentito ripetere: — Quest'uomo, nella primavera e nell'estate della vita, fu animato da splendido sole, nell'autunno si raffredda, è un albero che minaccia perdere le sue foglie,. e pare che nudo voglia ritornare alla gran madre antica.... Le sue recenti opinioni intorno alla letteratura sono ubbie, che frullano per il capo anche degli uomini i più grandi.... Pretendere che l'uomo non abbia i suoi capricci, gli è pretendere grano senza paglia . Congratuliamoci che queste opinioni siano sorte dopo il *Promessi Sposi,* il quale vive a dispetto dell'autore....

Altri poi (ed erano pochissimi), i quali da lungo tempo stavano zitti, col veleno in cuore, per paura del popolo, che aveva fatto suo il *Promessi Sposi,* al vedere che l'autore stesso si era data la zappa su' piedi, stropicciavano con gioia le mani, esclamando: Osanna! L'abbiamo detto noi che a questa schiera di scioperati non rimaneva altro che il suicidio! *Hic est digitus Dei.*

Anche i più indulgenti e gli amici stessi di Manzoni mormoravano sommessamente che l'esattezza del concetto e del dire nell'età matura sacrifica il senso dell'arte dell'età virile, il filosofo ammazza il poeta, gli scrupoli morali del vecchio minacciano spegnere la favilla giovanile.

Tutti insomma abbiamo patito scandalo, e volendo pure difendere Manzoni, gli abbiamo realmente dato torto; giudicando che, invece di farsi innanzi nelle speculazioni dell'arte, si fosse il Maestro rimpicciolito nelle sue vedute, epperò avesse rinnegato sè stesso.

272. Brutta cosa davvero codesta mancanza di fede! Ma d'altronde noi pure meritavamo indulgenza. Posti fra due sacrifici necessari, fra il *Promessi Sposi* ed un discorso critico.. in questa stretta la scelta non poteva fallire. Così avvenne di noi, o, a dir meglio, di me, fino a che Settembrini (e gliene sono gratissimo) mi distrasse dagli studj giuridici, per obbligarmi a meditare Manzoni e la sua scuola.

273. Queste meditazioni sul progressivo sviluppo delle dottrine Manzoniane mi chiarirono che non

si tratta più della scelta fra un discorso e il romanzo, ma della scelta fra un'opera di Manzoni e Manzoni stesso; di Manzoni, il quale in sè identifica il genio dell'arte, e non avendo ostacoli nella sua gloria, raro, per non dire, unico esempio nella storia, con libero volo si slancia alla ricerca del vero, lasciando dietro di sè i più timidi de' suoi antichi scolari, ed aprendo un nuovo orizzonte alla generazione che ci incalza. .

Così considerata la cosa, non è dubbio che, secondo i varj stadi, percorsi successivamente dalla nuova scuola [1], si dovrebbe oggi rifare il *Promessi Sposi.*

Se però domandate: vi sarebbe egli il tornaconto? rispondo subito negativamente; e di ciò già sopra si è dato ragione.

Altra qui ne aggiungiamo

Le sublimi opere d'arte sono così armonicamente fatte e di un sol getto, che il riandarle, il ritoccarle, dopo la sanzione del Pubblico, che le ha fatte sue, è una profanazione E quando pure vi sia un

---

[1] Vero soggettivo o *individualismo,* vero storico o *materialismo;* mistione dello storico coll'ideale o *eccletismo;* e finalmente *idealismo,* fondato sul fatto o sulla storia.

savio indirizzo critico in questo ritocco, non potendo l'anima antica, per così dire, rifondersi colla
nuova, dopo ardua fatica, il risultato non sarebbe
altro che un disgustoso disaccordo.

Lo che vi spieghi, o signori, come Manzoni, mentre corresse o riformò colla diligenza la più co-
scienziosa tutto il suo poema quanto alla lingua,
nulla detrasse di ciò che riguarda i concetti; e sì
che egli, quando lavava i suoi *cenci nelle acque
dell'Arno*, aveva già maturate ed esposte al pubblico le singolari dottrine intorno ai componimenti
misti di storia e d'invenzione.

Il *Promessi Sposi*, oggi è un fatto compiuto e
quod factum est infectum fieri nequit. Bisognava
invece provvedere al futuro con ansia febbrile,
perchè vedeva Manzoni dietro di sè una schiera
numerosissima di scrittori battere l'istessa via, al-
lucinati dallo splendido successo del maestro. Ecco
il motivo del Discorso sul romanzo storico.

271 Poniamo, per colpire al cuore la questione,
che le ultime teorie di Manzoni si fossero trovate
avanti alla mente del giovane, quando concepiva
il *Promessi Sposi* In tal caso vi avrebbe egli perduto di qualche cosa questo poema?..

La ipotesi è di alta importanza, per ciò che serve

qual pietra di paragone per dare il saggio alle nuove teorie [1].

275. Proviamoci a risolverla.

Dove si rivela egli l'*elemento storico*, il *vero reale* e *positivo* nel *Promessi Sposi*?

276. I.° *Nella citazione de' documenti*, specialmente nel contesto dell'opera

Or bene se, a mo' d'esempio, si fossero risparmiati quegli squarci di gride intorno ai bravi, che si hanno per circa tre pagine [2], (e, si noti bene, non sono letti dalla metà dei lettori), e se con quella forza sintetica, che in Manzoni è tanto meravigliosa si fossero descritti l'origine, il carattere, le virtù de' bravi, gli sforzi fatti per ispegnerla questa brutta razza, la dura e rigogliosa sua vitalità a dispetto d'ogni legge, lasciandosi in pace l'Illustrissimo ed Eccellentissimo Carlo d'Arragona e Fernandez de Velasco, il conte di Fuentes, e il

---

[1] Questo ardimento di distruggere Manzoni, per riedificarlo secondo le nuove dottrine, è giustificato solo dalla necessità di rendere più concrete le idee di Manzoni esposte nel suo discorso, le quali soglionsi respingere senza esame avanti allo spettacolo luminoso del *Promessi Sposi,* che vi sta contro.

[2] Ediz. illustr, *Promessi Sposi,* pag. 13 e seg

marchese d'Hynoiosa, e che so io, tutti i Governatori e Capitani generali di sua Maestà Cattolica; nulla vi avrebbe perduto il racconto, anzi vi avrebbe guadagnato ciò che di proprio vi sostituiva Manzoni.

Nè facciamo buon viso alle citazioni di Francesco Rivola, *Vita del Cardinal Borromeo*, e di Giuseppe Ripamonti, *Storia patria* [1], che intendono dare il concetto storico dell'Innominato; e meno ancora ci aggradano le citazioni storiche, che si danno di frequente, intorno alle guerre, alla fame, ed alla peste d'allora

Queste vengono di mezzo a turbare l'animo ansioso di seguire que'personaggi del racconto, con cui si è già fatta intima relazione.

277. II° L'elemento storico si rivela *nelle persone,* quali sarebbero, non solo un don Gonzalo de Cordova, un Ambrogio Spinola, un Antonio Ferrer, che accidentalmente entrano sulla scena; ma ciò che più cale, una signora di Monza, un Innominato, un Federico Borromeo, i quali hanno tanta parte nel dramma

Qui non è tanto questione delle persone, quanto della pretesa di *rappresentarle nel loro reale*.

---

[1] *Id eod*, pag. 372

Questa pretesa, la quale in Manzoni si fa manifesta ostinatamente, quasi temesse di non essere creduto, se in uno storico ha la sua ragione d'essere, in un Romanziere è per lo meno inopportuna e pone a pericolo il racconto; il quale può essere offeso da qualche posteriore scoperta di documenti storici che abbiano a mutare o modificare il carattere de' suoi personaggi.

278. III.° L'elemento storico si rivela nella *narrazione dei fatti storici*, puramente come tali, come sarebbe la diligente pagina intorno alla guerra di successione agli Stati di Mantova, la quale sta bene negli annali del Muratori, a cui si ricorre per impararne la storia [1], ma non in un poema.

Ciò in parte può dirsi anche della narrazione storica intorno alla fame, alla peste, dove si ragiona de' provvedimenti per la carestia, e dell'origine della peste [2], delle disposizioni più o meno

---

[1] « Sono cose, — egli dice, parlando appunto di questa pagina storica introdotta nel poema, — sono cose che chi conosce la storia la deve sapere; ma siccome, per un giusto sentimento di noi medesimi, dobbiamo supporre che quest'opera non possa essere letta se non da ignoranti, così non sarà male che ne diciamo qui quanto basti per isfarinarne chi ne avesse bisogno. » *Id. eod*, pag. 509.

[2] *Id. eod.,* pag. 515.

provvide [1], procurandosi, con sagace critica, di dis-
sipare le contraddizioni degli autori e stabilire un
criterio sicuro dei fatti, frapponendovi perfino un
fac-simile di codice di Federico Borromeo [2], immi-
schiandosi in tutte le dispute di allora, e chiu-
dendo infine coll'autorità del Muratori e del buon
senso, il quale c'era anche nel secolo XVII e durante la peste « ma se ne stava nascosto per paura
del senso comune » [3].

Tutte cose (eccetto quel motto felicissimo sul
buon senso che può farsi strada in ogni genere di
scrittura, poetica, storica, filosofica, ed è tratto
caratteristico dell'ingegno di Manzoni) che corrono
benissimo quando il lettore si atteggia con riflessione a ricerche storiche [4], non quando vuol trovare
un pascolo al sentimento in un lavoro di arte

[1] *Id. cod.*, pag. 585.

[2] *Id cod.* pag. 622.

[3] *Id. cod.*, pag. 623.

[4] Lo stesso Manzoni diede splendido esempio del modo,
onde hanno a farsi queste ricerche nei lavori di storia; tanto
nei discorsi che precedono le sue tragedie, e di cui sopra
si è lungamente parlato, quanto nella preziosa memoria intorno alla *Colonna infame*. Appendice ai *Promessi Sposi*.

Con questo lavoro, il nipote di Cesare Beccaria e l'amico
della famiglia Verri, seguendo gloriose tradizioni paesane

Può opporsi · se queste fonti di verità sono chiuse, se quanto abbiamo riconosciuto appartenere al vero reale viene detratto dal *Promessi Sposi,* che cosa mai ci rimane di questo poema ?

279 Si noti bene: noi abbiamo parlato di *rifare,* non già di distruggere questo poema; e di rifare in un senso, un po' strano davvero, cioè, nel supposto che il *Promessi Sposi,* fosse *concepito* soltanto e non artisticamente compiuto.

I materiali quindi usati dal Manzoni nel *Promessi Sposi* debbono ancora sussistere tutti pie-

e domestiche, mercè sottili indagini sopra i dettagli della storia attinti agli archivj, alle cronache, alle tradizioni letterarie e popolari, e profonde riflessioni filosofiche sull'origine e sulla prepotenza degli errori giuridici e giudiziarj, ci ammaestra sulla necessità di circondare sempre di maggiore garanzia il cittadino di fronte al potere sociale; il quale, esercitato da passioni pervertitrici dell'umana volontà, o sotto l'impero di cieca paura, può giugnere alla violazione delle regole e delle leggi dettate dalla coscienza e dal senso comune . . . Il Magistrato distrugge l'uomo.

Se non fosse opera oltre i confini a noi prescritti, ci sarebbe facile dimostrare come in queste poche pagine sulla *Colonna infame* ed in altre, dirette al sig. Boccardo *sulla proprietà letteraria,* Manzoni manifestò uno squisito e sottile senso giuridico.

namente. La questione si volge intorno al modo
di usarne

Cessi l'*intento di dare una storia;* si idealizzino
i concetti; e allora tutto ciò che noi abbiamo notato in Manzoni può avere la sua parte nel romanzo, considerato puramente come tale.

Il romanzo è opera d'invenzione. L'invenzione
ha un suo modo d'essere speciale; e poiché versa
sulla natura e sull'uomo, non trovo ragione onde
non abbia per oggetto anche la storia dell'uomo.

Alcuni, presi alle strette dalle difficoltà enun-
ciate, sulle traccie di Manzoni, si studiarono di
limitare l'invenzione agli eventi di attualità, o re-
strinsero il campo del romanzo al mero fantastico;
donde i romanzi domestici, sociali, morali, fanta-
stici, descrittivi, e via dicendo; quasi in opposizione dei romanzi storici.

Io non nego che a questo modo si è giunti a
rispettare la dottrina di Manzoni, almeno teoricamente; ma aggiungo che si è imposto anche un
limite maggiore di quello che Manzoni abbia voluto imporre.

L'invenzione deve pure posare *sopra qualche
cosa di fatto.* Non nego che la distinzione di un
fatto presente piuttosto che passato, rispetto alla
fantasia di chi scrive ed alla fede del lettore, sia

importante; è però sempre un fatto l'oggetto dell'attività inventiva.

Che il romanziere dunque usi della storia per suo conto, non solo la è cosa lecita, ma la è ancora una necessità. Imperocchè *idealizzare un fatto* non è possibile, se prima non si sono raccolti tutti gli elementi di fatto; a quella guisa che non si può immaginare un fiore, se prima non si sono veduti ed esaminati attentamente molti fiori in tutte le loro parti, nello stelo, nel calice, nelle foglie. Afferrate la storia, abbellitela coll'arte, colla poesia, ecco ciò che si diceva quando Manzoni pubblicava il *Promessi Sposi* ed i drammi; oggi invece vi si dice: Raccogliete tutte le suppellettili storiche; avanti idealizzare un fatto, siate filosofi e cronisti, poi sarete anche poeti.

Suolsi dire: spogliate il concetto d'ogni realtà, ed avrete la poesia.

Questa frase può ingannare. Voi avete, a mo' d'esempio, un carattere speciale, uno speciale sentimento a descrivere: ebbene, se, fatta astrazione da ogni realtà, vi sollevate al carattere-tipo, al sentimento-tipo, dovreste avere un solo *concetto possibile;* mentre al contrario svariatissimo aspetto nell'arte presenta lo stesso quadro secondo il pennello del pittore; nè si sa qual tela preferire, se l' *Oreste*, di Sofocle, o quello di Voltaire o di Alfieri; ed è pur uno l'Oreste; se la *Margherita* di Goethe, la *Maria Stuarda* di Schiller, la *Francesca da Rimini* di Dante e di Pellico, o *Lucia* di Manzoni, ed è pur uno il sentimento: l'amore nel martirio.

Dunque è necessario il fatto, o la storia, che aderisca all'ideale-tipo, per stabilire le infinite modificazioni d'un solo carattere o di un solo sentimento [1].

Queste idee troveranno miglior sede nella terza parte del Progresso letterario, che tratta del *mezzo* della letteratura. Ora abbiamo a sdebitarci di una promessa: come cioè que' varj elementi del vero storico e reale, quali abbiamo notati nel *Promessi Sposi* di Manzoni, avrebbero potuto essere da Manzoni stesso opportunamente usufruttati, sempre nel supposto che il *Promessi Sposi* fosse di là ad avvenire.

280. I.° Si riprovò l'uso dei *documenti* e delle *citazioni storiche*.

Orbene, un esempio di squarci, di grida senza *importanza storica,* assai opportunamente citate,

---

[1] Vedi avanti, *Interessante per mezzo*, lo sviluppo di questi concetti.

noi lo abbiamo nella chiaccherata dell'Azzeccagarbugli a Renzo.

Dove sta egli l'*interesse* maggiore nella lettura degli stralci di gride, che si hanno al Capo terzo, in confronto di quelli che s'incontrano nelle prime pagine?

Questo interesse risulta da ciò, che l'animo del lettore, immedesimato con Renzo, segue ansiosamente il notajo nelle sue ricerche: — « Dov'è ora. Vien fuori, vien fuori. Bisogna avere tante cose alle mani! Ma la deve essere qui sicuro, perchè è 'una grida d'importanza. Ah! ecco, ecco. » — La prese, la spiegò, guardò la data... la sciorinò in aria, cominciò a leggere, borbottando a precipizio in alcuni passi, e fermandosi distintamente, con grande espressione, sopra alcuni altri, secondo il bisogno.

Chi è di noi, che, seguendo i battiti del cuore di Renzo, non ascolti con lui diligentemente tutta questa lettura, colle preziose osservazioni dell'Azzeccagarbugli?... Qui non è già un lavoro di pacata riflessione sull'indagine e sullo studio di un documento. Le facoltà, che sono in moto, si riferiscono al *sentimento e alla fantasia* che è appunto quanto si deve esigere come parte principale nel lettore di un romanzo.

I documenti qui esistono, sono positivi, sono storici, nè più nè meno delle gride intorno ai bravi; ma qui il loro carattere *positivo e storico sparisce* affatto nell'intreccio felice del.dramma. E poniamo che Manzoni, invece di dare fedelmente le parole delle gride citata dall'Azzeccagarbugli [1], ci avesse dato un fac-simile, come fece con felice *invenzione* nel Capo XVIII, col dispaccio del signor Capitano di giustizia [2], l'azione nulla vi avrebbe perduto del suo colorito, della sua forza, del suo interesse.

Anche le *citazioni storiche* ponno riuscire assai opportune, quando siano innestate così nell'azione, da illustrare le parole o i sentimenti dei personaggi, come abbiamo nella discussione che si faceva in casa di don Rodrigo [3]; oppure per spiegare il carattere dei tempi, come avviene di don Ferrante, de' suoi ragionamenti e della sua libreria; o per rendere ragione di alcuni fenomeni, che in ordine naturale o morale non sembrano accettabili, come è quello degli untori. Corre più volte in bocca l'espressione, trattando di cose straordinarie: « Non parrebbe verosimile, se non fosse

---

[1] *Promessi Sposi*, ediz. illust., pag. 53.

[2] *Id. eod.*, pag. 343

[3] *Id. eod*, pag. 95

vero ». Orbene, in tutti i casi, in cui il verosimile
non sia possibile stabilirlo *a priori*, lo si stabilisca
a posteriori, cioè dopo una prova di fatto.

281. II.° *Quanto alle persone,* sta pure che i pro-
tagonisti, per mille ragioni che sono facili a sup-
porsi, in un romanzo debbano essere persone im-
maginarie, come fece Manzoni di Renzo e di Lucia;
ma ciò non toglie che si abbiano anche a porre
in iscena delle persone storiche, in quanto l'azione
di queste necessariamente si connetta coi fatti che
caratterizzano l'epoca descritta dal romanziere.
Così, molto opportunamente, il cardinale Borromeo
si rappresenta nel quadro desolante della fame e
della peste; e assai opportunamente anche si poteva far cenno sia della *Monaca di Monza,* sia
dell'*Innominato,* secondo le tradizioni storiche che
abbiamo di questi personaggi; e ciò per dare il
carattere di due grandi violenze, che turbavano
la società in allora, la domestica e la cittadina, il
dispotismo paterno e il feudale, l'abuso sacrilego
di Dio e la negazione di Dio. Oltre questi confini
non è lecito al romanziere valersi di personaggi
storici, senza incorrere il pericolo di attribuire
vizj e virtù che non si convengono.... Così forse a
Federico si è concesso troppo di bene, ed alla Signora si è aggiunto, con un po' di male, il tradimento contro Lucia.

282. III.º Quanto *all'uso di fatti storici*, nessuno meglio di Manzoni, là dove non ha la pretesa di insegnare la storia, seppe approfittarne convenientemente. Esporre un'azione de' secoli trascorsi, senza darne una nozione precisa di questi secoli, e dare questa nozione, senza alludere a dei fatti, è cosa pressochè impossibile.

Gli argomenti esposti da Manzoni nel suo Discorso sono gravissimi al certo; e perciò producono il loro naturale effetto di abolire il romanzo storico ed i componimenti misti di storia e d'invenzione, ma non giungono per questo fino al punto da proibirci un lavoro artistico *sopra fatti avvenuti nei secoli passati*. E come ciò si faccia dobbiamo riconoscerlo in Manzoni, il quale con tre mirandi quadri: la vocazione di Don Abbondio, l'educazione di Lodovico, e il pranzo in casa di Don Rodrigo, ci dà una compiuta pittura del secolo decimosettimo.

LETTURA DECIMA

(Fatta nell'adunanza del 20 marzo 1873).

PROGRESSO LETTERARIO

(Continuazione)

II

Il VERO per soggetto.

283. I quadri storici *idealizzati* da Manzoni nel suo poema non producono nè *dubbio*, nè *inganno*, epperò non vi ha ragione perchè siano disconosciuti o respinti. — 284 Quale sia quindi l'uso lecito della storia, secondo Manzoni stesso, in un romanzo — 285 Si risponde alla obbiezione che non siamo noi fedeli interpreti di Manzoni. — 286. Motivi speciali per cui Manzoni appare troppo puro o reciso nelle sue dottrine. — 287 Canono fondamentale. — 288. Questione intorno al *Dramma storico* — 289. Motivi per cui alcuni pensarono, che Manzoni abbia voluto salvare dalla rovina, minacciata ai *componimenti misti*, il Dramma sto-

283 Oseremo noi asserire che i quadri del *Promessi Sposi*, esposti nel discorso precedente, appartengano alla storia? E se sono essi un ideale, potremo noi asserire che siasi potuto foggiare questo ideale, senza aver prima ben riflessa la storia dei tempi, che si vogliono *artisticamente* rappresentare? E l'uso, che qui è fatto, della storia, può egli produrre il *dubbio* o l'*inganno*, che sono i due mali, per cui Manzoni respinge il romanzo storico?

Non vi ha alcuno il quale non risponda negativamente alla terza questione, non dica cioè francamente, che, nei tre quadri presentati, ogni pericolo di dubbio o d'inganno è scongiurato, e l'animo in essi riposa tranquillamente.

Siccome poi (così si risponde alle altre due questioni), questi quadri procedono dalla storia ben digesta, così non è dubbio che anche questa sarà materia prima ed immediata, se non alla fattura del romanzo, certo alla *fattura dell'ideale,* su cui il romanzo si posa [1].

284. E non temete voi con ciò di far rivivere ancora il romanzo storico?

Non mai Imperocchè l'intento *di rappresentare la storia* (e qui è l'essenza del romanzo storico) è assolutamente escluso. Avvenimenti e persone storiche, se mai entrano nell'azione, sono soggetti ad una speciale trasformazione per un nuovo elemento che vi s'introduce, precisamente come avviene in tutte le metamorfosi chimiche Non si tratta, a tutto rigore, di una materia diversa, bensì di una elaborazione dell'istessa materia. È l'ossigeno che ci abbisogna, epperò vi ha di mezzo ferro o zinco, la storta, o comunque il fuoco che volatilizzi l'acqua.

Nè so per quale ragione questa volatilizzazione accordata a' fatti presenti sì possa negare al passato. Il *verosimile è materia dell'arte;* ma su che

---

[1] Lo che se possa avvenire la è cosa sopra dimostrata in via di esempio rispetto a tutti que' materiali, che, nell'istesso romanzo *I Promessi Sposi,* quando hanno la protesa di rappresentare la storia, e quando rappresentano l'ideale

mai si fonda questo verosimile, se non sul fatto? — Non siete voi forse che asserite, che solo vero, a tutto rigore, è il reale? E se soggetto della letteratura è la verità, come mai potete escludere dalla letteratura stessa l'elemento del reale? E se questo il volete, come mai escludere la storia che è la realtà più eloquente e più feconda?...

285. Sia pure, mi può interrompere qualcheduno; ma Manzoni la pensa altrimenti; e voi oggi avete la pretesa di interpretare Manzoni.

Io non nego che, preso isolatamente il discorso sul romanzo storico, pare che Manzoni respinga assolutamente l'uso qualunque della storia nei componimenti d'invenzione, e quindi chiuda, per così dire, all'artista il mondo passato, per obbligarlo a vivere soltanto dell'attualità

È mestieri però studiare a fondo questo discorso in confronto alla lettera, che lo precede, ed al dialogo *Dell'invenzione*, che gli tien dietro.

Nella parte prima del discorso soggetto ora a critica, Manzoni, con un intento eminentemente morale, è preoccupato soltanto dal pensiero di salvare dagli arbitrj dell'invenzione il fatto storico; e siccome pretendere che l'autore di un romanzo storico « vi faccia distinguere in esso ciò che è stato realmente da ciò che è di sua invenzione, è un pretendere nientemeno che l'impossibile » [1], così è naturale che egli respinga questa forma di componimento, di tanto pregiudizio alla verità.

Ciò vale quanto dire: che il vero storico, rappresentato in maniera che si faccia conoscere per tale, che esiga un *assentimento storico*, sia assolutamente escluso dal romanzo; ma non che sia escluso l'uso della storia per la creazione di un'opera d'arte. Vuol dire che se *il realismo* (e la storia è parte di questo) non è per sè materia idonea all'arte, è però alimento dell'idealità, la quale si merita uno speciale assentimento, che, per opporlo allo storico, Manzoni lo chiama *poetico,* assentimento *sui-generis,* esclusivo, incommunicabile, che si dà alle cose apprese come meramente verosimili [2].

Con ciò voi non fate altro che ingrandire il vero storico. « Ho sentito parlare, dice argutamente Manzoni, d'un uomo più economo che acuto, il quale s'era immaginato di poter raddoppiar l'olio da bruciare, aggiungendoci altrettanta acqua Sapeva bene che, a versarcela semplicemente sopra,

---

[1] *Discorso sul Romanzo Storico,* parte I, ediz illust., delle opere di Manzoni, pag. 481.

[2] *Id. eod .* pag. 183.

l'andava a fondo, e l'olio tornava a galla; ma pensò che, se potesse immedesimarli mescolandoli e dibattendoli bene, ne risulterebbe un liquido solo, e si sarebbe ottenuto l'intento. Dibatti, dibatti, riuscì a farne un non so che di brizzolato, di picchiettato, che scorreva insieme, e empiva la lucerna. Ma era più roba, non era olio di più; anzi, riguardo all'effetto di far lume, era molto meno. E l'amico se n'avvide, quando volle accendere lo stoppino » [1]

Nel nostro caso non avviene così. Imperocchè non si tratta di sposare insieme due elementi eterogenei; sì bene di fondere due metalli, perchè ne formino un terzo di maggior valore, a quel modo che, collo studio dell'artefice, mediante lo stagno ed il rame, formate il bronzo.

E non a caso dico *collo studio dell'artefice;* perchè appunto è un lavoro della mente umana ciò che forma il verosimile, oggetto dell'arte, precisamente a quella guisa che, nel laboratorio dello stomaco, mercè la chimificazione e la chilificazione, viene poi a formarsi il sangue. — Di questo lavoro della mente a suo luogo ne tien discorso Manzoni nel dialogo *Dell'invenzione;* e noi lo studieremo più avanti.

---

[1] *Id. eod.,* pag. 490.

Non è il positivo che si voglia ingrandire; non
sono due elementi eterogenei che si vogliano associare; è un altro principio superiore che signoreggia, che trae a sè i diversi elementi, li rende
omogenei, li unifica e forma l'opera del poeta; la
cui virtù, se, come ha dimostrato vittoriosamente
Manzoni, non può giungere a « rappresentare, per
mezzo d'un'azione inventata, *lo stato dell'umanità*
in un'epoca passata e storica » [1], non potrà nemmeno rappresentare lo stato attuale dell'umanità.
— È escluso il fatto, vuolsi l'idea. — Appartiene
al poeta soltanto l'ideale, una *rappresentazione
fantastica*, come direbbe Settembrini, alla quale
non si ponno assegnare confini nè di tempo, nè di
spazio, perchè è ella stessa la negazione d'ogni
confine.

286. Del resto, se Manzoni tratta la questione
molto alla recisa, e se pare escludere affatto l'uso
della storia, ciò è dovuto: in parte al carattere
stesso dell'autore, schietto ed indipendente da ogni
pregiudizio, impaziente solo di raggiungere la meta
morale, che si è prefissa, *inviolabilità del vero storico;* in parte a' suoi antecedenti, per cui maggiore
è il bisogno di difendere i principj da esso già di-

[1] *Id. eod.,* pag. 488.

sconosciuti in fatto; e in parte è ciò dovuto alla
naturale tendenza del secolo, di sottrarsi dalle
opere d'invenzione, per occuparsi specialmente
delle opere di fatto: tendenza che noi abbiamo
notato nelle prime pagine della questione intorno
al progresso letterario, e che praticamente si risolve nell'amore alle letture storiche di preferenza
che alle romantiche.

Si desiderò pur sempre sugli avvenimenti umani
avere un'opera sensata ed utile, « raccogliere tutte
le notizie possibili, depurarle, serbare a ciascheduna
cosa e a ciaschedun uomo il suo proprio modo, il suo
proprio grado di efficienza sul tutto, studiare e mantenere l'ordine reale dei fatti » [1]. Che se la storia
finora non fu trattata convenientemente ne' suoi particolari, se abbiamo in questa una narrazione crono-
logica soltanto dei fatti principali sotto un aspetto
meramente politico; questo difetto non può certo
essere tolto con un romanzo. È fatta male la storia? « Gridatela; ma raccomandatevi a lei, perchè
è la sola che possa riparare le sue omissioni. E
c'è qualcheduno che, vedendo in particolare questa possibilità di far meglio, intorno a uno o a
un altro momento del passato storico, si metta a

_____
[1] _Id. eod.,_ pag. 498.

una vera ricerca! Bravo! *Macte animo!* frughi ne'
documenti di qualunque genere, che ne rimangano,
o che possa trovare; faccia, voglio dire, diventare
documenti anche certi scritti, gli autori de' quali
erano lontani le mille miglia dall'immaginarsi che
mettevano in carta de' documenti per i posteri;
scelga, scarti, accozzi, confronti, deduca e induca;
o gli si può star mallevadore, che arriverà a formarsi, di quel momento storico, concetti molto più
speciali, più decisi, più interi, più sinceri di quelli
che se ne avesse fino allora. Ma che altro vuol
dir tutto questo, se non concetti più obbligati? » [1].

287. Ecco per tal modo ogni cosa convenientemente assestata, e senza pretesa di dire alcuna novità. Imperocchè « è Aristotile, il quale insegna così
apertamente e ripetutamente: che l'universale, il
verosimile, è la materia propria della poesia, op-
ponendola alla storia, la cui materia è il particolare, il reale, lo storico.... » [2].

288. Abbiamo detto abbastanza del *Discorso* di
Manzoni in confronto al suo poema *I Promessi
Sposi*, che sarebbe ora di questo libro giusta le
dottrine rivoluzionarie di Manzoni, e che ne sa-

[1] *Id. eod.*, pag. 480.
[2] *Id. eod.*, pag. 526.

rebbe stato quando si fosse concepito dall'autore secondo le nuove dottrine. Ora dobbiamo dire pur di altro componimento misto di storia e d'invenzione, il *dramma:* e su questo, ormai il solo arringo, che il pubblico sdegnoso riservi al letterato [1], dobbiamo fermar l'attenzione.

289. Amerebbe taluno pensare che Manzoni, avendo voluto sceverare il vero storico dall'ideale, abbia inteso, come attribuire al romanzo soltanto la parte inventiva, così riservare al dramma soltanto la parte storica.

Sta pure che Manzoni abbia in genere trattata la questione de' componimenti misti, e perciò in questi compresa anche la tragedia; che quindi la sentenza capitale, pronunciata contro il romanzo storico, si debba applicare anche al dramma storico, che, per tagliar corto con un sillogismo, *materia dell'arte è solo il verosimile,* atqui il dramma è lavoro d'arte, dunque.... *bando al vero storico* anche nel dramma. — Nonostante ciò, e fors'anche in causa di ciò, egli è un fatto che Manzoni, mentre, trattando del romanzo storico e dell'epica, non

---

[1] « Il dramma, dice Mazzini, è il tipo della moderna letteratura. » Opere di Mazzini, ediz. cit., Vol. II, *Del Dramma storico.*

indugia punto a dedurne la fatale sentenza *sacer esto Jovi Capitolino* [1], trattando del dramma invece. è pago accennare al fatto e lascia al lettore derivarne la definitiva conclusione: « Risponda e concluda il lettore » [2].

Quando poi si concede una facoltà, bisogna attendersi il sì o il no a talento di colui, che si è creato arbitro in questione. — Non è quindi a meravigliarsi se taluno dei lettori abbia dedotta una conseguenza che non consuoni pienamente colle premesse di Manzoni. E meno ancora, se questo lettore, volendo apparire animale logico, abbia voluto giustificare il proprio giudizio ed abbia ragionato così — Manzoni, trattando della tragedia nella seconda parte del suo discorso, espone soltanto il *fatto*, cioè il successivo sviluppo del dramma, e avvisa che in questo l'elemento storico si fa sempre più imperante; che nell'ultimo stadio, secondo l'attualità, gli scrittori del dramma sono ben contenti se riescono a dare del fatto storico da essi rappresentato un concetto più compito, più contenti

---

[1] Formola di consacrazione alla pena capitale presso i Romani.

[2] MANZONI, *Discorso sul Romanzo storico*, ediz. illust., pag. 528.

ancora se riescono a darne un concetto nuovo e
diverso dall'opinione comune [1]. Orbene il fatto recente non rappresenta forse, secondo razionale
sviluppo, l'ultima legge dell'arte?.. Aggiungi a
questo argomento razionale un altro che parte dal
cuore ed ha pure tutta la sua importanza, cioè
che, essendosi già sacrificato il genere *Promessi
Sposi*, si sarebbe risparmiato almeno il *Carmagnola*
e l'*Adelchi*.

290. Siamo all'antica fiaba narrataci da Manzoni:
« Un mio amico, di cara e onorata memoria, raccontava una scena curiosa, alla quale era stato
presente in casa d'un giudice di pace in Milano,
val a dire molt'anni fa. L'aveva trovato tra due
litiganti, uno dei quali perorava caldamente la sua
causa; e quando costui ebbe finito, il giudice gli
disse· avete ragione. Ma, signor giudice, disse subito l'altro, lei mi deve sentire anche me, prima
di decidere. È troppo giusto, rispose il giudice:
dite pur su, che v'ascolto attentamente. Allora
quello si mise con tanto più impegno a far valere
la sua causa; e ci riuscì così bene, che il giudice gli
disse: avete ragione anche voi. C'era lì accanto
un suo bambino di sette o ott'anni, il quale, gio-

---

[1] *Id. eod eod.*

cando pian piano con non so qual balocco, non aveva lasciato di stare anche attento al contradditorio; e a quel punto, alzando un visino stupefatto, non senza un certo che d'autorevole esclamò: Ma babbo! non può essere che abbiano ragione tutt'e due. Hai ragione anche tu, gli disse il giudice. Come poi sia finita, o l'amico non lo raccontava, o m'è uscito di mente; ma è da credere che il giudice avrà conciliato tutte quelle sue risposte, facendo vedere tanto a Tizio, quanto a Sempronio, che se aveva ragione per una parte, aveva torto per un'altra. » Così faremo anche noi [1]

291. E lo faremo colla scorta del fatto, seguendo Manzoni nella sua carriera.

Goethe notava che l'autore del *Carmagnola* si era di troppo affaticato per star aderente alla storia. — Manzoni, nella sua lettera a Goethe, 23 gennaio 1821, riconobbe la propria colpa· *il suo attaccamento troppo scrupoloso alla esattezza storica,* e parve promettesse efficace provvedimento in altro lavoro [2].

---

[1] *Id. eod.,* pag. 480.

[2] Goethe's sämmtliche Werke in dreissig Bänden Vollständige, neugeordnete Ausgabe. Sechsundzwanzigster Band. Stuttgart 1858, pag 498. *Manzoni an Goethe.*

Il lavoro fu pubblicato, ed avemmo l'*Adelchi*. — In questo dramma sono con maggiore libertà foggiati gli ideali, e l'*Adelchi* stesso è ben lontano dal corrispondere *positivamente* alla storia, come è del *Carmagnola*. Nessuno potrà dire: *È impossibile che Adelchi abbia detto o fatto ciò che gli attribuisce Manzoni;* ma nessuno ad un tempo potrà affermare che diffatti *Adelchi fece e disse così:* lo che invece avviene per la più parte dell'azione di *Carmagnola* [1] L'autore dell'*Adelchi* dunque, come artista, si slancia in più libero spazio [2] che non l'autore del *Carmagnola;* come filosofo poi (seguendo allora i principj della sua lettera a Chauvet), inteso soltanto a darci la storia, gli parve necessità dover correggere, coi documenti alla mano, i voli del poeta.

[1] « A quegli avvenimenti che si sono scelti per farne il materiale della presente Tragedia, s'è conservato il loro ordine cronologico, e le loro circostanze essenziali, se se ne eccettui l'aver supposto accaduto in Venezia l'attentato contro la vita del Carmagnola, quando in vece accadde in Treviso. » Notizie storiche che precedono la Tragedia: *Il Conte di Carmagnola,* in fine.

[2] E per questa ragione appunto l'*Adelchi* è tragedia poeticamente più inspirata che non il *Carmagnola*.

Che si dirà di questa specie di contraddizione?

Si dirà ciò che Manzoni disse più tardi, che cioè « un gran poeta e un grande storico possono trovarsi, senza far confusione, nell'uomo medesimo, ma non nel medesimo componimento »[1].

Chi sa (e sgraziatamente son pochi) quanto costi, di fatica, il formarsi delle proprie convinzioni in arte ed in scienza, e l'attuarle queste convinzioni, non farà meraviglia di questo ondeggiare nel cammino. Il convincimento è conquista; non vi ha conquista senza lotta; e lotta è contraddizione fra due termini, finchè non sia assicurata la vittoria.

Manzoni (almeno così io mi faccio con trepidanza a giudicare), mentre scriveva l'*Adelchi*, serviva alla *scuola della verità* nell'eccesso di sua forza, voleva quindi fare rigorosamente un *dramma storico*. Ma quando l'estro poetico fu avvivato, addio storia!: questo dalla storia traendo solo il colore del quadro, sbizzarri poi secondo la sua tendenza naturale, producendo un lavoro non greco, non alfieriano, non istorico, ma un *quid* di nuova forma, che sorgeva spontaneo dalla *invenzione*, autorizzata a libertà dalla parola di Goethe e da quei principj

[1] MANZONI, Disc. cit, ediz illust., pag. 531.

che allora brulicavano in mente del filosofo, e poi furono ordinatamente esposti nel citato discorso [1].

292 Che si diceva mezzo secolo addietro? — I tempi sono positivi; si vuole il reale e non l'immaginario; per abbattere il falso, l'esagerato, la sterile imitazione, non vi ha altra bandiera possibile che la *verità;* e solo la verità di fatto è fonte inesauribile senza perdersi nel possibile, *e pensabile in arte tutto ciò che esiste;* la letteratura è rappresentazione dell'umanità, e l'umanità l'abbiamo nella storia. Questa poi l'avete ad abbondanza nelle sistematiche narrazioni, nelle cronache e negli archivj. Gli archivj specialmente vi daranno tutti i dettagli, tutti i particolari di un avvenimento appena accennato nelle storie generali. Anche *l'armonia delle parti* in questi accidenti di fatto è data dall'istessa natura, e l'arte non è altro che imitazione della natura *nunquam aliud natura, aliud sapientia dixit.* Aggiungi a ciò il massimo intento che si possa ottenere da questo sistema; l'istruzione cioè e l'educazione del popolo, chè soltanto la storia è maestra della vita.

[1] Chi attentamente studia la lettera al Sig. Chauvet, vi trova già in germe alcune idee, che s'ingrandiscono poi e trionfano nei lavori successivi di Manzoni.

Nel sistema a questo contrario abbiamo invece una ingannevole rappresentazione, dappoichè si presenta un fatto foggiato secondo la immaginazione dell'autore. Da ciò procede anche quella monotonia di caratteri o di azioni, che si riscontra, per tacer d'altri, in Alfieri e in Metastasio. Questi afferrano un fatto, lo sottopongono, per così dire, alla loro anima; e se sdegnosa, come in Alfieri, quel fatto non vi inspira che odio e vendetta; se soave, come in Metastasio, vi inspira amore e perdono. In tal caso poi non si ha certo di mira un intento morale; perocchè il poeta non si prefigge altro che di commuovere; se a bene od a male poco importa.

In questa condizione di cose, dacchè il tragico ha piena libertà di foggiare a suo capriccio i fatti attinti dalla storia, gli è necessità, onde evitare un'anarchia nell'arte, imporre anche delle regole fisse, tolte da Aristotele o da Orazio, dal teatro greco o dal francese [1].

----

[1] Non vogliamo per ciò noi richiamare questi vincoli imposti al dramma Rettamente disse Mazzini. « La questione delle unità aristoteliche (poichè così lo chiamano) si è consumata colla lettera di Manzoni al Chauvet; e il tribunale della pubblica opinione ha inappellabilmente deciso » « I confini di tempo e di luogo sono quelli determinati dall'in-

Per tale rispetto, l'ostinazione di aderire a queste regole, veniva in parte giustificata; a quel modo che, per ragione de' contrarj, trovavasi ragionevole lo svincolo da queste regole stesse, una volta che era accolto teoricamente il dramma storico, il quale dicevasi nato con Shakespeare in Inghilterra, diffuso con Schiller nella Germania, ed introdotto da Manzoni in Italia [1]. — Ma era, ma è poi possibile l'attuazione piena del sistema storico?

Eccoci al *secondo stadio* della questione.

293. Per scrivere *storicamente* non ci rimane altro che attingere a documenti di fatto, ed in questi incarcerare la immaginazione e il cuore del poeta. Ma è ciò possibile, senza rinnegare l'attività stessa del genio?... Il dramma è poesia, e qualche volta anche è volo lirico; orbene, come elevarsi al cielo chi è obbligato curvarsi a terra e incamminarsi *cauto pede*, per il pericolo d'inciampar

dole del soggetto, e l'unica verisimiglianza da pretendersi è quella intima, sostanziale, dipendente dalla connessione fra le parti del fatto, e dalla osservazione filosofica della realtà, e la efficacia del quadro sta in gran parte nella sua interezza. » Mazzini, Opere, ediz. cit., Vol. II, *Del Dramma storico.*

[1] Vedi MAZZINI, loc. cit.

sempre in qualche errore od in qualche tranello,
quali nella storia s'incontrano in ogni passo? Come
mai *interessare* il lettore, se un'azione, di sua natura volta al sentimento, si risolve in un calcolo
storico o archeologico ?..

Bisogna quindi che lo scrittore del dramma abbia, come Giano, due faccie, l'una rivolta al passato ed altra volta al presente, e colla prima detti
la storia, colla seconda detti la poesia; e ad ogni
tragedia, come fecero Voltaire, Manzoni, Nicolini,
vi preceda uno studio sugli *Ugonotti,* sui *Lombardi,*
su *Arnaldo da Brescia.*

Ottimi studj davvero, specialmente se fatti colla
critica di un Manzoni; ma si ponno giudicare dessi
necessarj? Foscolo rispondeva negativamente: ed
aveva ragione [1].

291. Eccoci al *terzo stadio,* che ci avvisa come:
tanto la miscela, quanto la distinzione forzata di
prosa storica e di poesia immaginaria in uno stesso
autore, sullo stesso argomento, da ultimo tornano
a detrimento o della storia o della poesia. Della
storia, quando primeggia l'ideale e si voglia poi
dal poeta giustificare, come avvenne del *Nerone*

---

[1] FOSCOLO, *Della nuova scuola drammatica.*

del Cossa [1]; della poesia, quando si voglia rimanere troppo aderenti alla storia, come fu del *Carmagnola* di Manzoni.

295. Quale ne sarà dunque la definitiva conseguenza? Che il poeta si sciolga dai vincoli del vero positivo o storico, e si valga di questo soltanto per formar l'ideale. Schiller, che era storico valente non meno che tragico, conosceva pure per punto e per segno tutti i fatti che si riferivano a *Don Carlo*, e non per questo si credette egli obbligato attenersi alla storia. Così fece anche l'Alfieri, il quale concepiva il suo *Filippo* contemporaneamente a Schiller [2].

---

[1] *Nerone,* argomento eminentemente drammatico, fu bravamente posto in azione da Racine, Alfieri, Gazzoletti; ma a nessuno di questi venne in pensiero di presentare questo carattere sotto un aspetto serio-comico, tragico e ridicolo, come ce lo presenta il Cossa.

Questo io penso essere il merito principale della parte inventiva di questo dramma, perchè realmente *Nerone* può rappresentare il vario aspetto di serio e di buffo. Non vi era però necessità, per ottenere ciò, di coartare il carattere del tiranno di Roma in un incidente della vita di questo: *Nerone artista;* incidente che non acquista certo maggiore importanza dalle note storiche, con cui il Cossa si affatica giustificare l'ardita invenzione

[2] Vedi *Discorso critico* di Carlo Cattaneo sopra il *Don Carlo* di Schiller, Vol I delle Opere pag 13.

Chi va al teatro (e la tragedia è fatta per il teatro, o checchè ce ne dica Settembrini, al teatro subirono la loro prova i drammi di Manzoni [1]) non va già per impararvi la storia, ma per trovare nella storia una lezione morale. La storia non è che *materia capace a commuovere lo spirito per un intento morale.*

---

[1] Le tragedie di Manzoni sostennero la prova pubblica a Firenze nel 1828 con esito poco felice. Nicolini scriveva in proposito a Pelzet. « Le sue tragedie, quantunque non siano per la scena, contengono tanto bellezze che il plauso dell'Europa meritamente le corona su tutti » L'*Antologia* d'allora rendeva ragione dell'infelice successo.

Peggior successo ebbe più tardi nel Teatro Carignano a Torino la tragedia dell'*Adelchi.* « Spiacemi, scriveva il Pellico, che si abbia voluto rappresentare la bella ma non rappresentabile tragedia di *Adelchi* , e spiacemi la vile irriverenza del pubblico. »

Di chi la colpa?

Non credo la sia questa una questione facile a risolversi. Se una tragedia è bella, bella secondo il suo *modo naturale di essere*, non so come non possa essere degnamente rappresentata Se un abito è bello, si è perchè s'addatta alla persona e si può regolarmente indossare E se qualche scioperato lo indossa malamente, la colpa non è del sartore.

Del resto, quale esito si ebbe l'*Ajace* del Foscolo rappresentato a Milano ed a Firenze? ..

Siccome poi la commozione è impossibile, si noti bene, se non si sollevano i sentimenti di attualità, così bisogna necessariamente vestire la storia stessa di attualità ; bisogna versarvi le opinioni del proprio tempo, i timori, le speranze, che circondano la nostra vita Così Dante rappresenta la sua età nella *Commedia,* l'Ariosto rappresenta *Carlo Magno* secondo le tradizioni cavalleresche di allora ; e nessuno vorrà per ciò accusare questi due poeti d'aver dato un falso ideale.

Si usi pure più largamente della storia nella tragedia , per ciò che in questa difficilmente si danno gli inconvenienti sopra notati nell' epica. « La tragedia non adopra, come l'epopea, un istrumento medesimo e per la storia e per l'invenzione, quale è il racconto La parola invece della tragedia non ha altra materia, dirò così, immediata, che il verosimile. I discorsi che lo Shakespeare, il Corneille, il Voltaire, l'Alfieri, mettono in bocca a *Cesare,* è tutta fattura poetica ; l'azioni invece, che Lucano racconta di *Cesare,* possono essere o inventate e positive. Quindi, nel poema la parola può produrre ora un effetto poetico, ora un effetto storico ; o, non riuscendo a produrre nè l'uno, nè l'altro, rimane ambigua. Nella tragedia, è sempre al contrario la poesia che parla ; la storia se ne sta materialmente di fuori. Ha una relazione col componimento, ma non ne è una parte. La rappresentazione scenica poi accresce non poco l'efficacia della parola, aggiungendoci l'uomo e l'azione » [1]

Per questo rapporto io penso essere la tragedia il componimento per eccellenza poetico, e quello in cui può concedersi *la massima libertà all'autore*.

Fu per ciò bene togliersi *dai vincoli dell'unità di tempo e di luogo;* ma non è per ciò a dirsi che quelli i quali si chiusero in questi limiti, non abbiano scritto tragedie....

Fu ottima cosa gridare *contro la necessità* del meraviglioso, dell'intreccio, delle catastrofi, dei colpi di scena. — È però vero che il *meraviglioso* astrae più facilmente l'animo dal reale che ci circonda, suscita l'enfasi degli affetti e subordina l'azione dei sensi alla fantasia, facendoci assistere alla rappresentazione come ad un sogno; è però vero che dall'*intreccio* si solleva l'interesse o la sospensione d'animo; che la *catastrofe*, ossia il rivolgimento di fortuna, commuove e intenerisce gli animi, facendo loro prender la parte di chi ingiustamente è sotto il bersaglio della sorte; è però vero che anche i *colpi di scena*, siano anche i co-

[1] Manzoni, Disc. cit., pag. 520.

muni, *ingresso trionfale, burrasche, incendj, duelli*, e quanto mai trovasi in tutte le fiabe dello Scalvini e ne' *Fuochi artificiali* del Barbieri, opportunamente potrebbero ravvivare la monotonia del racconto dialogizzato.

Da tutto ciò uopo è conchiudere che il canone principale della tragedia sia per eccellenza l'*idealizzazione della storia*, nel modo più opportuno per suscitare un assentimento negli uditori, con un principio morale, per cui questo assentimento possa essere proficuo e duraturo — La critica quindi taccia avanti ad un dramma che seppe cavar lagrime e rendere migliore il popolo.

Con questo canone di scorta, è naturale che distinzioni di tragedia *classica* o *psicologica, storica* o *ideale*, se reggono rispetto alla storia letteraria non hanno ragione di essere rapporto alla facoltà del drammatico. Anche riguardo alla forma, porti ciascuno sulle spalle quel peso che più gli conviene [1].

---

[1]   Sumite materiam vestris, qui scribitis, aequam
         Viribus : et versate diu. quid ferre recusent,
         Quid valeant humeri.
                                   (Orazio, *De Arte poetica*)

Io mi penso che oggi non si verrebbe certo a giudicare, come fecero già Carmignani o Marré nella celebre gara intorno all'Alfieri, della valentia di un autore col confronto soltanto del teatro greco [1].

Sia pure, secondo Carmignani, che Voltaire aderisca più al teatro greco; ne viene perciò la conseguenza che Voltaire sia più tragico dell'Astigiano?

Che sarebbe a dirsi allora di Shakespeare, co' suoi innumerevoli personaggi, col suo superbo sdegno d'ogni unità di luogo o di tempo?...

Tutti dunque e ciascuno de' grandi tragici (e l'Italia, prima di Alfieri, non ebbe altri di grande che l'autore della *Merope*) tutti, di qualunque nazione, Corneille e Racine, Shakespeare e Schiller,

---

[1] L'Accademia di Lucca, credo nel 1815, proponeva il tema, veramente degno di considerazione nella storia letteraria. « Assegnare lo stile e le novità utili o pericolose che Vittorio Alfieri da Asti ha introdotto nella tragedia e nell'arte drammatica. »

Rispondeva all'invito l'Avvoc. Gio. Carmignani l'illustre criminalista della scuola pisana, con una dissertazione che venne poi confutata dal Prof. Giov. Marré coll'opuscolo *Vera idea delle tragedie di Alfieri* Gennaio 1817.

Monti e Foscolo, Nicolini e Manzoni, Goethe e Calderon, tutti sono rispettabili avanti all'arte, per quanto diversa la via tenuta da questi scrittori.

Il sommo vantaggio ottenuto oggi si è: 1° di togliersi da vincoli non necessarj; 2° separare la storia dalla poesia.

Tanto fece la scuola della verità; e tanto fece anche Manzoni, il cui rigorismo, per rispetto alla verità storica, non che coartare l'arte, come pensarono i più, la solleva a libero volo nel campo immenso dell'ideale. Un ideale foggiato non secondo un tipo prestabilito dalle scuole, *tragedia classica,* e neppure secondo le passioni speciali dell'autore, *tragedia psicologica,* perchè allora abbiamo un tipo unico, monotono nelle diverse azioni; ma secondo il carattere de' tempi, elevandosi a un principio morale civile, a cui s'informi tutta l'azione. — Ecco come si intende *idealizzare un fatto nella tragedia.*

L'oggetto, che sta avanti alla mente, e chè è distinto dalla mente stessa, onde a nessuno può venir in capo essere egli creato dalla fantasia dell'uomo, quando pure sia tolto dalla storia, mercè l'intuito, si fa ideale, indeterminato; e in ragione ch'ei va perdendo la sua pristina forma, tutto ciò che gli è relativo va mano mano acquistando la possibilità di un ente infinito, o la forma ideale. L'acqua, secondo il paragone già dato in principio, si scioglie in gaz sotto la violenza del fuoco.

Il sentimento poi, che non è mai diviso assolutamente dall'essere [1], in quanto concorre coll'atto intellettivo a muovere la volontà, deve sollevare l'amore al bene; donde la *inogiκellirazione* [2], e di

---

[1] Il sentimento non è mai diviso assolutamente dall'essere, non è mai diviso dall'essere relativamente all'uomo, e questo essere per cui il sentimento è, è un atto più universale del sentimento stesso. Rosmini, *Teosofia*, Vol II, N. 802.

[2] « Il conoscere è l'esser presente un'entità in sè ad un subietto che perciò dicesi intelligente. Esser presente è lo stesso che essere oggetto del pensiero. Una cosa inanimata non può dirsi che sia presente ad un'altra inanimata, se non per traslato. Essendo presente al subietto intelligente un'entità in sè, il subietto coll'averla presente fa un atto di una natura peculiare, che merita di essere attentamente considerata, tutta diversa da ogni altra generazione di atti; e quest'atto consiste nel trasportarsi col pensiero nell'entità che gli è presente. In fatti il subietto, con quell'atto con cui pensa un'entità straniera, non pensa punto a se stesso; il suo atto termina puramente in quest'entità; ed ei non considera quest'entità come qualche cosa di sè stesso, non considera alcuna relazione di quest'entità con sè stesso; ma, in virtù del suo atto compiuto, egli sta nell'entità sola e pura, come se altro non esistesse fuor lei. . » Rosmini, *Teosofia*. Vol. II, N. 867.

necessaria conseguenza la *impersonalità* [1], o, per dirla con espressione più certa, *il vero morale*.

E questo vero fondato sui fatti è l'essenza speciale della tragedia. — Questo è quanto è voluto, a' nostri dì, dalla scuola di Manzoni.

« Or l'intelletto proceda, dice in proposito Mazzini a Manzoni ed alla sua scuola. Proceda ani-

---

[1] La facoltà morale procede dalla *inoggettivazione*, ha la sua sede nella volontà, e si risolve nella facoltà di fare il bene. (*Id. eod.*, N. 878).

La morale, avendo il suo atto formale nella inoggettivazione dell'essere virtuale o ideale, è *impersonale*. « L'uomo infatti non può essere morale, se non dimenticando e dimettendo la propria personalità, por ritrovarla e ricuperarla poi nell'oggetto. Nel che si ravvisa una chiara ragione di quel carattere che si manifesta in tutto l'ordine morale, e a cui il senso comune dà nome d'*imparzialità*: carattere della giustizia, la quale è una forma a cui si riducono tutte le virtù. Questa *impersonalità*, in cui si pone l'uomo, scorgesi specialmente quando egli, per amore di giustizia, dà torto a sè stesso o alle persone più amate E ogni atto di virtù riposa sopra un primo giudizio imparziale, che dicesi anche spassionato, perchè la personalità del subietto non entra a inclinar la bilancia piuttosto da una parte che dall'altra. L'uomo dunque, lasciando sè stesso, si trasporta e colloca nello stesso oggetto, e, qual mostra l'oggetto, tal

moso, perchè questo e secolo di moto e di nobili tentativi: compia la riforma della quale Manzoni ha cacciato le basi, e sollevi la drammatica all'altissimo ministero di predicare ai popoli la verità. La nuda rappresentanza dei fatti passati, esibiti senza chiave d'interprete e scorta di filosofia, si rimane inferiore ai bisogni dei tempi e al progresso delle opinioni » [1].

Ma in che consiste questo idealizzare?

Questa domanda suona quanto il dire· *Quale e il mezzo della letteratura?* — Argomento, che verrà risolto nella terza parte del nostro discorso sul Progresso Letterario.

. Qui bastava notare il soggetto della letteratura, e le diverse fasi per cui passò la scuola della verità capitanata da Manzoni, il cui Discorso sui com-

---

dice; come se l'oggetto stesso parlasse per la bocca di lui. In quel momento dunque, nel quale fa un giudizio morale, egli è inoggettivato, lo fa in quanto è nell'oggetto, non più in sè stesso; e quindi il carattere d'*oggettività*, che accompagna sempre ciò che è morale. » (*Principj*, c. 4; *Antrop.* 521-566). — Di questi principj vedremo le applicazioni fatte dall'artista, dove avremo a dimostrare la verità della tesi idealizzare per Manzoni è moralizzare

[1] MAZZINI. *Opere*, Vol. II, pag. 218

ponimenti misti di storia e d'invenzione, è il massimo punto a cui possa giungere l'esigenza dell'arte rispetto alla verità; è il più ardito volo, a cui mai poteva spingersi, quest'uomo straordinario, a cui fu bello

.   .

    L'aversi fatta parte per sè stesso,

questo miscredente delle scuole, questo Volterriano dell'arte, questo loico del buon senso, questo maestro dell'ironia, questo poeta, questo critico.... » [1].

E basti!... Ed il signor Giorgini, che così ci ha descritto questo arditissimo rivoluzionario nell'arte, egli, che sta tanto vicino al Manzoni, ci parli anche dell'uomo nel segreto del suo studio e della sua coscienza

« Dopo aver dato all'arte nuova le sue dottrine, e il suo monumento più illustre, — così Giorgini, parlando appunto di suo suocero, — il Manzoni si tira da parte· le tentazioni della gloria non basteranno più a fargli rompere il silenzio nel quale si chiude, e che è forse per lui stesso un mistero, ma dal suo ritiro tranquillo e studioso, coll'allegra

---

[1] GIORGINI, loc. cit., Prefaz , pag. 50.

fiducia di chi ama il vero e crede alla sua forza nel mondo, *vedrà questo gran movimento che si propaga d'intorno a lui; e una cosa sola parrà non sapere o averla dimenticata: la mano potente da cui partiva l'impulso* . [1].

[1] *Id end in fine* .

LETTURA UNDECIMA

(Fatta nell'adunanza del 17 aprile 1873).

PROGRESSO LETTERARIO

(*Continuazione*)

III.

L'INTERESSANTE per mezzo.

> Conamur tenues grandia
>
> Hor *Od* 6. lib 1

296. Si richiama il canone fondamentale della Letteratura secondo Manzoni. — 297. La esposizione *razionale del mezzo*, onde la letteratura raggiunge il proprio intento, stabilisce la scienza estetica, o meglio la *callologia*. — 298 Sterminata estensione di questo argomento. — 299. Manzoni usò la parola *interessante*, arrestandosi all'*effetto sensibile* del Bello. — 300. Progresso del concetto Manzoniano secondo lo sviluppo avvenuto nella *scuola della verita* capitanata da Manzoni. — 301. *Ultimo stadio* della Scuola della

verità. *vero ideale* soggetto unico della poesia o letteratura in genere. — 302. L'infinito è il santuario del genio — 303. — Dalla parola dell'uomo di genio prende vita l'universo. — 304. Il poeta perciò può dirsi creatore. — 305 Sede dell'infinito a cui si inspira il Genio. — 306. I *subbiettivisti* riconoscono nell'uomo la sede dell'idea prima o dell'essere universale. — 307 Ragione che giustifica questa opinione. — 308. Varie differenze nelle opere del genio. — 309. Secondo la nazione, il comune, l'individuo. — 310. Vi ha però un'idea *comune* in tutte le opere del genio. — 311. L'ideale della Religione in Manzoni, secondo la sua anima speciale, secondo la dottrina cattolica, e il sentimento universale della religione. — 312. Ragione questa, per cui il *Promessi Sposi* è gustato da ogni classe di persone, di qualunque credenza. — 313. Si spiega questo fatto, partendo dal concetto di persona, indipendente nel suo carattere, eppure subordinata ad una legge. — 314. La legge suppone un legislatore. questi è Dio, solò *in Dio vi ha l'origine del Bello,* secondo le umane tradizioni. — 315. Il Poeta perciò attende dall'Archeologo la scoperta delle sacre rovine per riconoscervi l'ideale dell'arte. — 316. Dio è un bisogno per l'arte — 317. Settembrini, parlando di Manzoni, sente il bisogno di elevarsi all'idea religiosa: — 318. Altrettano fa Sauer, che assomiglia il *Promessi Sposi* al Duomo di Milano. — 319. Il concetto della divinità deve inspirare l'artista. — 320. Testimonianza di Guerrazzi e di Settembrini. — 321. *La Divina Commedia.* — 322. Arte e religione sono i modi per cui l'idea suprema si presenta alla coscienza intuitiva e naturale. — 323. L'arte è rivelazione. Per questo rispetto l'arte è superiore alla scienza. — 324. Donde procede che il genio nella scienza è necessariamente poeta. — 325. *Nella spiritualizzazione del vero soltanto si può riconoscere la sede del Bello.* — 326. Bellezza e luce. Luce è calore; il calore è semplice moto, non è sostanza, epperò nessun fisico sinora lo ha potuto definire. — 327. La stessa difficoltà si presenta nella definizione del Bello. Vani tentativi dei filosofi. — 328. Il Bello è indipendente da noi. — 329. Il Bello è oggettivo. — 330. Il Bello è l'*Essere nel suo ordine ideale.* — 331. Perchè non confermiamo noi la definizione data altre volte: il *Bello è l'essere nel suo ordine naturale.* L'*ideale dello Spartaco del Vela* — 332. L'*ideale del don Abbondio di Manzoni.* — 333. Come il modo naturale di essere di una cosa o il *reale* non ci interessi punto. — 334. Il *realismo* di Vela nella statua del Grossi. — 335. Necessità quindi non solo dell'armonia delle parti in un tutto, non solo della fedele imitazione della natura; ma dello *splendore del Vero.* lo che si ottiene solo colla *ordinata idealizzazione* del fatto. — 336. L'idealizzazione del Vero positivo è opera dell'artista. — 337. Che fa l'artista?.. Si risponde a questa domanda con una pagina del *Dialogo dell'Invenzione* di Manzoni. — 338. L'artista *inventa* — 339. L'ideale o l'esemplare, avendo la sua sede naturale in Dio, è comunicato in potenza al Genio, il quale dà atto a questa potenza merce l'arte. — 340. Che cosa rimanga ora di Omero? — 341. La teologia d'Omero era respinta dagli stessi Pagani. — 342. Con

tutto ciò l'elemento divino eterna ancora l'opera di Omero.
— 343. Questo consiste nell'ideale dell'uomo, anziché nel
concetto di Dio, dato da Omero. — 344 Applicazione di
questi principj a Manzoni. — 345. Potrebbe alterarsi gravemente *la forma religiosa*, su cui si fonda il poema di
Manzoni, e nonostante ciò l'elemento divino sussisterebbe
sempre nel *Promessi Sposi* — 346. Si pone a confronto
l'ideale dell'uomo, dato dal primo poeta nella *Iliade*, col-
l'ideale dell'uomo, dato dall'ultimo poeta nel *Promessi Sposi*.
— 347. L'ideale di Achille — 348. Questo ideale rappresenta l'eroe antico o la divinizzazione della forza. — 349. Sotto
questo strato, che ti dà *l'uomo storico*, ti si rivela nudamente l'uomo nel suo stato di natura, o *la verità psicologica* — 350 Il vero psicologico in Omero, studiato nel
vario carattere e nelle passioni de' suoi eroi; — 351. studiato nel contrasto de' sentimenti, — 352. studiato nelle
molteplici e svariate forme dell'istesso sentimento. —
353 Omero è poeta sovrano nella descrizione dell'uomo —
354. Come Omero giugnesse a tanta altezza spiegazione
data da Vico e da Cesarotti — 355. *Il divino, secondo Platone.* — 356 Si domanda Questo divino o questo Bello
ideale, non è nella natura come in sua sede primitiva?...

296. « La letteratura si propone l'*utile* per iscopo,
il *vero* per soggetto, l'*interessante* per mezzo [1] »

297. La esposizione razionale e critica di questo
mezzo, onde la letteratura raggiunge il proprio

---

[1] MANZONI. *Lettera sul Romanticismo,* ediz. cit, pag. 143

intento, che è quanto dire, l'atteggiarsi della letteratura secondo la propria essenza e scopo, ci porge necessariamente la *nota caratteristica* della letteratura in confronto alla scienza, ci spiega *la dottrina* del bello, *la filosofia* dell'arte, l'*Estetica* [1].

---

[1] Meglio che *Estetica*, come amò chiamarla per il primo Baumgarten da αἰσθησις (sentimento), sarebbe a dirsi *Callologia* da καλος, bello. Del resto, come il bello è inseparabile dal vero e dal buono, e reciprocamente si concertono così le scienze, che a questi oggetti si riferiscono naturalmente si accordano.

Donde procede eziandio che la dottrina del bello partecipa sempre del carattere conveniente ad uno speciale sistema filosofico. Come nella filosofia in genere: così nella filosofia della letteratura abbiamo *sensisti, idealisti, ed eclettici*, ed abbiamo anche le varie scuole: *tedesca, scozzese, italiana*

Fra gli Italiani, scrittori di *Callologia*, abbiamo a ricordare Venanzio, Talia, Visconti, Bonacci, Pasquali, Cicognara, Biamonti, Taccone, Gallucci, Masi, De Castro, Bianchetti, Baldassare Poli. Soprattutti Gioberti, Rosmini, Mamiani, Tomaseo e Conti. Gli Italiani si attennero specialmente alle dottrine Platoniche, che si raccolgono nel *Filebo, nel Fedro* nell'*Ippia Maggiore*. Vedi avanti

Anche le antiche istituzioni di retorica della poesia, o monografie critiche intorno ad opere artistiche, ponno appartenere a queste scienze. Ond'è che non solo il trattato

298. Così, mentre speravamo di raccorre le vele ci stacchiamo oggi dal porto.

Davvero ch'io sono spaventato avanti all'immensità del cammino che rimane a percorrere; e poichè non so trovare confini di spazio, voglio impormi i confini coll'orologio alla mano. Sarò brevissimo nella trattazione di questa ultima parte della questione letteraria...

299. Manzoni, sulla scorta del suo maestro, il Parini, come sopra si è dimostrato, considerò quale primo elemento della bellezza, l'*interesse*.

300. Dall'epoca però, in cui Manzoni scrisse la sua *Lettera sul Romanticismo*, a tutt'oggi, è scorso quasi mezzo secolo. In questo lungo tempo il genio progredisce in un coll'arte; o meglio l'arte accelera il corso per impulso del genio; e noi vediamo come la *verità*, di cui vago era il concetto nel

Del sublime di Longino, ma ancora le opere *retoriche* di Cicerone, *l'Arte poetica* di Orazio, il *Convito* di Dante, gli scritti sui *romanzi*, sulle *commedie*, sulle *tragedie* di Giraldi Cintio, la *perfetta poesia* di Muratori, i *Saggi critici* di De Sanctis ponno far parte di questa scienza.

Fonte di letteratura estetica è l'opera di Zimmermann: *Geschichte der Aesthetik als philosophische Wissenchaft*. Wienn 1856

primo scritto critico di Manzoni, vada poi lentamente
determinandosi: e collo studio della verità, corra
di pari passo quello intorno alla bellezza; che nel-
l'arte il Bello s'identifica col Vero [1].

301. Dalla verità *soggettiva* o *psicologica* si passa
alla *reale* o *storica;* poi alla *immistione* del vero
positivo col vero-simile; finalmente l'animo intende al *vero ideale,* soggetto unico della poesia
o letteratura in genere — Ora non è possibile
andar oltre, poichè abbiamo innanzi l'infinito.

302. L'infinito!... Restiamo trepidanti sulla soglia
di questo tempio; poichè v'ha scritto al sommo
della porta: *Odi profanum vulgus et arceo* [2].

Chi non è artista non osi varcarne la soglia,
vulgarium animarum oculi, dice Platone, *divini-*
talis radios substinere non possunt [3]. E l'artista
ascolti docilmente la voce che esce dal Santuario.

303. Questa è parola del genio, donde prende
vita l'universo.

---

[1] Alla dimostrazione di questa verità tende il lavoro di
Augusto Conti: *Il bello nel vero,* libri quattro, Firenze 1872.
Le Monnier.

[2] ORAZIO, Lib. 3, ode 1.ᵃ

[3] Op. Platonis translatione Figini, *Sophista* vel de ente
ediz. Basilea 1539, pag. 191.

La natura e morta; chi la solleva al cielo è Orfeo, Giobbe, Confucio, Omero, Dante e Manzoni.

304. Stoltezza il credere che Dio, dopo il primo moto creativo, ritornasse alla sua quiete inalterabile, che le cause seconde agiscano per propria virtù.

La creazione è continua · fu e sarà *fin che dura la luce.*

La *luce fu partecipata all'uomo,* egli perciò è chiamato poeta o creatore, quando dal reale assorge all'esemplare delle cose, all'esistenza perpetua e perfetta, alla ragione eterna.

305 Ciò non proviene dalla *efficienza generativa* del nostro intelletto, poichè il contenuto non è maggiore del contenente

Lo infinito non è dentro di noi, *ma avanti* di noi. *Lo si vede: non lo si cape.*

Egli è il tempio di Dio.

306. Voi, o subbiettivisti, riconoscete questo tempio nell'uomo

307. Davvero che non avete torto, quando considerate l'opera umana, che porta sempre l'impronta del suo autore ..

308. Sull'istessa tavola, cogli stessi colori, viene a formarsi un ideale: la Vergine

Quali differenze però tra la Vergine di Raffaello, di Tiziano, di Murillo!

309. E quali differenze se il dipinto avviene sotto il cielo di Spagna o di Italia! a Venezia o a Roma!

La persona è *autonoma in sè, nella nazione, nel comune;* eppero un raggio diverso inspira la mente secondo la varia vita che la circonda. Nei dipinti di Tiziano vi saranno linee caratteristiche al suo pennello, altre linee caratteristiche alla sua Venezia, ed altre più late ancora, caratteristiche all'Italia.

Ma è qui tutto?.

310. No: il fondo della tela, la parte sostanziale, non è di Tiziano, di Venezia, nè dell'Italia, ma di tutto il mondo civile, dell'uomo.

311. Un'altra Vergine voi avete descritta in Manzoni. la Religione. Questa presenta alcune note caratteristiche, che sono proprie della grande anima lombarda, serena come l'alba che indora i colli della nostra Brianza Altre linee le inspira la Morale Cattolica. Più profonde ancora sono le traccie del più puro Cristianesimo Ed il nocciolo, l'anima sono que' principj comuni ad ogni spirito gentile che si elevi al Cielo: la immortalità, la dignità di coscienza, la fiducia in Dio, l'Amore.

312. Ond'è che il colorito religioso speciale al credente poeta, ed alla sua nazione, se non sfugge. certo si confonde in un più largo concetto. che

non è privativa di Manzoni, non del Cattolico, non del Cristiano, ma d'ogni uomo onesto. Lo che ti spiega come il *Promessi Sposi* sia letto gustosamente dal Protestante, dall'Israelita, dal Maomettano, e lo sarà eziandio sull'Indo e sul Gange.

313. Il concetto religioso così largamente concepito domina l'arte.

La persona è autonoma; autonomia però, come indica la parola, è indipendenza *autos,* ed è anche legge *nomos.*

314. La legge suppone un legislatore.

Il legislatore è Dio: epperò solo nel tempio divino trovasi *l'origine del Bello.* Interrogate la tradizione. Le Muse ergono il loro tempio ad Apollo, quali sui monti Pierei nella Tracia, quali nella Tessaglia in Pindo, quali nella Beozia in Elicona. Nella Religione, dice Hegel, i popoli hanno deposte le loro idee sull'essenza di Dio, del mondo, e dell'uomo; ed è da queste idee che sorge la poesia.

315. Perciò, mano mano che il paziente archeologo discopre nelle arene dell'Arabia Petrea, o alle sponde del Nilo, sul Tigri, in Atene od a Roma, una colonna, una statua, un frontone, l'artista vi ristaura tutto un edificio. E come Cuvier, con reliquie di fossili, risuscitava l'antico regno animale, così il poeta vola sulle sacre rovine di Egitto, di

Grecia e di Roma, per ravvivarvi l'elmento divino dell'Arte antica .. La ricerca del Bello è fatta nel Tempio di Dio

316. Dio è un bisogno per l'arte...

Perciò, quando si smarriva la tradizione di Dio, i poeti ne creavano migliaia a Babilone, ed a Menfi. E perchè tutti i Numi ottenessero adorazione, anche al *Dio Ignoto* era sacrato un tempio. Almeno al Dio Ignoto l'artista superbo presti il suo culto!... È concetto che ci umilia; ma non ci dispera, come *la infinita vanità del nulla.*

317. Tocchiamo terra, o signori, e seguiamo il professor Settembrini.

Egli pure, non stupite! entra in una « devota chiesetta di villa, di casta architettura italiana, nuova, pulita, lucente, con arredi di fino lavoro, con due quadri perfetti, uno della fame, uno della peste, ufiziata da rosei frati che cantano e predicano e fanno processioni, e sono ogni cosa nella villa, e i villani li riveriscono, e chi può rispondere a messa o sonar le campane si tiene un gran che, e pochi signori vi entrano soltanto la domenica per loro divozioni » [1]. Questa chiesuola è il *Promessi Sposi.*

---

[1] SETTEMBRINI, *Lezioni di letteratura* Vol. III, pag. 316.

318. Seguiamo ora lo straniero Sauer, il quale davvero fu più generoso. « Quando un viaggiatore, dice lo scrittore tedesco, attraversando la pianura dell'Italia settentrionale, tende l'animo alla capitale della Lombardia, il suo sguardo, assai prima che venga colpito dalla massa di case, colle loro mura e co' loro fumajuoli, si sprofonda, a così dire, in una maestosa ed altera fabbrica sull'orizzonte, il Duomo. Si eleva questo nella sua enorme massa come solitario gigante. Non ancora si discerne alcun che delle cento torri e gugliette, di meravigliosa e gotica costruzione, e già il tutto vi fa grave impressione, meglio di qualunque altro edificio del mondo. Quando finalmente si è giunti sulla Piazza del Duomo e si slancia lo sguardo all'alto del tempio, il primo sentimento della grandezza gradatamente cede il posto alla vaghezza dei dettagli; ciascuno di questi rapisce per la nobile simmetria delle sue parti, tutto pare in sè circoscritto, perfetto, e pieno di significato, e ancora attira egli lo sguardo di nuovo con irresistibile violenza, a tutto l'insieme; donde esso non si distrae che per posare di nuovo sopra ciascun dettaglio, con istupore e compiacenza artistica. Il confronto fra un edificio e persona di lettere potrebbe per avventura sembrar originale. Nonostante

ciò il gran figlio di Milano, Alessandro Manzoni,
mi ricorda sempre involontariamente il superbo
tempio di Milano. Come questo, egli si eleva in
solitaria grandezza sopra la letteratura contempo-
ranea della sua patria ; come questo, egli presenta
un perfetto insieme, intero da ogni parte, i cui
singoli dettagli appaiono così belli, così ricchi, così
armonicamente potenti come quelli del Duomo » [1].

319. Il paragone ci ricorda che l'opera del genio
e culto di Dio; ond'è mestiere assorgere alla divinità, da cui l'artista deriva il suo esemplare. —
L'Arte è Rivelazione; onde Socrate divinamente
dice: *omnes itaque carminum poetae insignes non
arte sed divino afflatu mente capti omnia ista
praeclara poemata canunt* [2]... *res enim levis, vo-
latilis atque sacra poeta est, neque canere prius
potest quam Deo plenus, et extra se positus et a
mente alienatus sit. Nam quamdiu mente quis
valet, neque fingere carmina, neque dare oracula
potest* [3].

320. Questa è nota speciale eziandio dell'arte

---

[1] SAUER, *Alessandro Manzoni,* pag. 3.

[2] Opera Platonis translatione Figini, *de Furore Poetico,*
ediz. Basilea 1539, pag. 170.

[3] *Id. eod.*

Italiana « Lo scrittore Italiano, nell'atto di pigliare
la penna, dice un grande artista, il Guerrazzi, solleva con gli occhi la mente al cielo e prega: *adsit
Deus!...* [1] »

Cosi fu per eccellenza di Manzoni. Perciò un illustre straniero, non so con qual mente, disse una
grande verità affermando che il *Promessi Sposi*
dovrebbe trovarsi nelle mani dei giovani e del
popolo come libro di pietà [2]. Settembrini poi, mentre afferma che questo libro fu *lodato con lodi
esageratissime*, aggiunge che, « fu dato a leggere
ai fanciulli, alle fanciulle e persino alle monache,
ed oggi viene da tutti raccomandato ai giovani
come libro d'oro » [3]

321. Così avveniva della *Commedia di Dante*,
detta perciò *divina*, e spiegata al popolo dalla
chiesa di S. Giovanni in Firenze.

322. Arte e Religione [4] sono i modi per cui l'idea

[1] *Torre di Nonza*, in princ.

[2] SAUER, op cit, pag. 53.

[3] SETTEMBRINI, op cit., Vol III, pag. 311.

[4] Oggetto della filosofia è la verità, come la verità è oggetto della religione A torto dunque, sovrattutto in materia religiosa, si oppone il sentimento al pensiero. *Enciclopedie*, § 12.

Hegel stesso però disse· La religione è la coscienza della
verità, la filosofia è la ragione compresa o la fede ragionata.

Suprema si presenta alla coscienza intuitiva e naturale. Nell'artista di genio, dice Schelling [1], l'Assoluto si scioglie dal velo, con cui si copre ad altri.

323. Per questo rispetto l'arte è superiore alla scienza. La scienza tende ad un Vero determinato: l'arte ha lo stesso problema a risolvere, ma senza confine. L'arte quindi giunge là dove la scienza non fa che tendervi senza posa.

324. Da ciò procede che il genio nella scienza è necessariamente poeta. Newton, Galileo, Volta, divinarono l'avvenire; come lo divinarono Omero, Dante; chè nell'arte tu vedi la natura intima della scienza, come in uno specchio magico.

325. Soltanto in questa *spiritualizzazione* del vero, o predominio dello spirito sulla materia, come disse il dotto Gerdil sulla scorta di S. Agostino [2], si può riconoscere la sede del Bello. Nulla fortemente ci *interessa*, se non partecipa alla natura dello spirito: i sensi potranno produrre il piacevole,

---

[1] Schelling tratta della filosofia dell'arte nell'opera *System des transcendentalen Idealismus*, donde a pag. 115 e seg (ediz. 1800) sono estratti i citati concetti

[2] Non tamen in corpore plus placet *forma quae movetur*, quam ipsa quae movet.

il gusto materiale, non la soddisfazione morale.
Questa ha la sua ragione nello spirito e deve partecipare della natura dello spirito: è l'immagine
di un Angelo, che smarrisce mano mano la sua
determinata figura per confondersi coi raggi del
sole; cui noi seguiamo con celere moto, e quando
pare amicarsi alla terra il grande astro, ci fugge
ed affoga nell'Oceano ..

326. *Bellezza e luce* La luce è calore. Il calore
è semplice moto, non è sostanza.

Quale fisico lo ha definito!...

327. Di questa natura essendo il Bello, egli è naturale che siansi presentate gravissime difficoltà
per determinarlo e per definirlo. Non l'hanno punto
tentata questa impresa i poeti; perchè « il genio
si governa per proprie leggi. » Chi potrebbe dare
questa legislazione è il filosofo. Il filosofo, dice
Schelling, richiama le leggi sotto le quali l'arte si
manifesta in *idea;* e queste sono le forme medesime per cui le cose sono nel loro *tipo;* onde « la
filosofia dell'arte in genere è l'espressione del mondo
assoluto » [1]. Ai filosofi dunque appartiene la teoria

---

[1] Ueberhaupt ist philosophie der Kunst Darstellung der
absoluten Welt in der Form der Kunst. (*Vorlesungen uber
die Methode,* ecc., pag. 317).

dell'arte. Essi perciò si affaticarono a definire il Bello, senza però ottenere, come dice Ozanam, una definizione che divenisse classica.

328. Il Bello, come avverte Hegel, e con lui Gioberti, « è affatto indipendente da noi; esso consiste e si determina in sè stesso; o sarebbe nè più, nè meno ancorchè mancasse di spettatori, e chi lo contempla gode senza appropriarselo, senza violare od offendere menomamente la sua indipendenza » [1].

329. Il Bello dunque è *oggettivo;* sarà *l'armonia dell'universo,* come dissero i discepoli di Pitagora; sarà *lo splendore del vero*, come disse Platone; sarà la *varietà ridotta ad unità,* secondo S. Agostino e Leibnitz.

330. Tutte le cose constano di parti, in queste parti debbono armonicamente concentrarsi ad un punto; Bello sarà: *l'essere nel suo ordine naturale* [2]. O più propriamente: Bello sarebbe l'essere nel suo *ordine* ideale. Elementi del Bello sarebbero idealità ed ordine, una spontanea *procedenza* del vero e del buono.

331. Quand'io vidi lo *Spartaco* del Vela, sentii

---

[1] GIOBERTI, trattato *Del Bello*

[2] Nel 1861 l'A., nel giornale *La Provincia,* in Pavia, dava in un dialogo la spiegazione di questa definizione.

un artista che ne ammirava le proporzioni delle membra, e conchiudeva: « Ciò però è poco: collo studio si può giungere a tanto. Il meraviglioso è in quella espressione, in quella vita che gli si legge sul volto, e per tutti i muscoli e le vene; onde, fissando a lungo questo marmo, ti pare si faccia avanti vivo, terribile, minaccioso l'antico Spartaco.... Oh quanto è naturale! — esclama l'artista. Io non posso supporre che Spartaco potesse essere diverso da quello che uscì dallo scalpello di Vela. Egli è vivo!! »

332. Anche Sauer, compreso da meraviglia avanti all'immagine di Don Abbondio, sempre armonicamente coerente dalla prima all'ultima parola, e nelle più svariate posizioni artistiche, esclama: Oh quanto è *naturale* il Don Abbondio di Manzoni! Egli non poteva a meno che fare e dire ciò che è scritto nel Romanzo.

333. Se così è, rispondetemi, di grazia: la parola di un Curato dappoco, pauroso, brontolone, la è proprio argomento che tanto ci *interessi?..* Non credo; eppure noi non vorremmo mai finirla di conversare con quell'umore bisbetico di Don Abbondio!... Uopo è dunque credere che l'*interesse* derivi da qualche cosa di diverso dal *reale* fedelmente rappresentato.

331. Così, per ritornare al Vela, ponetevi avanti ad un'altra statua, la quale abbia potuto *scolpirsi sul reale*, mercè la visione effettiva dell'oggetto, o mercè un effigie fedelmente riflessa dalla luce sopra un vetro, o la maschera improntata sul volto del defunto. In tal caso voi potete avere la massima realtà. Potete dire per questo di possedere il Bello?... Mirate la statua del nostro Grossi; appartiene pure allo stesso autore dello Spartaco. Il Settembrini la dice brutta, e non ha torto.

Ebbene, qui l'artista possedeva *l'originale* nella sua speciale natura; onde poteva Grossi essere assai più fedelmente riprodotto, che non lo Spartaco, di cui rimangono solo fosche tradizioni. — E nonostante ciò, anzi precisamente per ciò (è troppo notaio il Grossi che vi ha sotto i nostri portici!) la statua e brutta; come sarebbe brutto il parlare di un Don Abbondio in carne ed ossa.

335 È mestieri dunque ritenere che non basti l'armonia delle parti in un tutto, non basti la verità realmente considerata, non basti la fedele imitazione della Natura· tutto ciò produrrà un *assentimento intellettuale*, ma non un *diletto mentale*, un assentimento artistico, una compiacenza estetica, *l'interesse* Richiedesi lo splendor del Vero; il quale si ottiene solo coll'*ordinata o perfetta idealizzazione del fatto*.

336. Idealizzazione del vero positivo, ecco l'opera dell'artista; e questa non si riferisce *solo al concetto*, ma anche *alla parola*. — E solo a questo modo si ottiene l'interessamento, voce con cui Manzoni volle indicare il bello ne' suoi effetti.

337. Che fa l'artista?

Apro il dialogo dell'*Invenzione* di Manzoni; quel dialogo, nel quale, dice Rosmini, resta in dubbio se vinca la finezza dell'ingegno prespicacissimo o l'urbanità dello stile, e non sai a quale delle due egregie doti tu conceda più la tua meraviglia [1].

Che fa dunque l'artista?

« L'artista inventa Inventare da *inventum* frequentativo di *invenire*, che vuol dir *trovare*. Dunque l'artista trova E se trova, è sottinteso che l'oggetto era prima

Che! Il fiore ideato dall'artista per la prima volta, ho da dire ch'era già? *Non ego.*

Pare di sì, perchè non vi sentite di dire che l'ha creato lui

Ebbene, datemi la prova che esistesse prima questo fiore.

Obbedisco. E vi domando se dal fatto d'avere un

---

[1] Rosmini. *Teosofia*

artista ideato un tal fiore, nasca in tutti gli altri uomini l'impossibilità di idearlo tale o quale?

Non oserei dirlo

Ora, se il tutto di due fiori, l'uno inventato a ponente, l'altro a levante, può essere lo stesso, l'idea unica, che i due artisti ne hanno, di questo fiore preesisteva alla loro invenzione, perchè è impossibile « che una stessa o sola cosa sia fatta da due tutta da ciascheduno » [1].

338. Che cosa fa allora l'artista, se l'idea preesisteva. Egli la trova

E se la trova, dov'era dessa?

In mente Dei; a cui fa capo anche il reale, secondo una serie di proposizioni, che trovano la loro ragione e conferma nell'*Ontologia;* e sono: 1º Ogni cosa reale non potrebbe essere, e non sarebbe, se non fosse concepibile; — 2º Essendo concepibile ha la sua essenza ideale, o intelligibilità, — 3º Questa è immutabile ed eterna; — 4º Ma non potrebb'essere eterna, se non ci fosse una mente eterna che la concepisse; — 5º Dunque niuna cosa può realmente esistere, se non è *ab eterno* attualmente concepita ... [2]

---

[1] Manzoni, *Dialogo dell'Invenzione*

[2] Rosmini, *Teosofia*. Parte I, Ontologia, (Torino 1859, pag. 306).

339. Torniamo subito in carreggiata, conchiudendo: che *l'ideale* o *l'esemplare* (che tornano lo stesso nel nostro proposito), *avendo la sua sede naturale in Dio, è comunicato in potenza all'artista,* il quale dà atto a questa potenza mercè l'osservazione e lo studio; è divina è l'opera che ne deriva.

340. Che cosa rimane ora di Omero? forse il concetto divino secondo la teologia omerica?... [1]

L'ente, in quanto è comunicato all'artista, contiene *virtualmente* tutto l'ordine dell'essere.

Il concetto di *virtualità* e della potenza, nota saviamente Rosmini, è dei più oscuri e misteriosi. Perocchè tra l'essere e il non essere non si dà mezzo; ora ciò che è in potenza egli *sembra* che ancora non sia e però che sia nulla, . *Teosofia,* Vol. IV, pag. 533, Op. Post., Intra 1869.

Qui cognoscit in universali cognoscit rem tantum in potentia S. Tom . . . . *E conoscere in potenza* est principium Scientiae. *Aristitotelis.* (Rosm., loc. cit., pag. 534 e seg); donde l'incontro, come sopra si è notato, della scienza prima o filosofia colla poesia o divinazione del vero.

[1] Omero scrisse la storia secondo le tradizioni de' suoi tempi, di guisa che non a torto fu chiamato storia il suo poema, mentre per converso era detto poema la narrazione di Tucidide. La storia di Omero, avvolta ne' misteriosi arcani di nebulosa antichità, era naturalmente poetica. Da

341. No: L'irriverente contesa di Giunone con Giove, e il buffone Vulcano, che le fa da paciere, suscitano fra' beati un immenso riso [1]; e l'ingannevole sogno di Agamennone inspirato da Giove, che voleva illustrare la vendetta d'Achille con molta strage delle genti Argive [2]; e le acerbe rampogne di Giove a Giunone ed a Minerva; e la discesa di queste divinità in mezzo alla mischia; Venere, che cinta di nebbia, salva Periclo già sotto il ferro micidiale; e Pallade, e Giunone, e Marte [3], e tutta la schiera de' Celesti, che combattono quali pei

ciò il doppio interesse dell'*Iliade* e dell'*Odissea*, l'uno suscitato dalla curiosità di fatti meravigliosi, ed altro avvivato dal senso estetico, dall'ideale del poeta.

Oggi, lasciata all'indagine della critica la curiosità dei fatti, rimane all'arte o alla letteratura soltanto l'ideale, la natura foggiata secondo l'elemento fantastico.

Questo ideale, che è il vero in universale, il *sommo genere*, come venne sopra avvertito, per ciò che fa astrazione dalla fatti-specie e costituisce un esemplare o un tipo della cosa, può estendersi sopra qualunque oggetto e ritrovarsi nelle *viscere stesse della favola*, in quanto questa rappresenti un lato di vero o una realtà idealizzata.

[1] OMERO, *Iliade*. Lib. I.

[2] *Id. eod cod.*

[3] *Id. cod. eod*

Greci e quali pei Trojani [1]; e il garrir stolto e sdegnoso di questi numi; e le battaglie in cielo; e l'infuriare di tutte le ignobili passioni, non rispondono
certo alla immaginazione ed al cuore del lettore,
se non in quanto si atteggi esso alle credenze, ai
costumi, alle tradizioni di Omero. E quando pure
l'immaginazione giungesse a tanto (lo che è di pochissimi, che hanno l'anima informata alla greca
vetustà), l'ideale, che poi si andrebbe foggiando,
se pur merita questo nome, sortirebbe una vita
sterile e fuggevole, perchè fondato sul falso.

E ciò che è degno di seria considerazione, si è
che anche dagli antichi era riconosciuta falsa la
dottrina di Omero intorno alla Divinità, onde Platone lo bandiva dalla repubblica [2]; e di vero come
poteva tollerare il discepolo di Socrate che alla
divinità si fossero applicate tutte le umane passioni, mentre il suo maestro nel Filebo alla domanda:
an absurdum est deos gaudere vel contristari?.
absurdum omnino, risponde, *indecens enim utrum-
que est* [3]; poteva quindi anche Senofane con ra-

---

[1] *Id. eod*, passim.

[2] Platone (*De Repubbl* lib. II), non ha inteso, come pensano alcuni, escludere dalla sua *Repubblica* tutti i poeti

[3] *Philebus vel de summo bono*, Translatione Marsilii Figini, Basilea 1539, pag. 91.

gionamento libero riprendere il divino poeta; ed
a Pitagora, come narra Diogene Laerzio, era lecito immaginarlo, lo sciagurato Omero, penzolone
ad un albero, avvinto da serpenti, in punizione
delle cose da esso inventate intorno alla natura
divina.

312. Eppure l'elemento divino eterna tuttora
l'opera di Omero.

In che questo consiste?

313. Nello *ideale dell'uomo*, anziché di Dio · onde,
caduto il Dio d'Omero, *il divino Omero* si rivela
ancora in tutto il suo splendore.

314. Per certo rapporto potrebbesi dir ciò anche
di Manzoni. Potrebbe variare, alterarsi gravemente
la *forma religiosa*, a cui si inchina il *Promessi
Sposi*, e nonostante ciò la parte divina di Manzoni
sussisterebbe senza fine.

315. Potrebbero, a mo' d'esempio, scomparire
dalla scena del mondo cappuccini e monache; potrebbe sventuratamente il clero far divorzio dalla
società civile; i vescovi, rinunciando al potere che
ricevettero da Cristo, dichiararsi semplici manda-
tarj del pontefice, perdere la loro somma autorità
avanti l'assemblea dei fedeli, ed essere subordinati
ad un intrigante di partito, ad una Donna Prassede, che reggano la Diocesi, tenendo le fila con

qualche Curiale mestatore; potrebbero anche all'Evangelo sostituirsi le Decretali [1], e peggio ancora alle Decretali, sostituirsi un foglio che si dica *Giornale Cattolico*....; potrebbero avvenire altrettali gravissimi sconvolgimenti nella società religiosa; e nonpertanto un ideale sulla prima forma religiosa sussisterebbe... Nè d'altronde il discernimento di questo ideale potrebbe in Manzoni riescire più difficile di quanto sia in Omero [2]; mentre invece la vita intima della religione, che viene a costituire l'ideale Manzoniano, difficilmente si può

---

[1] Per questo l'Evangelio e i Dottor magni
Son derelitti, e solo ai Decretali
Si studia sì, che pare a' lor vivagni.

A questo intende il papa e i cardinali:
Non vanno i lor pensieri a Nazzarette,
Là dove Gabriello aperse l'ali.

Ma Vaticano, e l'altre parti elette
Di Roma, che son state cimitero
Alla milizia che Pietro seguette,

Tosto libere fien dell'adultéro.

(*Par.*, C. IX).

[2] Vedi in proposito uno studio diligente di Cesarotti, *Iliade,* Vol. II, art. I. *Dei e loro condotta nell' Iliade greca*

astrarre, perchè uno solo è l'oggetto: *l'uomo colle suc naturali tendenze*, tutto l'uomo nei rapporti con Dio, colla famiglia, colla società [1].

346. Qui è prezzo dell'opera determinare l'incontro, e la differenza fra l'ideale dell'uomo nel primo

---

[1] Come per mezzo di una macchina fotografica si riflette appieno una figura sul vetro, vorrei io pure qui dare uno e completo l'ideale del nostro poeta; ma dovendosi per necessità della scrittura far succedere le idee nei limiti di spazio e di tempo, è mestieri anche incontrare il pericolo di essere qualche volta malignamente interpretati da chi legge per criticare ed è beato se ci coglie in fallo.

Così, dovendo ora giudicare dell'artista, io non penso di errare dicendo che Manzoni, cattolico di cuore e per convinzione, seppe tuttavia nel suo poema attenersi a quella morale eterna, che sancita dal Cristianesimo e dal Cattolicismo, trova però la sua ragione nella umana natura; onde Manzoni, come sopra si disse, è pure gustato da tutti, qualunque ne sia la professione religiosa. In tutto il poema di Manzoni tu non vedi un'idea ultramontana o clericale, la quale distingue l'ideale di una scuola, che in oggi si compiacque chiamare cattolica, e solo Don Abbondio vi si mostra *intollerante* o Donna Prassede: ma il carattere comico di questi due personaggi ci avvisa pienamente l'intento nel poeta di avversare i difetti del Cattolicismo, e non già di accarezzarli, come è di altri nostri romanzieri.

poema l'*Iliade* [1], e quello che ammiriamo nell'ultimo poema: il *Promessi Sposi*.

347. Canta Omero *l'ira funesta del Pelide Achille, che infiniti addusse lutti agli Achei*. Achille è per eccellenza *uomo forte* (chè l'ira senza la forza a nulla approda) secondo il concetto dell'antichità; forte di *braccio*, ond'è che appena Patroclo, coperto dell'armatura del Pelide, si mostra in campo, fuggono spaventati i Trojani [2], credendolo Achille; *forte di animo*, onde egli solo di tutta l'armata greca sostiene le ragioni del vecchio Crise contro il prepotente duce; e più forte ancora, quando, sdegnato e col ferro in pugno sopra Agamennone, cede Briseide [3], rispettando così l'autorità, benchè abusi questa del suo potere; *forte di nobilissimi affetti* il suo cuore: quante lagrime versa allorchè la bella prigioniera è da Patroclo consegnata ai messaggeri di Agamennone! [4] e come ei si discioglie nel dolore alla vista dell'amico estinto!

---

[1] Non si vuol per questo dare la preminenza al *Promessi Sposi*. Il confronto è fatto soltanto per determinare il modo diverso, che, secondo il progresso dell'arte, segue il poeta nella formazione del suo ideale.

[2] *Iliade*, lib. XVI.

[3] *Id.* lib. I.

[4] *Id. eod.*

Tanta forza nell'eroe divinizza l'ira, per ciò che a questa attribuisce la dote divina dell'onnipotenza; *ira funesta,* per ciò che rende inerte il celeste eroe avanti all'orrendo spettacolo della strage de' suoi; dondo il meraviglioso contrasto che dà luce al quadro: l'onnipotenza e l'inazione. Nè valgono a scuotere quell'anima irosa i rimproveri, i consigli, le preci degli amici; e neppure il dono di sette ricche città e di vaghissime donzelle trojane e della figlia stessa di Agamennone offertagli in isposa, rispondendo il Pelide, con sublimissimo concetto, che egli amava Briseide come moglie quantunque schiava [1]. Tanta ira tace, ed altra più tremenda sorge a vendicare la morte dell'amico Patroclo. — Lui, strappato all'ozio, vestito d'invulnerabile armatura, si tuffa nel sangue di Ettore, gode allo spettacolo di membra orribilmente peste avanti agli occhi della madre [2]; nè sono placate le sue furie col crudele olocausto di dodici giovani trojani vilmente sgozzati!... [3] Finalmente, dacchè anche l'ira divina ha le sue leggi, alla vista del vecchio Priamo, piange Achille, ed a lui con-

---

[1] *Id.* lib IX.

[2] *Id.* lib. XXII.

[3] *Id.* lib XXI.

segna il corpo del figlio avvolto in due ricche
vesti.

348. Chi non ammira in questo volo divinizzata
una fatale passione, di cui sono descritte mirabil-
mente l'origine, il moto e le funeste conseguenze ?...
Chi non vede idealizzato così l'eroe pagano da
Nembrod e Ciro, fino ad Alessandro e Catone ?... È
una strana miscela di virtù e di vizj nobilitati
soltanto dal cieco culto della forza.

349. Sopra questo strato, che rappresenta l'incivilimento d'allora, qualunque ei fosse, ti si rivela
nudamente l'uomo, verità psicologica, che signoreggia in tutto il dramma e ne costituisce il *nexus*,
l'elemento di coesione; e ci fa stupire come taluno
abbia potuto dubitare che questo poema uscisse
da una sola mente e da un sol cuore.... [1]

---

[1] I dubbii intorno all'esistenza di Omero furono sollevati
da Aubignac, da Mercier, e prima ancora da Vico. A questi
rispondeva trionfalmente il loro contemporaneo Cesarotti :
La Iliade di Omero, Ragionamento storico-critico, Vol. I.
Ci piaccia riferire in proposito il giudizio che dava Cesarotti del suo avversario « Giambattista Vico, scrittore
originale, se mai ne furono, metafisico profondo, filologo
universale, e critico di sagacissima audacia. » (Loc cit., ediz.
Pisana, Tom. 6, pag 16). E più avanti pag. 31 : « Io non
entrerò nella discussione de' principj su cui si fondava Vico.

350. Questa verità, che trovi nello sviluppo successivo e psicologico d'una passione, sei forzato di riconoscerla ancora in tutti i singoli affetti, che costituiscono il *carattere* degli eroi dell' *Iliade*. L'orgoglio dei potenti rappresentato in Agamennone; la sospettosa acutezza di Ulisse; la saviezza di Nestore; il coraggio di Diomede e di Ajace; l'amicizia di Patroclo e di Achille; l'insidiosa pietà di Calcante; la forte gelosia di Menelao e la vigliacca di Paride, che preferisce la cetra alla spada.

351. Il carattere prende maggior luce dal contrasto. Così la vendetta dell'onore di sua famiglia, che dà all'azione greca un'indole cavalleresca, riluce splendidamente in confronto alla caparbietà e stoltezza del duce. Achille ama furiosamente Briseide, eppure la cede; Ettore, trattenuto un istante

principj nuovi, solidi, luminosi. . . .» E ciò valga in risposta a quelli che tuttodì ci ripetono aver noi imparato a conoscere Vico solo in questo secolo dai Tedeschi e dei Francesi.

Alla unità di concetto in Omero può opporsi la diversità di dialetti. A ciò risponda ancora Cesarotti: « la mescolanza de' dialetti potrebbe destar qualche dubbio, quando in un canto, per esempio, regnasse il Jonico, il Dorico e l'Eolio in un altro. Ma se tutti sono egualmente sparsi per tutta l'opera o talora in un verso medesimo, non può trarsi da ciò verun argomento valevole » (Loc. cit., pag. 41).

sulla via dall'amore di sposo e di padre, si scioglie
dalle braccia di Andromaca e corre a morte certa;
le grida di vittoria de' Greci, e Priamo, Andromaca,
che mirano l'empio strazio di Ettore; Elena, che
rimbroccia Paride, perchè domanda amplessi dove
la tromba di guerra lo sprona alla battaglia....

352. V' ha di più La stessa passione, lo stesso
sentimento, come variamente si manifestano secondo
l'impulso dell'animo dell'eroe! Quanto diverso è il
dolore del sacerdote Crise dal dolore di Priamo!...
di Andromaca, la fida sposa, e di Elena, agitata dai
rimorsi! . E come variamente si duole lo stesso
Achille, ora per la rapita Briseide, ora per la morte
di Patroclo, ora per la compassionevole vista del
supplice Priamo!..

353. Questi quadri assicurano l'immortalità ad
Omero; perchè immortale, eterno è l'ideale omerico attinto dall'umana natura. Come il grano, che,
a' tempi omerici, posto negli ipogei d'Egitto ed
oggi ritrovato, germoglia, indistinto dal nostro
frumento, con lo stesso gambo, le stesse spiche;
così l'uomo di Omero, sciolto dalla forma pagana
che lo inviluppa, se oggi rinascesse, andrebbe confuso col Parigino o col Turco, secondo che la sorte
gli avesse a donare per patria Parigi o Costanti-
nopoli. — Ecco il perchè alla *verità psicologica,*

al sommo genere, all'ideale delle umane passioni, all'archetipo umano dobbiamo intendere specialmente lo sguardo nello studio de' Classici

351. Gli uomini particolari, dice Vico [1], naturalmente prima sentono e poi riflettono. La poesia quindi rendeva sensibile le idee astratte di virtu e di vizio; quindi (aggiungeremo noi, associando a Vico il Cesarotti [2]) « laddove noi diremmo con linguaggio del tutto astratto e filosofico che la *virtù non lascia invendicate le ingiurie dell'amicizia....* » gli uomini nella loro infanzia intellettuale, resi poeti dalla necessità, spiegavano il medesimo sentimento con questa locuzione mitologica, *Achille uccide Ettore uccisore di Patroclo* E qui, dice Vico [3], si scuopre il gran principio delle favole poetiche, in quanto elleno sono caratteri di sostanze corporee immaginate intelligenti, spiegantine i loro effetti corporei per mezzo delle modificazioni de' nostri animi umani... Lo che è « il *sommo divino artificio della poetica facoltà :* col quale *a somiglianza di Dio* dalla nostra *Idea* diamo l'essere alle cose che non lo hanno » [4] E l'idea, si dice nel Dialogo dell'*Invenzione,* è in *mente Dei.*

[1] *Scienza Nuova,* lib III, c. 21.

[2] *Ragionamento storico critico sull' Iliade.*Parte I, pag. 29.

[3] Vico, *Scienza Nuova,* lib. III, cap. 3.

[4] *Id eod.*

355. Che cosa vi ha dunque di divino! — domanda Platone nel suo *Fedone*. — Divino *è il bello, il sapiente, il buono, e tutto ciò che a questo è somigliante*, divini sono gli archetipi perfetti o esemplari, che contengono tutta quanta l'essenza delle cose create [1].

356. Nella natura voi trovate, così ci ripetono dalle cattedre ancor oggi, il *bello ideale,* l'arte nella sua anima, la virtù col suo splendore.

È vero ciò?...

Risponderemo nella prossima Lettura.

----

[1] Così è stabilito il modo onde Omero formava il suo ideale, e l'equa importanza che a questo è dovuta, benchè non risponda pienamente collo sviluppo dell'arte a' nostri giorni. Omero traeva il suo ideale dalla umana natura, quale si manifesta nella sua nudità primitiva. « L'osservazione della natura fu la sua recondita dottrina, dice Cesarotti, più che la supposta scienza. » Entro questa sfera Omero fu ed è il sovrano de' poeti

Oggi si potrebbe trovare incompleto l'ideale di Omero, perchè non poteva appieno egli ritrarre l'uomo morale; ma non si potrà egli per questo rinnovare l'*Iliade,* come sacrilegamente tentava il Cesarotti. — Disapprovando però l'opera di Cesarotti, dobbiamo tener calcolo dell'idea che a ciò il *moveva.*

LETTURA DUODECIMA

(Fatta nell' adunanza del 17 aprile 1873.)

PROGRESSO LETTERARIO

(Continuazione)

III.

L'INTERESSANTE per mezzo.

357. Perchè la natura si avvivi è necessario l'*Essere iniziale e divino*, che illumini la mente dell'uomo — 358. In questo modo si giugne a formare *l'esemplare* di una cosa — 359 Necessario concorso dei sensi in quest'operazione. — 360. L'ideale, frutto del senso estetico nell'artista. — 361. Elemento soggettivo nella formazione di questo ideale — 362. Studio dell'ideale dell'uomo quale si rappresenta in Manzoni — 363. Nota caratteristica di Manzoni nel foggiare i varj suoi ideali. — 364. Difficoltà di questo lavorio dell'intelligenza. — 365. Manzoni dai fatti individuali sa sempre assorgere all'universale. — 366. Eppur sempre tu

vedi spiccarvi nel fondo del quadro una individualità, alla
quale aderisci senza punto avvedertene. — 367. Perchè abbiamo fermata l'attenzione sull'episodio della peste —
368. L'arte secondo Buonarrotti — 369. Si spiega come il
genio conosca ed esprima *eternamente*. — 370. Si richiama
ancora l'esempio di Manzoni. — 371. Ode intorno alla discesa de' Longobardi. — 372. La lotta e i patimenti di Ermengarda. — 373. Il sommo dell'arte nella similitudine. —
374. La Battaglia di Maclodio — 375 L'ordine serbato
nell'ideale di Manzoni anche sotto il più grave tumulto
dell'animo — 376 Il quadro della Natura riflesso nell'animo
angosciato di Lucia, con stupenda successione logica di immagini: addio ai monti ed alla casa. — 377. La fiera battaglia del cuore umano abbandonato alle passioni sotto le
agitazioni del rimorso e della disperazione. — 378. Addio
di Marco senatore alla patria — 379. Conclusione.

357. La natura per sè è morta e non arrride altro
che ai sensi. — Perchè si avvivi, *si eterni questa
natura,* è necessaria *l'idea prima, l'essere iniziale,
il divino.*

Due sono i termini: la *mente dell'uomo* e *l'ente
o la natura,* che si presenta a questa mente; ma
il presentarsi innanzi non è ancora una manifestazione o meglio un possesso intellettuale dell'ente.
Ciò avviene soltanto mercè l'idea, la quale è il
lume di Dio segnato in noi.

Mi sia lecito rovesciare, per così dire, l'ordine ontologico sulla genesi dell'idea, onde meglio rappresentare la parte che conviene all'artista.

358. Cogli occhi io vedo, a cagion d'esempio, un fiore, il quale consta *di materia e di forma;* coll'intuire questo fiore, io astraggo dalla materia o dalla sostanza la forma di esso, e colla forma vengo a costituire l'*esemplare* ossia — *l'idea dell'essere restita di tutte quelle determinazioni che valgano a costituire il tipo fiore.*

In questa operazione vi ha l'essere iniziale, indeterminato, come radice dell'albero; da questo sorgono lo stelo e il calice, caratteristica di fiore; poi le foglie o varie determinazioni del fiore stesso.

359. Onde però questo tipo formato sul reale si presenti alla mente, è necessario il concorso dei sensi: un cieco non potrebbe formarsi l'idea del fiore. E qui appare manifestamente la *parte fallibile nell'arte;* dacchè la percezione degli esseri, ottenendosi per modi sensibili, non può foggiarsi altrimenti che secondo le modificazioni provate dal sentimento. Per tale riguardo, ciò che noi chiamiamo *reale* (e ci appare il vero più accertato) non è che un modo relativo alle nostre sensazioni: l'ideale invece è *eternamente.*

360. Affinchè poi questo ideale si presenti come

immagine nel pieno suo splendore, che vale quanto
dire nel *pieno suo ordine*, è necessaria una particolare inspirazione .. *amor che spira noto* [1]; pel
cui mezzo, valendosi di segni che *parlino alla
vista,* come le arti figurative e la scrittura, *od al-
l'orecchio,* come la musica, l'immagine ci si offre con
una perfetta chiarezza e produce un *interessamento
universale* che suolsi indicare col giudizio: *bello,
bello davvero!*

361. Questa forma poi del Bello è diversa secondo
lo stato civile e morale dell'età e l'indole speciale
dello scrittore ... Oggi il Bello avanti al genio deve
presentarsi sotto un aspetto assai più complesso
di quel che fosse al primo apparire dell'arte; e
nella maggiore varietà delle parti, non deve venir
meno *l'armonia,* e quindi l'esattezza, la semplicità; e quindi *l'ordine,* a cui solo aderisce la Bellezza.

Per questo rapporto considerata la cosa, non ha
torto un vivente scrittore [2], il quale asserisce che
il *gusto,* effetto del bello, nei Classici può dirsi

---

[1] DANTE, *Paradiso,* XXIV.

[2] *Allgemeine Aesthetik als Formwissenschaft, Zimmermann,* Wien 1865. Questo scrittore è seguace della filosofia
di Herbart.

assoluto; perchè non promane tanto dalle peculiari circostanze dello scrittore e del paese a cui questo appartiene, quanto dalla natura della cosa, da ciò che è *universalmente* sentito ed inteso; ma ha poi torto lo stesso autore, aggiungendo che la nuova scuola è *incompleta,* perchè si *appiglia all' individuale,* al nazionale, allo storico La nuova scuola invece, la si chiami pure Romantica, secondo Zimmermann, presuppone l'universale e quindi classica avanti essere romantica. Essa non fa che estendere la regione del bello, presenta il concetto più ricco di elementi; e nella maggiore varietà delle parti, se rende più difficile l'*ordine,* ne rende anche più *interessante* l'opera.

362. Senza perdersi in ragionamenti, ricorriamo all'esempio, avvicinando l'uomo Omerico già sopra considerato, all'ideale dell'uomo di Manzoni.

L'uomo si presenta in Manzoni *nella sua interezza.* A testimonianza di Goethe, nessun romanziere giunse a tanto di perfezione nel tratteggiare i diversi caratteri, dal povero contadino al generale di Sua Maestà Cristianissima. .[1], di che abbiamo data la prova nella prima Lettura. .

363. Non è però qui la caratteristica di Manzoni.

[1] Vedi SAUER, op cit. pag. 50 e seg.

Questa, a mio giudizio, si rivela nel foggiare svariati ideali con tanto ordine, che, per generazione spontanea, ti si sbucciano fuori, *dai quadri generali le individuali figure,* e *dagli enti individuali ti si va formando a tua insaputa l'immagine di un ente collettivo, la società;* in modo che a vicenda il *genere e la specie,* non che confondersi, si riflettono e spiccano con maggior luce.

364. Notate bene la *difficoltà* di questa operazione, che, veduta nel suo effetto, ci sembra tanto facile, perchè tanto *ordinatamente* eseguita.

La nostra intelligenza, secondo che *analitico* o *sintetico* sia il suo metodo di studio, quando si ferma sulle generali, e quando sulle speciali rappresentazioni dell'umanità. — Manzoni invece, coll'apparenza di nessuno sforzo, in modo che sembra in lui quasi fatalità o necessità naturale ciò che è frutto di immensa fatica, riesce a sostenere in un sol tempo, nell'istessa pagina, nell'istessa linea le due meditazioni, e mentre, a cagion d'esempio, ti si presenta il Renzo uno ed indivisibile, senza che mai possa essere altro; mentre da Lucia non si può astrarre più nulla, senza uscire da ciò che è in quell'ideale; e l'uno e l'altro di questi due personaggi sembrano dileguarsi avanti all'immaginazione per sostituirvi un principio.... la umanità sotto un punto speciale di vista.

365. Colla universalizzazione del concetto poi si conserva pur anche l'individualità; donde il *tipo individuale* d'ogni classe di persone: contadini, capitani, dottori, notai, setaiuoli, curati, vescovi, frati e via dicendo; e poi da queste individualità qua e là irradia fuori, il *carattere pubblico,* la società civile, quella religiosa, Cristo nella sua storia e nella dottrina. Così da un povero montanaro viene a crearsi un rivale della prepotenza signorile [1]; dallo scrittoio di un Azzeccagarbugli escon fuori tutti gli arzigogoli dell'umana giustizia [2]; è dalle argute parole di un'Agnese, che il cardinale Federico prende argomento a quell'inspirato discorso, che è il più sublime programma del sacerdozio [3]; e quanto mai ci si eleva, nella sua splendida semplicità, il carattere di Lucia, quando cade vittima della passione di Gertrude! « Gertrude le aveva fatte più carezze dell'ordinario, e Lucia le riceveva e le contraccambiava con tenerezza crescente; come la pecora, tremolando, senza timore, sotto la mano del pastore che la palpa, e la trascina mollemente, si volta a leccar quella mano,

---

[1] *Promessi Sposi.* ediz. illust., pag. 228 e 688.

[2] *Id. eod.,* pag. 53 e seg.

[3] *Id. eod.,* pag. 193 e seg.

e non sa che fuori della stalla l'aspetta il macel-
lajo, a cui il pastore l'ha venduta un momento
prima [1]. » Con questa stessa immagine Isaia vaticinava il divino sacrificio: *sic ovis ad occisionem
ducetur* [2].

366. D'altra parte, il fatto che più propriamente caratterizza Manzoni, consiste in ciò che
mentre nella descrizione della persona individuale
hai compresa la persona collettiva, per istinto di-
vinatorio con cui sono ritratti al vivo i contrasti
delle varie passioni umane secondo l'attualità, vieni
per soprappiù a *confondere te stesso* o cogli affamati
tumultuanti, che applaudono a Renzo « bravo, sicuro, ha ragione, è vero pur troppo » [3], o cogli appestati nel lazzaretto, o co' contadini che fuggono dai lanzichenecchi; e quando ti trovi confuso
colla folla accorsa al duello di Ludovico, quando
co' pochi viaggiatori nell'osteria di Gorgonzola,
quando siedi alla parca mensa del buon sarto.

In tutta questa svariata compagnia poi, anche fra i
bevoni della Luna Piena, ti si rappresenta sempre
col molteplice l'uno, a cui piega insensibilmente

---

[1] *Id. eod*, pag. 383.

[2] *Isaiae Prophetae,* cap. 53.

[3] *Promessi Sposi,* pag. 273.

il tuo animo; ond'è che, in mezzo a quel diavole-
rio per la invasione de' lanzichenecchi, tu segui
con maligno sorriso il pauroso Don Abbondio, avvolto nella rivoluzione di Milano, tu vorresti esser
di scorta al semplice montanaro, e ti sdegni quando
roba il tuo posto il sedicente Spada, ed avanti allo
spettacolo della peste, quando, fra tante miserie,
pare impossibile trovarvi un caso singolare che
possa meritare speciale pietà e ravvivare quel sentimento ormai stracco ed ammortito ne' cuori, tu
vedi « scendere dalla soglia d'uno di quegli usci e
venire verso il convoglio de' monatti una donna,
il cui aspetto annunziava una giovinezza avanzata
ma non trascorsa, e vi traspariva una bellezza
velata e offuscata, ma non guasta da una gran
passione, e da un languor mortale; quella bellezza
molle a un tempo e maestosa che brilla nel sangue
lombardo. La sua andatura era affaticata, ma non
cascante; gli occhi non davan lagrime, ma porta-
van segno d'averne sparse tante; c'era in quel
dolore un non so che di pacato e di profondo, che
attestava un'anima tutta consapevole e presente a
sentirlo. Ma non era il solo suo aspetto che, fra
tante miserie, la indicasse così particolarmente alla
pietà. Portava essa in collo una bambina di forse
nov'anni, morta; ma tutta ben accomodata, coi

capelli divisi sulla fronte, con un vestito bianchis-
simo, come se quelle mani l'avessero adornata per
una festa promessa da tanto tempo, e data per
premio. Nè la teneva a giacere, ma sorretta, a se-
dere sur un braccio, col petto appoggiato al petto,
come se fosse stata viva; se non che una manina
bianca a guisa di cera spenzolava da una parte
con una certa inanimata gravezza, e il capo po-
sava sull'omero della madre, con un abbandono
più forte del sonno, della madre, chè, se anche la somiglianza de' volti non n'avesse fatto fede, l'avrebbe
detto chiaramente quello de' due ch'esprimeva ancora un sentimento. »

« Un turpe monatto andò per levarle la bambina
dalle braccia, con una specie però d'insolito rispetto, con un'esitazione involontaria. Ma quella,
tirandosi indietro, senza però mostrare sdegno nè
disprezzo: « No! » disse « non me la toccate per
ora; devo metterla io su quel carro: prendete. »
Così dicendo, aprì una mano, fece vedere una borsa
e la lasciò cadere in quella che il monatto le tese.
Poi continuò: « Promettetemi di non levarle un filo
d'intorno, nè di lasciar che altri ardisca di farlo,
e di metterla sotto terra così. »

« Il monatto si mise una mano al petto; e poi
tutto premuroso, e quasi ossequioso, più per il

nuovo sentimento da cui era come soggiogato, che
per l'inaspettata ricompensa, s'affaccendò a far un po'
di posto sul carro per la morticina. La madre, dato
a questa un bacio in fronte, la mise lì come sur
un letto, ce l'accomodò, le stese sopra un panno
bianco, e disse l'ultime parole: « Addio, Cecilia! riposa in pace! stasera verremo anche noi per restar
sempre insieme. Prega intanto per noi ch'io pregherò
per te e per gli altri. » Poi voltasi di nuovo al
monatto: « Voi » disse « passando di qui verso sera,
salirete a prendere anche me, e non me sola »

« Così detto, rientrò in casa, e, un momento dopo,
s'affacciò alla finestra, tenendo in collo un'altra
bambina più piccola, viva, ma coi segni della morte
in volto. Stette a contemplare quelle così indegne
esequie della prima, finchè il carro non si mosse,
finchè lo potè vedere; poi disparve. E che altro
potè fare, se non posare sul letto l'unica che le
rimaneva, e mettersele accanto per morire insieme?
come il fiore già rigoglioso sullo stelo cade insieme
col fiorellino ancora in boccia, al passar della falce
che pareggia tutte l'erbe del prato. »

« O Signore! » esclamò Renzo « esauditela! ti-
ratela a voi, lei e la sua creaturina: hanno patito
abbastanza! hanno patito abbastanza! [1] »

[1] *Id* pag 662

267. Vi ho letto per intiero una pagina di Manzoni e vi aveva pure promesso, poichè il tempo stringe, di raccorre in breve le mie idee in quest'ultima parte, ma che! al pari di Renzo « il nostro sguardo s'incontrò in un oggetto singolare di pietà, d'una pietà che invoglia l'animo a contemplarla, di maniera che ci siamo fermati quasi senza volerlo... » Quante volte, o signori, voi, passando per la Pinacoteca di Brera, vi incontraste nella miranda tavola di Raffaello, *lo sposalizio della Vergine;* e per quanto vi premesse l'uscirne da quella sala per veder nuove cose, io vi domando se vi fu volta, in cui non vi siate fermati avanti a quella meraviglia dell'arte!?.

Nella stupenda tavola di Manzoni, sopra un fondo oscuro di miserie, di delitti e di superstizioni: appestati, monatti ed untori, voi vedete sorgere questa sublime figura di una madre che è per morire, e nel momento stesso in cui sta per ispegnersi la vita, riluce, in questa donna, la virtù divina ne' più discordanti affetti · un dolore, uno strazio immenso per la morte delle sue creature... eppure un'angelica calma e piena la fiducia in Dio! — Anche Bartolini scolpiva divinamente *la fiducia in Dio* e il *dolore della madre;* ma aveva egli, lo scultore, due marmi avanti a sè, e nell'uno c'infondeva la pace

celestiale, nell'altro l'Astianate, che noi vediamo in
un palazzo della nostra città, vi scolpiva la disperazione materna.

368 Il genio però non ha confine e in poca carta,
in un marmo, in una tela, vi raggruppa le più svariate scene, vi fa spiccare le più minute particolarità, i più discordanti sentimenti, distingue ed
accorda, onde degnamente il Buonarroti, che aveva
dipinto il Giudizio Universale nella Sistina, il più
ardito ed ampio concetto, poichè tutta l'umanità
ivi e descritta, ebbe a dire [1]:

> Non ha l'ottimo artista alcun concetto
> Ch'un marmo solo in sè non circonscriva
> Col suo soverchio; e solo a quello arriva
> La mano ch'ubbedisce all'intelletto.

A cui aggiunge il Varchi, in una lezione di commento allo stesso sonetto « se uno scultore avesse
un marmo, certa cosa e che in quel marmo sono
in potenza tutte le figure che si possono immaginare e tutte le bellezze » Il Varchi qui accenna
alla potenza *passiva,* gli si passi buona l'espressione, e dice « tutto ciò che è nell'agente in *potenza
attiva,* è nella materia in *potenza passiva* » o capacità di ricevere un'impronta qualunque, una

---

[1] *Le rime di Michelangelo Buonarroti* . pubblicate da
Cesare Guasti, Firenze 1863

figura « nella più perfetta forma che si possa immaginare, *exemplum, exemplar, forma, species,
idea...* » che se l'opera non riesce bella, continua
il commentatore, il difetto sarà del maestro, il quale
non avrà saputo esprimere collo scarpello quello che
egli si era immaginato coll'ingegno; anzi non ub-
bidendo le mani alla fantasia, avrà fatto tutto il
contrario che s'era proposto e pensato di poter fare.

Donde « l'arte o la pratica, e chi non ha queste
potrebbe immaginar bene ed operar male » fin qui
Varchi. Ma l'arte senza *potenza* a nulla approda;
e la potenza *è nello intelletto,* nel genio.

369 Il genio conosce ed esprime eternamente.

Conoscere in *modo eterno* dicesi quando « sebbene l'oggetto dello intelletto si conosca subordinato al tempo ed allo spazio, pure la relazione fra
questo oggetto e l'intelletto che lo conosce è immune dalle leggi del tempo e dello spazio. È un
fiore, ma non un determinato fiore, un fiore individuo. » Per tal guisa giustamente l'artista è detto
poeta o creatore [1]

---

[1] E qui è d'uopo discernere attentamente il conoscere in
modo eterno dal conoscere *con atto eterno,* lo che è solo
di Dio, il quale anche dei reali contingenti ha cognizione
eterna per sè ed in sè, avendoli *ab eterno* conosciuti e, co-
noscendoli, creati. In Dio l'eternità è nel *soggetto,* nell'uomo

370. E questa facoltà dell'artista si rivela vieppiù splendidamente secondo quella potenza di sin-

l'eternità è nell'*oggetto*, in quanto questo è *considerato in estoso e senza tempo.*

Nè si obietti che non è possibile formarsi l'idea, poniamo, di un fiore, senza questi limiti di tempo e di spazio. Tale osservazione mostrerebbe una nozione erronea del tempo e dello spazio. Si noti bene in risposta, come nota e dimostra acutamente Rosmini, che la mente può pensare lo stesso tempo fuori del tempo e lo spazio fuori dello spazio. — Chi vuol saperne di più (non potendo noi protrarre la nostra analisi tant'oltre) ricorra a Rosmini, *Teosofia*, Vol. IV. pag. 496. — La stessa idea di tempo parte dall'infinito, dalla pensata possibilità della durata successiva di un'azione qualunque; come l'idea di spazio parte dalla possibilità di un esteso senza confini, dall'indeterminabile.

Altra obiezione più forte e che direttamente ci riguarda, si è che questa operazione ontologica nella genesi dell'ideale regge per tutti indistintamente nell'acquisto delle idee ed in particolare per il filosofo.

Non lo neghiamo. Ed è perciò che noi accettiamo la logica conseguenza di questo principio: che non vi può essere artista, il quale prima non sia filosofo. Astrarre dai reali la materia, per elevarsi solo alla forma e con questa fondare il tipo o l'esemplare, è una operazione che non può esser fatta se non dal filosofo. Qui però non vi ha ancora la caratteristica dell'artista; vi ha il vero ideale, ma non la manifestazione poetica di questo.

tesi ed analisi, che noi abbiamo ammirata in Manzoni per cui in un sol quadro le idee più generiche e complesse si associano alle singolari ed alle individuali figure, ed i sentimenti più discordanti armonizzano così da dare appieno il ritratto di questo *guazzabuglio che è il cuore dell'uomo.* (Manzoni).

Io già vi diedi esempio di ciò nel *Promessi Sposi;* e andrei all'infinito, se ancora da questo divino poema, dai drammi, dalle liriche, volessi raccoglierne altri esempi

371 Qual poeta mai seppe descrivere, come fece Manzoni, i discordanti sentimenti, la tema ed il desire, la gloria antica e la viltà presente del popolo latino?... Noi abbiamo già altrove citato il movimento incerto di questo popolo che:

> S'aduna voglioso, si sperde tremante,
> Per torti sentieri, con passo vagante,
> Fra tema e desire, s'avanza e rista,
> E adocchia e rimira scorata e confusa
> De' crudi signori la turba diffusa,
> Che fugge dai brandi, che sosta non ha.

372. E il santo patire di Ermengarda, coll'anima turbata da terrestri ardori, e il pio pensiero dell'offerta a Dio:

Ahi! nelle insonni tenebre,
Pei claustri solitari,
Tra il canto delle vergini,
Ai supplicati altari,
Sempre al pensier tornavano
Gli irrevocati dì,
   Quando ancor cura, improvvida
D'un avvenir mal fido,
Ebbra spirò le vivide
Aure del Franco lido,
E tra le nuore Saliche
Invidiata uscì

E la stupenda descrizione della caccia reale:

Quando da un poggio aereo
Il biondo crin gemmata
Vedea nel pian discorrere
La caccia affaccendata . . . .

E l'ansia amorosa alla vista del sovrano sposo
sotto le zanne dell'irto cinghiale:

La tenera
Alle donzelle il volto
Volgea repente, pallida
D'amabile terror . . . .

373. E qui, a rendere più evidente questo contrasto di sentimenti, tu vedi, innestato nell'ideale

una doppia similitudine, miracolo d'arte, che ti
rappresenta al vivo il perpetuarsi del martirio:

Come rugiada al cespite
Dell'erba inaridita,
Fresca negli arsi calami
Fa rifluir la vita,
Che verdi ancor risorgono
Nel temperato albor,

Tale al pensier, cui l'empia
Virtù d'amor fatica,
Discende il refrigerio
D'una parola amica,
E il cor diverte ai placidi
Gaudj d'un altro amor.

Ma come il sol che reduce
L'erta infocata ascende,
E con la vampa assidua
L'immobil aura incende,
Risorti appena i gracili
Steli riarde al suol.

Ratto così dal tenue
Obblio torna immortale
L'amor sopito, e l'anima
Impaurita assale,
E le sviate immagini
Richiama al noto duol.

Lo che mi ricorda la sublime similitudine di Dante:

> Quali fioretti dal notturno gelo
> Chinati e chiusi poi che il sol li imbianca
> Si drizzan tutti aperti in loro stelo,
> Tal mi fec'io di mia virtute stanco.
>
> (*Inf*, II)

371. Amerei qui descrivervi, o signori, il Coro del *Carmagnola;* in cui, fino dai primi versi

> S'ode a destra uno squillo di tromba,
> A sinistra risponde uno squillo,
> D'ambo i lati calpesto rimbomba
> Da cavalli e da fanti il terren,

voi vi trovate nel furore della mischia, e fra il cozzar delle spade, le grida di morte, lo sparpagliarsi de' fuggenti, il clamore delle turbe vittrici, gli inni di grazie che s'innalzano dai cuori omicidi; in questo tumulto, nella Battaglia di Maclodio, il *massimo disordine, che mai si possa immaginare nel regno della realtà e della storia,* se il cuore è violentemente commosso, l'intelletto vi si acqueta con indicibile compiacenza, nè sa concepire che un'idea, una parola, sia spostata dallo stupendo quadro *semplice ed uno* nella sua più complicata azione.

375. Se voi poi, con più acuta indagine, scendete nel profondo del cuore e considerate il movimento segreto delle umane fibre nell'estrema agitazione del dolore, quasi sprazzo di luce in mezzo a nubi tempestose, vi si presenta l'*ideale della natura* riflesso fedelmente nell'animo addolorato, come in uno specchio, con tale *successione logica* di immagini, che *ordine più mirando* non è concesso riconoscere altrove, se non nella mente creatrice.

376 « Addio, monti sorgenti dalle acque, ed elevati al cielo; cime inuguali, note a chi è cresciuto tra voi, e impresse nella sua mente, non meno che lo sia l'aspetto de' suoi più familiari, torrenti, de' quali distinguo lo scroscio, come il suono delle voci domestiche, ville sparse e biancheggianti sul pendio, come branchi di pecore pascenti Addio! Quanto è tristo il passo di chi, cresciuto tra voi, se ne allontana! » [1]

Così Lucia, nel fondo della barca, posando il braccio sulla sponda, e sul braccio la fronte, come per dormire, piangeva e meditava segretamente, staccandosi da' suoi monti, e dalla sua casa: « Addio. casa natia, dove sedendo, con un pensiero occulto, s'imparò a distinguere dal rumore de' passi

---

[1] *Promessi Sposi,* ediz. illust, pag. 163.

comuni il rumore d'un passo aspettato con un misterioso timore. Addio, casa ancora straniera, casa sogguardata tante volte alla sfuggita, passando, e non senza rossore, nella quale la mente si figurava un soggiorno tranquillo e perpetuo di sposa. Addio, chiesa, dove l'animo tornò tante volte sereno, cantando le lodi del Signore; dov'era promesso, preparato un rito; dove il sospiro segreto del cuore doveva essere solennemente benedetto, e l'amore venir comandato, e chiamarsi santo. Addio! Chi dava a voi tanta giocondità è per tutto; e non turba mai la gioia de' suoi figli, se non per prepararne loro una più certa e più grande » [1]

377. Benissimo! risponde taluno; ma è qui forse tutto l'uomo?.... Non si infosca e si ubbriaca forse nell'abbiezione dell'orgia, e nel delitto, e nella voluttà della vendetta lo spirito umano?.. E il sussulto di discordanti affetti: un cuore stanco, sdegnoso della vita, sepolto nella mestizia senza una stilla di refrigerio, un'indomabile lotta,

> Un'anarchia di cuori e d'intelletti,
> Dove il furor dei sensi agita il tirso
> Dei baccanali, [2]

---

[1] Id. eod.

[2] Versi di Alessandro Arnaboldi, Della sventura, pag. 87.

e il rimorso, non sono anche questi retaggio del-l'umanità ?...

Sì, lo sono; e tal fiata Renzo, don Rodrigo, Ger-trude, l'Innominato ce ne porgono esempio; sempre però con un ordine stupendo, nell'idealizzare queste intime battaglie del cuore umano, di guisa che, dalla *rivoluzione stessa delle passioni*, si solleva mollemente un tal profumo di armonia, che tutto occupa lo intelletto nell'abisso della tempesta, ca-stamente allettato alla felice scoperta dell'ordine, con cui l'arte maestra ritrae il tumulto, sia pure della più ferale disperazione.

378. Così al queto addio di Lucia opponiamo l'addio disperato di Marco senatore:

> Terra ov'io nacqui, addio per sempre. io spero
> Che ti morrò lontano, e pria che nulla
> Sappia di te lo spero in fra i perigli
> Certo per sua pietade il ciel m'invia
> Ma non morrò per te. Che tu sii grande
> E gloriosa, che m'importa ? Anch'io
> Due gran tesori avea, la mia virtude,
> Ed un amico, e tu m'hai tolto entrambi [1].

Non è imprecazione, non sarcasmo od ironia: ma amaro cordoglio pei delitti della patria

---

[1] Opere varie di Manzoni *Il Carmagnola*, ediz ill., pag 383.

Nè a torto: seguiamo a prova di ciò la lotta interna di Marco; e ci sarà facile misurare con attenta analisi psicologica il progressivo turbamento dell'animo fino all'estrema desolazione .

Con finissima arte, Marco era stato sorpreso ed obbligato dal senato a sottoscrivere il foglio, che invitava l'amico Carmagnola a Venezia. Si sveglia quasi da sogno; e riflettendo in sè lo sguardo, esclama

> Dunque e deciso'. un vil son io'. fui posto
> Al cimento, e che feci? . Io prima d'oggi
> Non conoscea me stesso'. Oh che segreto
> Oggi ho scoperto' Abbandonar nel laccio
> Un amico io potei' Vedergli al tergo
> L'assassino venir, veder lo stile
> Che su lui scende, e non gridar ti guarda'
> Io lo potea; l'ho fitto .. io più no! devo
> Salvar, chiamato ho in testimonio il cielo
> D'un'infame viltà . la sua sentenza
> Ho sottoscritta ... ho la mia parte anch'io
> Nel suo sangue' Oh che feci! [1]

Inorridito, domanda la ragione che il trasse a tanto tradimento, e si smarrisce in questa ricerca, e invano a Dio si volge:

[1] *Id. cod*, pag. 381.

> O Dio, che tutto scerni,
> Rivelami il mio cor; ch'io veda almeno
> In quale abisso son caduto, s'io
> Fui più stolto, o codardo o sventurato [1].

Gli sarebbe refrigerio il dubitare del ritorno dell'amico! Ma no: ei conosce la magnanimità del Carmagnola.... All'invito di Marco, questi scaccierà ogni dubbiezza, *rimorso avrà d'averla accolta* Dunque tutta è di Marco la colpa:

> Io son che il perdo! [2]

Qui un raggio di speranza pare alleviare per un istante lo spirito — il senato aveva parlato di clemenza Dolce pensiero, in cui è per trovar riposo l'animo affranto.... Ma è illusione.... è cruda pietà . è stilla di liquore che il carnefice offre al torturato perchè riacquisti meglio la coscienza dell'atroce tortura .

> Clemenza all'innocente!
> Oh! il vil son io che gli credetti, o volli
> Credergli, ei la nomò perchè comprese
> Che bastante a corrompermi non era
> Il rio timor che a goccia a goccia ei fea
> Scender sull'alma mia . vide che d'uopo
> M'era un nobil pretesto, e me lo diede.

---

[1] *Id. eod. eod.*

[2] *Id eod.,* pag. 382.

Gli astuti! i traditor' Come le parti
Distribuite hanno tra loi costoro!
Uno il sorriso, uno il pugnal, quest'altro
Le minacce.... e la mia? voller che fosse
Debolezza ed inganno.... ed io l'ho presa'
Io li spregiava; e son da men di loro'
Ei non gli sono amici' . [1]

Almeno trovasse il misero la ragione per con-
dannar sè stesso: è pure un conforto il riconoscersi reo, confessare il delitto, volerne l'espia-
zione.... Dov'è il delitto di Marco?.... Assottiglia egli
lo sguardo, e giù giù nella coscienza, alfin lo trova
nel sentimento stesso dell'amicizia:

Io non doveva
Essergli amico: io lo cercai, fui preso
Dall'alta indole sua, dal suo gran nome.
Perchè dapprima non pensai che incarco
E' l'amistà d'un uom che agli altri è sopra'
Perchè allor' correi solo io non lasciai
La sua splendida via, s'io non potea
Seguire i passi suoi? La man gli stesi;
Il cortese la strinse; ed or ch'ei dorme,
E il nemico gli è sopra, io la ritiro ·
Ei si desta, e mi cerca; io son fuggito!
Ei mi dispregia, e more' [2]

[1] Id. eod. eod.
[2] Id. eod. eod

A ciò succede una mortale desolazione, poi il penti-
mento ed il proposito di distruggere il male commesso:

Io non sostengo
Questo pensier.. Che feci!.... Ebben, che feci?
Nulla finora : ho sottoscritto un foglio,
E nulla più. Se fu delitto il giuro,
Non fia virtù l'infrangerlo? Non sono
Che all'orlo ancor del precipizio ; il vedo,
E ritrarmi poss'io.... Non posso un mezzo
Trovar? . . . . [1]

Ma un mezzo non si offre punto:

Ma s'io l'uccido? Oh! forse il disse
Per atterrirmi.... E se davvero il disse?
Oh empj, in quale abbominevol rete
Stretto m'avete! Un nobile consiglio
Per me non c'è ; qualunque io scelga, è colpa [2].

Qui la disperazione è al colmo:

Io li ringrazio ; ei m'hanno
Statuito un destino ; ei m'hanno spinto
Per una via ; vi corro . almen mi giova
Ch'io non la scelsi   io nulla scelgo ; e tutto
Ch'io faccio è forza e volontà d'altrui [3].

[1] *Id eod*, pag. 383
[2] *Id. eod eod*
[3] *Id eod eod*

E dopo ciò il disperato addio alla patria: *Terra
ove io nacqui, addio per sempre...*

Concludiamo: Che ci dice Manzoni Critico ed Artista? Ecco in breve la risposta data in questo discorso:

379. L'interessamento o al Bello ha la sua sede
nella verità, la quale, quando pure aderisca dapprima alla natura, per opera del genio creatore o
poeta, fatta immune da tempo e da spazio, rinnova,
per così dire, sè stessa, ritornando a quel tipo o
a quell'idea esemplare che era ed è nella mente
eterna. D'onde l'immortalità o l'elemento divino
nell'ideale concepito da' sommi artisti. Questo ideale
vieppiù aderisce alla perfezione quanto è più fecondo di virtù espansiva, in modo che (e qui è la
nota caratteristica dell'ideale Manzoniano) l'individuo e l'umanità, la specie e il genere, ed i più
disparati sentimenti ci si offrono in vario ed infinito orizzonte, alla vista della natura, allo spettacolo della storia, ai misteriosi segreti del cuore
umano; il tutto poi così armonicamente raggruppato
da offrire il molteplice, quale spontanea emanazione
di una sola idea dominante; donde l'unità della
varietà, lo splendor del Vero, l'Ordine, elemento
primo del Bello; per cui solo si divinizza l'opera
del poeta

. . . . Le cose tutte quante
Hanno ordine tra loro; e questa e *forma*
Che l'Universo a Dio fa somigliante.

(Par., C I)

Ma noi siamo quasi tentati prevenire di un passo il corso della nostra dimostrazione: perchè accenniamo già alla *espressione dell' ideale,* allo stile, mentre non ancora abbiamo considerata appieno la potenza inventrice del nostro poeta.

Idealizzare, per Manzoni, è *moralizzare* [1].

Al dissopra dello ideale molteplice ed uno di Manzoni, come sole che ravviva tutta la natura, vi ha un principio,

Ove si appunta ogni ubi ed ogni quando,

(Par, XXIX)

di cui s'informa ogni concetto, ogni frase, ogni parola: vi ha il buono, cui

---

[1] Un moderno (DE-CASTRO, *Del Bello*, lez. 6,ª pag 56), seguendo la teorica Platoniana, diceva non essere *il buono che il bello posto in azione;* e noi aggiungiamo che si potrebbe ancora rovesciare l'ordine dei due termini di confronto e dire non essere *il bello che il buono posto in azione* (l'artista pone in azione le sue idee sulla tela, sui marmi, sulla carta), perchè *il bello ed il buono* reciprocamente si convertono.

Questo spirito soave alto intelletto [1].

ritrasse dalla umana natura

> . . . . . . come studio in ape
> Di far lo miele.
>
> (*Purg*, XVIII).

Laonde il lettore, con questa divina scorta,

> Esuriendo sempre ciò che è giusto,
>
> (*Purg*, XXIV).

ritorna pasciuto di sante dottrine dalla lettura di
liriche, di romanzi, di drammi, di discorsi filosofici
e famigliari; o quando pure il suo passo discenda

> Giù per lo mondo senza fine amaro,
>
> (*Pur*, XVII)

egli non si dispera; ma con quell'*amor che drilla-
mente spira* (*Par.*, XV), vive con Manzoni nell'u-
manità avvenire

> Rifatta sì come pianta novella
> Rinovellata di novella fronda!
>
> (*Purg.*, XXIII)

---

[1] TORTI, *Sermone della Poesia*.

LETTURA DECIMATERZA

(Fatta nell' adunanza del 15 maggio 1873)

PROGRESSO LETTERARIO

(Continuazione)

III.

L'INTERESSANTE per mezzo.

380. Rapporto di questa Lettura coll'antecedente. — 381 Il *reale* per l'artista non è che un' *imperfetta copia d'una perfetta forma presa tenta* — 382. Questa perfetta forma è l'ordine, elemento essenziale del bello. — 383 La *matematica* perciò, massima forza ordinatrice, presta il suo tributo alla letteratura — 384. Sentenza contraria di Goethe e di Voltaire — 385 Ragione di questa sentenza — 386. Per quale rapporto le matematiche si dicono elemento del Bello *Dante geometra.* — 387. Dallo studio delle proporzioni si assorge *all'universa armonia.* — 388 Quest'armonia della natura è detta il *Buono* — 389. Questo buono è detto *Ordine Morale* rapporto ai costumi dell'uomo : è armonia in-

personaggi. — 409. Carattere morale dominante nel *Pro-mersi Sposi* — 110. Giustificazione di questo — 411. Fonte dondo deriva. — 412. Rapporto di questo carattere morale coll'azione del *Promessi Sposi*, che non potrebbe immaginarsi più semplice e piana. — 413 Considerazione del principio morale ne' singoli personaggi. — 414. La legge morale considerata in *Don Abbondio* ed in *Lucia* — 415. Il *Don Abbondio*, e la scelta della sua carriera. — 416. Don Abbondio bisbetico e intollerante — 417. Falsa coscienza di Don Abbondio. — 418. Mancanza di dignità morale o di carattere. — 419. In che consista questo carattere — 120 La paura è il primo ostacolo alla formazione di un carattere — 421. Don Abbondio avanti al Cardinale. — 422 La viltà si associa sempre all'orgoglio ed alla prepotenza. — 423. La dignità cristiana e l'umiltà splendido esempio di Federico in confronto a Don Abbondio. — 424. Influenza delle parole e degli atti di Federico sopra l'Innominato; — 125. sopra la Monaca di Monza. — 426. Nessuna efficacia sopra Don Abbondio — 127. I caratteri pari a quelli di Don Abbondio non ponno essere vinti altrimenti che col ridicolo: ragione altamente morale in Manzoni nel presentarci la stupenda caricatura del Don Abbondio. — 428. Per questo rispetto considerato, il Don Abbondio è il più perfetto tipo che mai siasi immaginato in ogni letteratura.

380. Donde abbia origine e in che consista l'*interessante* o il *Bello*, e come singolarmente si manifesti in Manzoni, fu argomento dell'antecedente

Lettura, la quale conchiudevasi con questa frase: *idealizzare per Manzoni è moralizzare:* di che siamo obbligati darne la prova.

Bello è soltanto il vero ideale: la realtà nell'istante di sua perfezione.

Nella natura la materia organizzata è soggetta inevitabilmente a dissoluzione. gli animali, le piante, le meraviglie stesse geologiche, non appajono che un solo istante, dice Schelling [1], nella loro vera bellezza e perfezione *in quest'istante sono conformi all'idea.* L'artista coglie appunto quest'istante, come il fotografo, e ne foggia l'ideale.

381. Da ciò procede che *il reale per l'artista non è che un'imperfetta copia di una perfetta forma preesistente:* scoverta questa dal genio, il quale perciò non tanto imita quanto *rivalizza* colla natura stessa, trova ed esprime il concetto eterno che ha origine e sede nell'intelligenza infinita, *legge una ed universale.*

382. Così considerato l'ideale, discende logica la conseguenza, che la natura tutta si rappresenti come un *sistema di forze organicamente attive.*

383. Secondo questo disegno sistematico della

---

[1] SCHELLING. *Von der Weltseele* — System des transcendentalen Idealismus — Vorlesungen uber die Methode.

natura, che si riflette nello spirito dell'uomo, l'*ordine* sarebbe l'elemento essenziale dell'idealità e del Bello; e trovo perciò spontanea l'idea, credo di Novalis, che la matematica, *massima forza ordinatrice*, sia elemento essenziale del Bello. Anche Schelling dice, la più grande geometria essere innata negli astri ed anche negli astri o in cielo attingere la sua inspirazione il poeta

384 Eppure Goethe, come ci narra Willm, lamentava la coltura dello spirito assai imperfetta e limitata de' matematici, ed era solito ricordare il motto di Voltaire: *J'ai toujors remarqué que la géométrie laisse l'esprit où elle le trouve* [1].

385 E come ciò? .

Il matematico, almeno io credo, di solito si arresta avanti allo studio delle quantità e delle proporzioni; quindi corre pericolo di riescire arido nelle sue speculazioni. Ma date al matematico un'anima gentile, come quella di Pascal, un ingegno smisurato, come quello di Leibnitz, uno squisito

___

[1] Egli è impossibile, diceva Goethe, vivere in pace con un filologo, e con un geometra, il mestiere del primo è di correggere, quello del secondo di definire. Per onorare, per amare anche, la scienza matematica, bisogna vederla applicata al servizio dell'astronomia; là è il suo posto.

senso della natura, come in Mascheroni, ed avrete
il moralista e lo scienziato, il poeta colla maggiore ampiezza e venustà di forma.

386. Nella geometria e nelle matematiche abbiamo
la proporzione delle parti. Questa istintivamente
deve guidare l'artista; imperocchè non è possibile
armonizzare il tutto, se prima non si ha il concetto quantitativo delle parti Dante fu distinto
geometra prima di essere poeta; nel fondo della
Divina Commedia vi ha un trattato di geodesia.

387. Dallo studio delle proporzioni si assorge ad
un'idea più generale, all'universa armonia; onde,
per questo rapporto, disse bene Conti, essere oggetto dell'arte bella « un *ordine di perfezione*
ideato, immaginato ed espresso con segni sensibili »[1].

388. E questa perfezione, e questo ordine, fin
dal primo libro che ci è conservato, si volle significare con una parola *il Buono*. Nella Genesi replicatamente, dopo la creazione della terra, de'
mari, de' vegetabili e degli animali, lo storico divino conchiude: *Et vidit Deus quod esset bonum*[2].

389. Questo Buono adunque è l'ordine, il quale,

---

[1] *Il Bello nel Vero,* libri quattro di Augusto Conti, Le-Monnier, Firenze 1872, Vol. I, pag. 170.

[2] *Genesi,* cap. I, vers. 10, 12, 18, 21 e 25

considerato rispetto all'uomo, siccome governa i
suoi costumi, è detto *Ordine morale:* l'armonia
interna dell'animo conciliata coll'armonia del *mondo
esteriore* [1].

390. Quest'ordine morale virtualmente abbraccia
l'essere in tutte le sue forme: donde la regola suprema *bonum et esse in se convertuntur.*

391. Come riesce difficile scoprire le leggi del
mondo, nel riflesso che si ha di questo ordine nelle
cose create; così riesce difficile assai distinguere
bene ed esprimere esattamente l'ordine morale, il
cui esemplare è in Dio, e di cui l'immagine è nel-
l'uomo.

392. Manzoni, per questo rapporto, e perfetto
artista. Egli, con sottile indagine, distingue ed ana-
lizza i fatti anche meno apprezzati che si incontrano nel cammino della vita, che si intrecciano
e si confondono nel moto uniforme e costante del-
l'umanità alla sua meta; da questi fatti, con prepotente riflessione, assorge alla causa che li produce, la quale necessariamente armonizza coll'ordine
dell'Universo, questo ordine alla sua volta, in una

---

[1] « La poesia è l'armonia del mondo interiore coll'e-
sterno. » TOMMASEO *Filosofia dell'arte,* studj filosofici,
Vol. II, Venezia 1840, pag. 255.

seconda fattura dovuta alla attività inventiva del
poeta si concretizza; ed abbiamo così dominante
nel poema l'*ordine* morale, come irradiazione del-
l'ordine universale, elemento primo del Bello [1]

Per Manzoni dunque *idealizzare è moralizzare*
E ciò è quanto merita a Manzoni il plauso intellettuale fino all'*entusiasmo*, che è il principale effetto del Bello, secondo Rosmini [2].

Il plauso, se si solleva ogni volta in cui s'incontra
la congiunzione *del più nell'una* [3], e quindi in
ogni specie di *cosa ordinata;* si fa sentire ancora
con maggior forza, si che avvolge e domina tutta
l'anima (entusiasmo), ogniqualvolta si avvicini allo
splendore della perfezione, all'Ente assoluto, alla
manifestazione del Bello, alla contemplazione della
essenza di Dio, nella sua legge rivelata all'uomo.

393. La quale legge: 1.º in quanto rappresenta
il concetto *semplice* ed *uno* in un principio supremo: *rispetta l'essere*, 2.º in quanto abbraccia la
maggior copia di idee nell'immensa varietà degli
atti umani [4], 3.º in quanto racchiude l'*antinomia* e

---

[1] ROSMINI, nel *Saggio sull'idillio e sulla nuova letteratura*, definiva la Bellezza « L'ordine della verità » distinto
ancora dal concetto di armonia *Teosofia*, § 1068.

[2] *Teosofia*, § 1064 e seg.

[3] ROSMINI, loc. cit., § 1078 e 1137.

[4] *Id. eod*, § 1103.

ad un tempo la *conciliazione* [1]; è fonte massima
e inesauribile per formare il pieno ideale dell'uomo:
quell'uomo *divino*, che, dice Kant [2], è *virtualmente
in noi*, e che noi dobbiamo cercar di realizzare il
più possibile, elevando la nostra volontà a legge
universale di natura, che è quanto dire *universalizzare noi stessi* [3]

[1] *Id. eod.*, § 1007.

[2] *Kritik der reinen Vernunf.*

[3] « Agisci soltanto secondo una massima, per la quale tu
possa volere, che divenga essa anche legge generale. oppure
Agisci così che la norma della tua azione possa per tuo
volere elevarsi a legge universale di natura » *Handle nur
nach derjenigen Maxime, durch die du zugleich wollen
kannst, dass sie ein allgemeines Gesetz werde. — Handle
so, als ob die Maxime deiner Handlung durch deinen
Willen zum allgemeinen Naturgesetz werden sollte.* Kant.
op. cit., pag. 355

Oppure. Agisci in maniera da non impiegare mai l'umanità, sia nella tua persona, sia in quella d'altri, come semplice mezzo; ma di rispettarla sempre come fine a se stessa

Questo imperativo morale è fondamento alla personalità
giuridica, come fondamento d'ogni legge è la volontà. L'idea
di tutte le volontà degli esseri ragionevoli è a ritenersi
come volontà universalmente legislatrice. *Die Idee des Willens jedes vernunftigen Wesens als eines allgemeingesetz-
gebenden Willens.* Kant. op. cit., pag. 60

394 Come già nell'antecedente Lettura, colla scorta di Omero, ci siamo incamminati allo studio dell'ideale psicologico dell'uomo, quale si trova in Manzoni; così ora, colla guida di Dante, ci facciamo innanzi a considerare l'ideale morale, che dall'ordine mondiale, si riflette sulla legge che governa gli atti umani.

395 La *legge morale è una derivazione dell'ordine universale*. Quest'ordine noi lo troviamo racchiuso e inizialmente esplicato con tutti i germi tipici dell'estetica moderna, come dice Gioberti, nel Poema, in cui *han posto mano e cielo e terra*, in cui la immensità del concetto spontaneamente dà luogo ad ogni foggia di stile: comico, tragico, satirico', quando sublime ed aulico, quando semplice e volgare.

Dalla *verità in universale*, contemplata dal sommo genio italiano, procureremo astrarre soltanto l'*ideale cosmico;* e da questo assorgere all'ideale morale: dalla natura sensibile al soprasensibile [1].

---

[1] Certo che nessuno, meglio dell'Alighieri, seppe poeticamente descrivere gli effetti sensibili della natura divina: giustizia e misericordia; e indagarne le cause, descrivere minutamente i moti incostanti delle umane passioni; ma qui noi prendiamo ad esame soltanto quella descrizione dei fenomeni naturali, che può condurci alla descrizione de' fenomeni morali.

Nè vogliamo noi presentare la Natura, quale, a primo aspetto, si offre al nostro Poeta, come, a mo' d'esempio, il .comparire dell'Aurora [1], il Mattino [2], la Sera [3], o l'ultima ora di notte [4]. Queste ed altrettali descrizioni del reale immune dallo spazio e dal tempo senza perdere la sua essenza, riconoscono altri maestri, e sopra tutti Virgilio.

396. Ciò che è vero miracolo di arte in Dante, si è la formazione dell'ideale, *quando sembra impossibile sottrarsi dalla realtà*, per ciò che questa realtà deve servirgli di paragone onde spiegare un fatto, un sentimento, una dottrina.

Spieghiamo questa nostra idea con un esempio:

Dante vuol descrivere il tramonto. Ebbene, egli deriva il concetto dalle impressioni che prova l'uomo al farsi della sera:

> Era già l'ora che volge il desìo
> Ai naviganti e intenerisce il core,
> Lo dì ch'han detto a' dolci amici addio,
> E che lo novo pellegrin d'amore
> Punge, se ode squilla di lontano,
> Che paia il giorno pianger che si muore
>
> (*Purg.*, VIII).

---

[1] *Purg.*, VIII, 13
[2] *Inf.*, I, 13.
[3] *Purg.*, VIII, 6
[4] *Purg.*, XIX.

397. Ma quando Dante voglia presentare al vivo l'idea di un fatto, colla similitudine di altro fatto naturale, bisogna pure che si attenga strettamente alla realtà. Così, dovendo descrivere il raccoglіersi delle anime nella barca di Caron dimonio, ricorre al tramonto della stagione estiva:

> Come d'autunno si levan le foglie
>> L'una appresso dell'altra, in fin che 'l ramo
>> Rende alla terra tutte le sue spoglie,
>>>> (*Inf*, III)

Come mai, ora domandiamo, in questo caso speciale, in cui il poeta è necessariamente servo della realtà, può egli idealizzare il fatto, eternarlo, sciogliendolo dai vincoli di spazio e di tempo?

398. Il come, se ben avvisi alla difficile impresa, tu lo riconosci vario ed indeterminato. Quando consiste nello scernere il fenomeno *prominente;* il quale, mentre stabilisce la legge dell'oggetto che si vuol descrivere, rileva ancora una legge universale. Così nell'autunno il cader delle foglie, che ritornano alla gran madre antica, e servono di alimento ad altri alberi, rivela l'eterno mutamento della materia in cui si perde l'umana immaginazione.... Altra volta invece, con più ardito volo, un fatto materiale si confonde con un umano sentimento di sua natura infinito:

> Come lo stizzo verde ch'arso sia
>
> Dall'un de' capi, che d'all'altro geme
>
> E cigola per vento che va via.
>
> (Inf. XIII)

Altra volta, per indicare gli arcani moti dello spirito o i più gentili affetti, *spiritualizza* gli istinti
animali. Così gli infelici amanti vengono a lui:

> Quali colombe dal desio chiamate,
>
> Con l'ali aperte e fermo al dolce nido,
>
> Volan per l'aere dal voler portate.
>
> (Inf. V)

E l'ansia soavissima delle anime celesti appare

> Qual lodoletta in aere che si spazia
>
> Prima cantando e poi tace contenta,
>
> Dell'ultima dolcezza che la sazia.
>
> (Par., XX)

E la trepidanza è rappresentata dal

> . . . . cicogna che leva l'ala
>
> Per voglia di volare e non s'attenta
>
> D'abbandonar lo nido, e giù la cala
>
> (Purg. XXV)

Altre volte invece, non che spiritualizzare gli
istinti delle bestie, coglie il Poeta la sua idea ti-

pica dai fatti di maggior risalto nelle loro *sensibili espressioni*. Così egli esprime il soccorrer presto colle mani a spegnere i caldi vapori con questo fatto:

> Non altrimenti fan d estate i cani
>> Or col ceffo, or col piè quando son morsi
>> O da pulci, o da mosche, o da tafani.
>>> (*Inf*, XVII)

E la paura si presenta,

> Quale colui che è sì presso al riprezzo
>> Della quartana, che ha già l'unghie smorte,
>> E triema tutto pur guardando il rezzo.
>>> (*Inf*, XVII).

Altre volte invece un prominente sentimento si identifica con un fatto.

Così ad indicare la tenerezza del suo duca, ei ricorre all'esempio della madre:

> Lo duca mio di subito mi prese,
>> Come la madre che al rumore è desta,
>> E vede presso a sè le fiamme accese;
>> Che prende il figlio, e fugge, e non s'arresta.
>> Avendo più di lui che di sè cura,
>> Tanto che solo una camicia resta
>>> (*Inf*, XXII)

E avanti a Beatrice egli è fatto piccin piccino,

Quali i fanciulli vergognando muti,
  Cogli occhi a terra stannosi ascoltando,
  E sè riconoscendo e ripentuti.

(Purg, XXXI).

E noi andremmo all'infinito, se volessimo ancora
da' fatti storici, come sarebbe la pioggia di fuoco
che tormentava Alessandro [1], il toro di Dionisio
o dalla favola, come sarebbe di Giunone, che manda
le Furie in Tebe [3], o del rapito Achille [4]; o dai
fatti di attualità, come nella quinta bolgia piena
di pece rappresentato l'affacendarsi nell' arsenale
de' Veneneziani [5], volessimo considerare il vario
modo, onde Dante sapeva elevare la realtà ad
ideale.

399. Quanto abbiamo esposto però è argomento
bastevole per dimostrare il profondo studio che
deve sostenere il poeta là dove appare di prima
intuizione il suo concetto Ciò che da *mente su-*

---

[1] I Violenti tormentati dalla pioggia di fuoco. *Inf.*, XIV.

[2] La fiamma, dentro cui parla Guido di Montofeltro
Inf.. XXVIII.

[3] *Inf.*, XXX.

[4] *Purg.*, IX

[5] *Inf.*, XXI

*perficiale può giudicarsi realismo o naturalismo
cioè semplice ritratto della natura, è l'idealismo
spinto al massimo grado di potenza; e una seconda digestione del concetto, come avviene dei
ruminanti.* Si idealizza un concetto; poi, per ren-
derlo più evidente, lo si incarna in un fatto; e di
questo fatto è data solo la legge suprema che lo
governa.

Notiamo questo studio in Manzoni

100. Egli, dovendo dare il concetto del secolo XVII,
si forma dapprima l'ideale o l'idea tipica della letteratura; poi questa idea la realizza in una scrittura, dove, con una grandine di concettini e di
figure, si accozzano con un'abilità mirabile le qualità più opposte, e si trova la maniera di riuscire
rozzo insieme ed affettato nell'istessa pagina, nel-
l'istesso periodo, nell'istesso vocabolo [1]. Più avanti
è una sola parola che ci dà il gusto letterario del
secolo XVII. — *Carneade?! Chi era costui!?* [2]

Questo sistema in Manzoni è seguito per tutto
il romanzo, specialmente nella parte più intima,
nella descrizione morale dell'uomo

101. Io non vo' asserire che nel nostro sommo

---

[1] *Promessi Sposi*, Introduzione.

[2] *Promessi Sposi*, cap. VIII in princ., pag. 139.

artista vi fosse il determinato proposito di seguire, nella elaborazione del suo poema, quel faticoso lavoro che abbiamo avvertito in Dante nella descrizione della natura, immagine dei fenomeni morali della vita Amo invece credere che in Manzoni fosse una felice illusione quella che lo confortava nella fattura del suo ideale.

Già sopra si disse: come la scuola romantica, per amore alla verità compresa secondo le attuali esigenze, corresse pericolo di cadere nel realismo,

402. Manzoni, aderendo tenacemente a questa scuola, come nella lingua e nello stile amava anzitutto buttar fuori fedelmente le proprie impressioni [1]; così nella ricerca delle idee amava esprimere la realtà, il fatto, la natura, quale si manifesta a prima vista.

Ma, avanti porlo sulla carta questo fatto, doveva esso passare per l'anima di un artista. Il genio quindi di Manzoni, mentre afferrava con avidità il reale; una volta che l'aveva fatto suo, toglieva dal seno di questo, come abbiamo veduto in Dante, la legge o la ragione della realtà stessa; e siccome nell'uomo la legge dominante è necessariamente

---

[1] Ciò vi spieghi i molti lombardismi nella prima edizione del *Promessi Sposi*.

un principio morale, così l'animo di Manzoni, già inclinevole per natura ed educazione al riconoscimento della legge morale, presentava innanzi questa legge in modo concreto; rifacendo, per così dire, l'opera della natura secondo l'ideale eterno; e col rifare, perveniva il Poeta *a realizzare* l'idealizzazione stessa. Lo che si nota nei più minuti particolari del romanzo.

403. Si tratta, a mo' d'esempio, di rovinose istituzioni, di errori e di pregiudizi sociali, tratti fuori da storie, da cronache, dalla tradizione e presentate in un quadro; ebbene, quest'operazione, che è già per sè, a chi ben la consideri, una *idealizzazione di fatti,* altri, come Victor Hugo, l'avrebbe inclusa ne' suoi *Miserabili* sotto forma razionale; Manzoni invece, presupponendo in sua testa il ragionamento del filosofo, nel romanzo ordinariamente è solo poeta. Così il primo incontro dei bravi col curato, e le poche parole di questi ti dicono come allora si reggesse il mondo, meglio di qualunque dimostrazione storica o filosofica [1].

404. Ed è mirando il modo sentenzioso e conciso, con cui si abbraccia il molteplice in questa tipica riproduzione del reale. — Così tutto quel guazza-

---

[1] *Promessi Sposi,* ediz. illust., pag. 19.

buglio di storia, di opinioni, di scienza e di morale,
che vi ha nel pranzo di Don Rodrigo, si raccoglie
in due parole, che si udivano più sonore e più fre-
quenti; *ambrosia e impiccarli* [1].

405. E quando si voglia averne una piena idea
del morale di Don Rodrigo, non si ha che fermar
l'attenzione al dialogo col padre Cristoforo, all'*innocente* sospetto: « non capisco altro se non che
vi deve essere qualche fanciulla che le preme molto » [2]; ed alla cortese proposta, che rompe il co-
perchio· « Venga la ragazza a mettersi sotto la
mia protezione » [3].

406 Don Attilio poi lo si vede come in lucido
specchio, quando, contraffacendo il frate, parlando
col naso, e accompagnando le parole con gesti ca-
ricati, continua in tono di predica: « In una parte
di questo mondo, che per degni rispetti non nomino,
viveva, uditori carissimi, e vive tuttora un cavaliere scapestrato, amico più delle femmine che degli
uomini » [4]....

407. E il carattere del padre di Ludovico, il quale

---

[1] *Id. eod*. pag. 100
[2] *Id. eod*. pag 103.
[3] *Id. eod*. pag. 104.
[4] *Id. cod*. pag. 128.

« nel suo nuovo ozio, cominciava a entrargli in corpo una gran vergogna di tutto quel tempo che aveva speso a far qualche cosa in questo mondo » come spicca vivamente al grave scandalo che si suscita per una semplice frase « e io fo l'orecchio del mercante » [1] sfuggita dalla bocca del più onesto mangiatore del mondo !

Qui sono io obbligato a chiudere il *Promessi Sposi*; perchè andrei all'infinito se avessi a notare tutti i *tratti caratteristici,* che sono in Manzoni effetto dello studio il più profondo · *realizzazione inventiva della idealità,* od *un principio morale sensibilmente rappresentato.*

408. Dobbiamo invece accennare più da vicino e direttamente al principio morale dominante in tutto il poema.

409. Il principio morale è nella conclusione del libro, e si risolve nella *fiducia in Dio* [2].

401. Come giustificarsi questa conclusione?...

Il male è inevitabile quaggiù. che ci resta a fare ?

---

[1] *Id eod.,* pag 68

[2] Vedi *Promessi Sposi* in fine.

Noi di questa sublime sentenza, che per Settembrini forma la speciale accusa contro Manzoni, ne abbiamo già dimostrata la essenziale verità e l'intima virtù, provando, quando

O gustare della vendetta, ed allora ad un male altro se ne aggiunge: all'insulto tien dietro l'omicidio, come avviene di Ludovico. — O fuggire dalla società; ma ciò non ci scampa dalla corruzione, la quale molte volte sorge da noi stessi, e il piccolo mondo del resto vi ha anche in un monastero, come ebbe a provare la povera Gertrude. — O rimanere fermi al proprio posto difendendoci con armi lecite, come tentava il povero Renzo. Ottima cosa, ma se l'avversario è *prepotente*, non ci resta che subire una seconda sconfitta. Che fare adunque? *Vince in bono malum*, come fece Lucia, ideale perciò più squisito della moralità.

È però impossibile inspirarsi al bene di fronte alla potenza del male, se l'animo presto non si sollevi a Colui che è compimento d'ogni giustizia « la fiducia in Dio raddolcisce i guai di questa vita e li rende utili per una vita migliore [1].

si tratto del *Progresso Morale e Civile*: come questa fiducia nella Divinità sia la sola che possa condurre a perfezionamento l'uomo, e che possa guadagnare alla patria libertà, indipendenza e splendore. — Ci guarderemo quindi dal ripetere alcuna parola sul valore del principio stesso, ed altro qui non faremo, se non considerarlo nella sua applicazione.

[1] Questi principi, conclusione del poema di Manzoni, se nel Cristianesimo trovano la loro più esplicita dichiarazione,

111. « Questa conclusione, benchè trovata da povera gente, ci è parsa così giusta, che, dice Manzoni, abbiam pensato di metterla qui come il sugo
di tutta la storia » [1].

non erano certo estranei al mondo pagano, in cui sapiente
era riconosciuto colui soltanto, che poneva la sua *fiducia
negli Dei,* ai quali ogni cosa doveva riferirsi, e dai quali
si doveva attendere il complemento d'ogni giustizia; onde
il padre de' filosofi antichi, nel Fedone, « recte apparet di-
ctum, diceva, *Deos quidem curam habere nostri, nos vero
homines unam quamdam ex possessionibus esse Deorum.*
(*Omnia divini Platonis opera.* Translatione Marsilli Figini.
Ediz Basilea 1539, pag. 493). E più avanti, nell'istesso dialogo intorno all'anima » *Quicumque non expiatus nec
initiatus migrabit ad inferos, cum jacere in luto: quicumque vero purgatus adque initiatus illuc accesserit,
cum diis habitare.* » (*Id. cod,* pag. 497).

[1] La legge morale, nel travolgimento delle umane agitazioni, è sventuratamente sagrificata ad altre esigenze, che
si giudicano di ordine superiore; onde, rivolgendo in altro
senso la sentenza di Mirabeau: *la petite morale tue la grande,*
potremmo dire: la morale grande ammazza la piccola: In tal
caso però, come nota acutamente Manzoni, ogni morale verrebbe a cessare, e non vi sarebbe altro che la preminenza
delle convenienze sociali, le quali assumono il nome di
grande morale, perchè, in un colla politica, reggono, o al-

E l'attingere il principio morale da povera gente
anziché dai grandi, dalla famiglia meglio che dalla
società, dal tugurio e non dalla corte, doveva
essere un'impresa naturale nel campione della
Nuova Scuola, e deve spiegarci anche la semplice orditura del poema: la è una fiaba da vecchierella.

meno hanno la pretesa di reggere gli Stati Che poi si
chiami morale anche la politica, non è a far le meraviglie;
perchè gli uomini sono così fatti che, anche quando vogliono
seguire l'utile col sacrificio del giusto, amano ritenere
almeno l'apparenza della moralità.

E come, o donde la corruzione sociale?...

« Non già, ci risponde lo storico o filosofo, che mancas-
sero leggi o pene contro le violenze private le leggi anzi
diluviavano, i delitti erano enumerati e particolareggiati
con minuta prolissità; le pene pazzamente esorbitanti, e se
non basta, aumentabili quasi per ogni caso ad arbitrio del
legislatore stesso o di cento esecutori, le procedure studiate
soltanto a liberare il giudice da ogni cosa, che potesse
essergli d'impedimento a proferire una condanna . . . . Con
tutto ciò, anzi in gran parte a ragione di ciò, quelle gride,
ripubblicate e rinforzate di governo in governo, non servivano ad altro che ad attestare ampollosamente l'impotenza
de' loro autori, o, se producevan qualche effetto immediato,
era principalmente d'aggiungere molte vessazioni a quelle
che i pacifici e i deboli soffrivan da' perturbatori, e d'ac-

412 L'azione comincia sul tramonto del 7 ottobre 1628, in un paesuccio del Ducato' di Milano, soggetto al dominio spagnuolo.

Renzo Tramaglino e Lucia Mondella sono due giovani contadini che si voglion bene e devono maritarsi Il curato si oppone al matrimonio per paura di un prepotente, la mamma della sposa, co' suoi consigli, accresce l'imbroglio; ed un buon frate, dopo vani tentativi per vincere il prepotente giunge appena a salvare i due perseguitati; i quali

crescer le violenze e l'astuzia di questi. L'impunità era organizzata, e aveva radici che le gride non toccavano, o non potevano smuovere. Tali eran gli asili, tali i privilegi d'alcune classi, in parte riconosciuti dalla forza legale, in parte tollerati con astioso silenzio, o impugnati con vane proteste, ma sostenuti in fatto e difesi da quelle classi con attività di interesse e con gelosia di puntiglio. » (*Promessi Sposi*, pag. 21).

In questa sintesi meravigliosa dello stato sociale abbiamo il germe di tutti i disordini, le violenze, i delitti narrati nel *Promessi Sposi* Gli uomini, per sè buoni, *ad diligendos homines nati*, si corrompevano per la società, e nella società Questa, colla sua violenza, co' suoi pregiudizj, giustifica la' violenza privata, e da origine ai bravi, ai don Rodrigo, agli Innominati, al padre di Gertrude non solo, ma anche a Don Abbondio . .

passando da Monza a Milano, da Milano a Bergamo, e dopo molte difficoltà, donde l'incontro con la Signora di Monza, con l'Innominato, con l'arcivescovo Federico, ed in mezzo alla carestia ed agli orrori della guerra e della peste: finalmente dalli e ridalli, sono marito e moglie.

413. Esposto il carattere morale di tutto il *Promessi Sposi*, ci affrettiamo ora ad accennare alcune individualità, e scegliamo di preferenza Don Abbondio e Lucia [1], perchè ci rappresentano i due tipi contrarj. L'ideale di questi ci sarà occasione a conoscere alcuni tratti caratteristici di altri personaggi: Federico, l'Innominato, Renzo ed Agnese, Geltrude, Donna Prassede, e via.

414. Le conseguenze di questo raffronto, di Lucia con Don Abbondio, potrebbero a taluno dispiacere. Ma di chi la colpa?.. Se talvolta la morale cristiana si trova *essenzialmente* nelle anime le più semplici, perdute nella folla del popolo, meglio che in persone rivestite di dignità, le quali si incamminarono per una via di esempj e di speciali conforti, non che averne a male, badino a loro stessi coloro che si credono offesi, badino ai motivi per cui Don Abbondio fu fatto prete, vi si mantenne, e morì.

---

[1] Fra Don Abbondio e Lucia vi porremo Napoleone

persuaso il pover' uomo d'aver fatto proprio il suo dovere [1].

415. Don Abbondio, non nobile, non ricco, coraggioso ancor meno, il quale si era accorto di essere in

---

[1] Le prime parole, che si riferiscono 'alla vocazione di Don Abbondio, corrispondono alle testimonianze, che il dottor Gall, nella sua *Fisiologia* (tom. 4, pag. 172), offre in genere riguardo ai giovani iniziati alla carriera ecclesiastica Ricorda egli, il sommo fisiologo, che, giovinetto ancora, nei banchi di scuola, vi riconosceva, fra' suoi condiscepoli, quelli destinati allo stato ecclesiastico: gente studiosa, pia, onesta, scrupolosa; e confusi con questi vi riconosceva dei cattivi soggetti, indolenti e senza ingegno, i quali non avevano altra intenzione, che di *essere nutriti a spese de' loro concittadini*. Ecco la viltà, vizio connaturale in chi s'avvia al sacerdozio con mire d'interesse. E questo vizio, non v'ha prete di buona fede che non l'abbia veduto schifosamente far mostra di sè ne' seminarj, e non v'ha buon prete che non abbia perciò applaudito a Manzoni.

Fisiologicamente, che è quanto dire naturalmente parlando, nel clero vi saranno sempre, con vario grado di distinzione, due classi speciali· l'una di giovani generosi, che si sono consacrati all'amore di Dio e del prossimo; altra di giovani vili, che hanno pensato soltanto all'amore di sè. Se, per prevenire possibilmente l'entrata di questa brutta razza di gente nel santuario, fu scritto il Don Abbondio, santissima fu l'impresa di Manzoni.

quella società come un vaso di terra cotta, costretto
a viaggiare in compagnia di molti vasi di ferro.... si
era messo in una classe riverita e forte.... Ma una
classe qualunque non protegge un individuo, non
lo assicura, che fino a un certo segno; nessuno lo
dispensa dal farsi un suo sistema particolare. Don
Abbondio, assorbito continuamente nei pensieri
della propria quiete, poneva il suo sistema principalmente nello *scansare tutti i contrasti,* e nel
cedere in quelli che non poteva scansare. Neutra-
lità disarmata in tutte le guerre che scoppiavano
intorno a lui [1].

116. Forse taluno avrebbe per ciò fatto di Don
Abbondio un uomo pacifico, dolce di carattere e
tollerante. Ma Manzoni sottilmente avvisa, che la
violenza subita sotto la paura, non fa che accre-
scerne il fiele · e all'opportunità si dà sfogo al male
umore lungamente represso, con rigida censura
delle azioni altrui, quando però la censura possa
esercitarsi senza alcuno, anche lontano, pericolo.
« A chi, messosi a sostenere le sue ragioni contro
un potente rimaneva col capo rotto, Don Abbondio
sapeva trovar sempre qualche torto: cosa non difficile, perchè la ragione e il torto non si dividon

---

[1] *Promessi Sposi,* pag. 23.

mai con un taglio così netto, che ogni parte abbia soltanto dell'uno o dell'altro. Soprattutto poi declamava contro que' suoi confratelli, che, a loro rischio, prendevan le parti di un debole oppresso contro un soverchiatore potente. Questo chiamava un comprarsi gli impicci a contanti, un voler raddrizzare le gambe ai cani; diceva anche severamente, che era un mischiarsi nelle cose mondane, a danno della dignità del sacro ministero » [1].

417. Formatasi così una *falsa coscienza,* egli è naturale, che, non tanto contro Don Rodrigo, quanto contro Lucia e Renzo si mostrasse egli instizzito. « Ragazzacci, che per non sapere che fare s'innamorano, voglion maritarsi, e non pensano ad altro; non si fanno carico de' travagli in che mettono un povero galantuomo.... Oh povero me! Vedete se quelle due figuraccie dovevan proprio piantarsi sulla mia strada e prendersela con me! Che c'entro io? Son io che voglio maritarmi? Perchè non sono andati piuttosto a parlare...., Oh vedete un poco: gran destino è il mio, che le cose a proposito mi vengon sempre in mente un momento dopo l'occasione. Se avessi pensato di suggerir loro che andassero a portar la loro ambasciata.... » [2]. Ma a

---

[1] *Id. eod ,* pag. 25.

[2] *Id. eod. eod.*

questo punto gli si risveglia il senso morale, il quale in fondo in fondo trova il suo posticino anche in Don Abbondio; s'accorge egli che il pentirsi di non essere stato consigliere e cooperatore dell'iniquità è cosa troppo iniqua; e volge tutta la sua stizza contro Don Rodrigo, dandogli, in cuor suo, tutti que' titoli, che non aveva mai udito applicargli da altri senza interrompere di fretta con un oibò! [1].

Questa pittura di Don Abbondio, *ut pictura pöésis* ci porge l'immagine di una morale sterile; perchè accantucciata in un animo pusillo, che non ha dignità, non ha *carattere*.

Sono ancora fra noi i Don Abbondi? O in altre parole, è egli opportuno questo quadro descritto con tanta cura da Manzoni?

Rispondiamo.

118. Il genero di Manzoni, Massimo d'Azeglio, ne' suoi *Ricordi*, ebbe il merito singolare di provare che il bisogno massimo del nostro paesé si è di formarlo questo carattere [2].

419. In che desso consiste?

Nel determinare un programma razionale nella

---

[1] *Promessi Sposi*. pag 26.

[2] *I miei ricordi*, passim.

vita, nello stabilire o riconoscere la coscienza morale dominante le nostre azioni.

420. E da che è offeso questo carattere?

Dall'egoismo, dall'istinto della propria conservazione, che da ultimo, quando non sia saviamente moderato, si risolve nella *paura;* la quale paura, combatte di fronte la morale, per ciò che si fonda sopra questo canone: *finisce il dovere là dove comincia il pericolo.*

421. Così diffatti don Abbondio, al cardinale Federico, il quale rappresenta la virtù Cristiana nella più elevata espressione, risponde: « Sotto pena della vita mi hanno intimato di non fare quel matrimonio [1]. Io ho sempre cercato di farlo il mio dovere, ma quando si tratta della vita... Monsignore illustrissimo, avrò torto. Quando la vita non si deve contare, non so cosa mi dire. Ma quando si ha che fare con certa gente, con gente che ha la forza e che non vuol sentir ragioni, anche a voler fare il bravo, non saprei cosa ci si potesse guadagnare. È un signore quello con cui non si può nè vincerla nè impattarla » [2].

422. Questo linguaggio di Don Abbondio si ripete

---

[1] *Promessi Sposi,* pag. 489.
[2] *Id. eod.,* pag. 490.

tuttogiorno da chi è dominato dalla paura. Contro tal sorta di gente non valgono i ragionamenti. E di vero alle sublimi idee di Federico, che rispondeva in cuor suo don Abbondio? « Anche questi santi sono curiosi; in sostanza a spremerne il sugo, gli stanno più a cuore gli amori di due giovani che la vita di un povero sacerdote » [1]. Pensando poi al modo con cui Federico aveva poco prima accolto l'Innominato: « Ecco come vanno le cose, diceva ancora tra sè don Abbondio, a quel satanasso le braccia al collo; e con me per una mezza bugia, detta a solo fine di salvare la pelle, tanto chiasso. Ma sono superiori; hanno sempre ragione. È il mio pianeta che tutti mi abbiano a dare addosso, anche i santi » [2].

423. L'arcivescovo, come rappresentante della fortezza cristiana, del principio assoluto: *percat mundus sed fiat justitia,* è posto dal poeta di fronte al prete vigliacco, onde dal contrario apparisca più viva la luce della virtù. Però questa luce non doveva nè poteva sollevare orgoglio nell'animo di Federico. — *Chi si esalta sarà umiliato.* — È questa la nota caratteristica della morale cristiana,

[1] *Id. eod.,* pag. 491,
[2] *Id. eod.,* pag. 494.

e ve' come spicca luminosamente nel santo Prelato.
Alla scappata di Don Abbondio: « Gli è perchè
le ho viste io quelle faccie, le ho sentite io quelle
parole; ma bisognerebbe essere nei panni di un
prete e essersi trovato al punto.... » Il vescovo risponde: « Pur troppo! Tale è la misera e terribile
nostra condizione. Dobbiamo esigere rigorosamente
dagli altri quello che Dio sa se noi saremmo pronti
a dare: dobbiamo giudicare, correggere, riprendere;
e Dio sa quel che faremmo noi nel caso stesso,
quel che abbiam fatto in casi somiglianti! Ma guài
s'io dovessi prender la mia debolezza per misura
del dovere altrui, per norma del mio insegnamento!
Eppure è certo che, insieme con le dottrine, io
devo dare agli altri l'esempio, non rendermi simile
al dottor della legge, che carica gli altri di pesi
che non posson portare, e che lui non toccherebbe
con un dito. Ebbene, figliuolo e fratello; poichè gli
errori di quelli che presiedono, sono spesso più
noti agli altri che a loro; se voi sapete ch'io abbia,
per pusillanimità, per qualunque rispetto, trascurato qualche mio obbligo, ditemelo francamente,
fatemi ravvedere; affinchè, dov'è mancato l'esempio, supplisca almeno la confessione. Rimprovera-
temi liberamente le mie debolezze; e allora le parole acquisteranno più valore nella mia bocca,

perchè sentirete più vivamente, che non son mie'
ma di Chi può dare a voi e a me la forza necessaria per far ciò che prescrivono. »

— Oh che sant'uomo! ma che tormento ! — pensava don Abbondio: — anche sopra di sè: purchè
frughi, rimesti, critichi, inquisisca; anche sopra di
sè. — Disse poi ad alta voce: — « Oh monsignore!
che mi fa celia? Chi non conosce il petto forte, lo
zelo imperterrito di vossignoria illustrissima?... E
tra sè soggiunse: — Anche troppo. —

« Io non vi chiedevo una lode, che mi fa tremare » disse Federico, « perchè Dio conosce i miei
mancamenti, e quello che ne conosco anch'io, basta a confondermi. Ma avrei voluto, vorrei che ci
confondessimo insieme davanti a Lui, per confidare
insieme. Vorrei, per amor vostro, che intendeste
quanto la vostra condotta sia stata opposta, quanto
sia opposto il vostro linguaggio alla legge che pur
predicate, e secondo la quale sarete giudicato » [1].

424. Di questa legge, che costituisce il programma
morale della vita e quindi il carattere cristiano,
per la bocca dello stesso Federico, ne aveva sentita tutta la forza un vecchio scellerato, l'Innominato [2].

[1] Id. eod., pag. 497.
[2] Id. eod., pag. 431.

425. Ed anche la sciagurata monaca, che, caduta in sospetto d'atrocissimi fatti, era stata per ordine del cardinale trasportata in un monastero di Milano; lì, dopo molto infuriare e dibattersi, si era ravveduta, s'era accusata; e la sua vita attuale era supplizio volontario tale, che nessuno, a meno di non togliergliela, ne avrebbe potuto trovare un più severo [1].

426. Don Abbondio invece lascia il cardinale come era venuto avanti il colloquio; e si conforta finalmente della peste, che gli aveva tolta tanta paura di dosso: « Ah è morto dunque! è proprio andato! » esclamò don Abbondio. « Vedete, figliuoli, se la Provvidenza arriva alla fine certa gente. Sapete che è una gran cosa! un gran respiro per questo povero paese! chè non ci si poteva vivere con colui. È stata un gran flagello questa peste; ma è anche stata *una scopa*: ha spazzato via certi soggetti, che, figliuoli miei, non ce ne liberavamo più: verdi, freschi, prosperosi; bisognava dire che chi era destinato a far loro l'esequie, era ancora in seminario, a fare i latinucci. E in un batter d'occhio, sono spariti, a cento per volta. Non lo vedremo più andar in giro con quegli sgherri dietro,

_____

[1] *Id. eod.,* pag. 723.

con quell'albagia, con quell'aria, con quel palo in
corpo, con quel guardar la gente, che pareva che
si stesse tutti al mondo per sua degnazione. Intanto, lui non c'è più, e noi ci siamo. Non manderà più di quell'imbasciata ai galantuomini. Ci
ha dato un gran fastidio a tutti, vedete: chè adesso
lo possiamo dire » ¹. — Ah! — diceva fra sè
don Abbondio, tornato a casa: — se la peste facesse
sempre e per tutto le cose in questa maniera, sarebbe proprio peccato il dirne male: quasi quasi
ce ne vorrebbe una ogni generazione; e si potrebbe
stare a patti d'averla; ma guarire, ve'. —

427. Con questo carattere dominato dalla paura,
che non si scuote punto alla logica più stringente,
alla carità più commovente di Federigo, allo spettacolo del tutto generale, che altro restava da opporsi, se non l'arma del ridicolo?... Quest'arma è
la sola che possa spuntarsi contro la viltà degli
uomini paurosi.

428. Manzoni in ciò raggiunse il sommo dell'arte.
Dal primo dialogo di Don Abbondio con Perpetua,
che si chiude con tono lento e solenne; « Per amor
del cielo! » — al diavolo suscitato dalla brutta
sorpresa degli sposi, con tutto il relativo brontolio

---

¹ *Id. eod.*, pag. 732.

con Perpetua, al brutto imbroglio di trovarsi con un Innominato... (oh lo stupendo monologo!); al tafferuglio, la fuga, i ladroneggi e la strage de' lanzichenecchi; fino alla scoperta delle masserizie, che credute preda dei soldati, erano invece sane e salve in casa di gente del paese [1]; la vena feconda dell'umorismo, la sapiente ironia, il ridicolo, moderato pur sempre da uno squisito senso morale risplendono di sì vivi colori da presentare in don Abbondio un unico tipo nell'arte, che non soffre confronti nè nella nostra, nè nella letteratura straniera [2]

[1] *Id. cod.*, pag 481.

[2] Qui però non possiamo dispensarci dal rispondere ad una difficoltà, la quale certo non entra in capo a Settembrini; ma che pure si va ripetendo ancora a' nostri giorni, e si trova in un Critico severo del *Promessi Sposi*.

Questo Critico *Innominato* (credesi Zajotti), a pag. 169 del suo lavoro *Del romanzo in generale ed anche dei Promessi Sposi di Manzoni,* scrive: « E veramente troppo spregevole è Don Abbondio. il Manzoni, quasi non bastassero le opere e le parole vilissime che di continuo provengono da quel miserabile, ce ne ha fatta in principio una rappresentazione, che lo rovescia per sempre nel fango.... Come immaginare una creatura più abbietta di questa? Pur troppo anche tra coloro che furono messi a guardare la vigna del Signore, ve ne sono alcuni non meritevoli del gran ministero, o il Manzoni volle certamente dar loro una lezione severa rivelando le funeste conseguenze di tanta bassezza. Noi però lodando la sua religiosa intenzione, confessiamo, che in questi difficili tempi avremmo amato che il suo sacerdote non fosse così profondamente vigliacco. Egli è vero che il nodo del romanzo si forma appunto dalla timidità del curato; ma se bastava farlo timido, perchè aggiungergli inutilmente una viltà così rea? E del suo stesso timore perchè non addurre un motivo meno codardo che la minaccia intimata alla sua vita? Non era forse uguale l'effetto, se gli sgherri l'avvisavano che il matrimonio sarebbe stato seguito dall'assassinio di Renzo? Allora egli avrebbe tremato per un altro, e il suo spavento era giustificato all'occhio de' buoni. Diciamolo pure francamente: noi avremmo voluto meno svergognato il santo abito ch'egli portava. E il nostro desiderio si fa ancor più vivo, perchè Don Abbondio ne accompagna più o meno per tutto il romanzo, e sotto i rapporti dell'arte è il carattere che più onora il Manzoni. È impossibile una verità ed evidenza maggiore, è impossibile conservare con più fedeltà i lineamenti morali attribuiti ad un uomo: non gli fugge un atto, nè una parola, che non sia pienamente conforme a quella immagine esemplare, che se n'era fatta l'autore, e una costante giocondità si diffonde sempre al suo comparire... »

Si noti bene l'effetto che deriva nei lettori dal carattere di Don Abbondio.

Lo stesso Critico ci parla di *giocondità*, orbene, questa

non è sempre disprezzo. Il disprezzo si solleva contro l'uso di arti maligne ed in particolare contro la menzogna. Don Abbondio aveva rasentato lievemente la menzogna, parlando con Renzo, e il Borromeo gliene faceva severo rimbroccio. — In tutto il resto il pauroso curato è degno più di compassione che di disprezzo.

Si rida pure; ma anche il riso è l'espressione di vario sentimento. Quando è amaro, velenoso, sarcastico; e quando è lieve, innocente, giocondo, come lo dice il Critico. E questo è il sorriso che più di frequente ci solleva Don Abbondio.

Checchè ne sia, siccome una linea matematica in queste modificazioni sottilissime de' movimenti dell'animo è vana pretesa lo stabilirla; così noi riteniamo' pure sulle generali quale oggetto di spregio il curato Don Abbondio; ma avanti accusare Manzoni, abbiamo ancora a domandare: Questo ideale trovava una ragione nell'arte, e, ciò che più importa, nella coscienza pubblica, nella educazione del popolo?... E se la cosa correva così, uopo è non solo giustificare, ma apprezzare l'artista, che provvide ad un *bisogno morale della società*....

Un venerando vecchio, prevosto parroco della nostra Milano, conversando meco de' nostri letterati ed in particolare del Dante milanese, il Porta, mi diceva: « Certo, egli sdrucciolò molto in basso; ma sono più rei quelli che pubblicarono le sue sporche poesie furtivamente, che non lui leggendole ad un limitato cerchio di amici. Per le risa sollevate contro il clero poi, in quanto le sono giuste, Porta si merita una statua. Quanti disordini nella nostra diocesi per lo sciame di preti venutoci a que' tempi dal Pontremoli e dalla Corsica per far mercato di messo e di uffici sulla nostra piazza del Duomo!! La frusta del Porta levò questo scandalo e ritornò il Clero alla dignità del proprio ministero... »

So si giustifica l'autore del *Fraa Condutt* e della *Nomina del cappellan*, chi vorrà accusare Manzoni? L'entusiasmo del popolo ed anche degli uomini serj per la satira del Porta ci dice che il bisogno di questa era allora sentito; giacchè la satira, come dice lo scrittore più competente in questo genere di poesia, ogni anno rintuzza la sua punta.

La viltà dunque era la nota che più bruttava il Clero; e come Porta, così Manzoni, con senso del resto squisito di carità, preso a combatterla. Non è questo un pregio singolare dell'artista? — Si noti bene che l'educazione del Clero presso noi, dove questo ha diretta e somma influenza sul popolo, è il mezzo più idoneo per educare anche il popolo alla dignità ed al buon costume Forse oggi questo concetto non aggrada a molti scrittori, i quali amano piuttosto i disordini e le intemperanze clericali, per demolirne l'istituzione, che non le riforme, per rialzarla a dignità. Allora invece chi amava l'Italia, ed i Carbonari in ispecie, come è manifesto da tutti i loro scritti politici e letterarj, avevano ragione di attendersi molto dalla cooperazione del Clero. Importava assai far sentir al clero che

> . . . . . dove sia di carità fiorita
> Sacerdotal virtude,
> Forse il fato de' popoli dischiude.

Questi versi di una poetessa napoletana, Giuseppa Guacci, scritti in quel tempo in cui veniva pubblicato il, *Promessi Sposi*, e precisamente intorno a Federico Borromeo, sono una manifestazione della fiducia che si aveva allora nel sacerdozio cattolico, e della necessità di provvedere a rialzarne la sua dignità contro la prepotenza

LETTURA DECIMAQUARTA

(Fatta nell'adunanza del 15 maggio 1873).

PROGRESSO LETTERARIO

(Continuazione)

III.

L'INTERESSANTE per mezzo.

129. Ragione per cui non si fa cenno particolare dell'ideale di Federico di Geltrude, e dell'Innominato. — 430. Motivi per cui si pone di mezzo, fra Don Abbondio e Lucia, il Napoleone. 131. In questi tre personaggi si rappresenta il più studiato carattere ideale. — 132 Napoleone. — 133. Il *Cinque Maggio* — 434. Autori che trattarono l'istesso argomento: Lamartine, Victor Hugo, Béranger, De la Vigne, Byron e Uberti; traduzioni di quest'ode. — 435. Esordio del *Cinque Maggio.* — 136. Confronto coll'esordio di Lamartine. — 437. Il genio avanti allo spettacolo della morte di Napoleone. — 138. Solo Manzoni poté elevarsi

alla più pura regione secondo l'ideale della carità cristiana.
— 439. Ciò non impediva un giudizio severo intorno al conquistatore — 440. L'opera del conquistatore considerata
secondo la legge Provvidenziale. — 441. La caduta: insulti
di Byron; — 442. di Lamartine, di Victor Hugo. — 443 Generoso concetto di Manzoni — 444. Estrema ora di Napoleone descritta da Uberti. — 445. Conclusione dell'analisi
fatta intorno al *Cinque Maggio*. — 446. Ideale di *Lucia*. —
447. Dante fu il primo poeta nella idealizzazione divina della
donna: Beatrice, simbolo di virtù e di sapienza. — 448. Da
un codice del 400 della Biblioteca Ambrosiana si riporta
un sonetto di Dante — 449. L'idealizzazione della donna in
Dante trova il suo raffronto nella Lucia di Manzoni. —
450 Effetto provato dal Nibbio e dall'Innominato alla vista
di Lucia. — 451 Narrazione del Nibbio — 452. L'Innominato avanti a Lucia. — 453. L'estrema debolezza vince la
massima prepotenza. — 454. Efficacia della parola di Lucia. — 455. La conversione dell'Innominato. — 456. Come
questa derivasse da Lucia, simbolo della Grazia. — 457. Lotta
fra Lucia e l'Innominato. — 458. Tutti piegano avanti a
Lucia, la quale attinge la sua forza dalla propria fede e
dalla carità di padre Cristoforo. — 459 Dominio di padre
Cristoforo sull'animo di Lucia. — 460. Al dissopra ancora
di Agnese e di Renzo. — 461. Sublime delicatezza morale
di Lucia. Lucia che acquieta Renzo. — 462. Lucia, che si
rifiuta al consiglio di Agnese. — 463. Lucia, che, a dispetto
della madre, confessa al cardinale la sua colpa. — 464. Questa estrema delicatezza morale di Lucia le guadagna l'animo

di tutti, meno che di donna Prassede. — 465. Ragione di
questo fatto: il bigottismo negazione della carità cristiana.
— 466. Torture, che donna Prassede santamente fa subire a
Lucia. — 467 Come e perchè la perfezione morale si rag-
giugne sotto il flagello della sventura. — 468. Estrema lotta
di Lucia. — 469 Il voto. — 170. Angosciosa memoria di
questo, dopo avere riacquistata la calma dello spirto. —
471. Ragione per cui il voto di Lucia doveva essere acuto
rimorso alla sua coscienza. — 172. Incontro di Renzo al
Lazzaretto: estremo sacrifizio — 473. Scioglimento del voto
— 474. Conclusione di tutto che riguarda l'ideale Manzoniano; e necessario incontro del *Vero*, del *Bello* e del *Buono*
nella formazione di questo ideale.

120. Per offrire l'ideale dell'uomo morale sotto
le più svariate forme, noi potremmo fermare lo
sguardo, per tacere d'altri personaggi minori, sopra *Federico,* la *Signora di Monza* e l'*Innominato:* tre personalità, che ci presentano la vita
cristiana ne' suoi contrasti, e nell'aspetto più dis-
sonante. In Federico lucida come il cristallo; nel-
l'Innominato offuscata e sepolta dapprima in una
coscienza gravata di delitti, poi d'un tratto risorta
con miracolosa vigoria; nella Signora di Monza,
scudo di delitti, e argomento poi a dura peni-
tenza.

Di questi tre caratteri però già molto si disse

dai Critici fin dal primo apparire del *Promessi Sposi*, come molto si disse della più sublime espresso sione del Cristianesimo *in padre Cristoforo;* e d'altronde per ciò che riguarda la notte de' rimorsi e la conversione dell'Innominato ne' capitoli 21 e 22. la pittura è così divinamente perfetta da non permettere al Critico sottrarvi una parola; lo che condurrèbbe troppo lungi da quei confini che ci siamo proposti, e che temiamo di avere già varcati-

430. Ci sia lecito invece accennare a due altri caratteri: *Napoleone* e *Lucia.*

Si tratta di descrivere l'uomo morale concepito da Manzoni.

La moralità ha sede nella volontà.

431. La volontà appare ne' nostri personaggi in tre modi diversi, che rappresentano in compendi, il più svariato carattere degli atti umani.

In don Abbondio è la *negazione della volontà* sotto l'impero della paura; e della vita morale vi ha solo l'apparenza.

In Lucia è la *moderazione della volontà* sotto l'impero della coscienza morale; e qui appieno si esercita la vita morale.

432. In Napoleone è la *prepotenza della propria volontà* sotto l'impero dell'ambizione: e qui la moralità è totalmente sacrificata.

Eppure è ancor questo argomento efficacissimo per porgere una lezione morale.

133. Seguiamo Manzoni nel *Cinque Maggio* [1].

134. Questo componimento, se parea gareggiare con *la Battaglia di Marengo* del Monti, e l'ode di Foscolo *a Bonaparte*, si assicurava il trionfo col confronto de' contemporanei, Lamartine, Victor Hugo, Beranger, De la Vigne, Byron ed Uberti, e si meritava la traduzione in tutte le lingue d'Europa; della quale traduzione (come avviene di tutte le opere sublimi in arte) dobbiamo credere che nessuno, conoscitore della letteratura italiana, fosse pago; onde, dopo Goethe, si videro soltanto in Germania comparire otto versioni del *Cinque Maggio* [2].

---

[1] Intorno al tempo, all'occasione, ed alle circostanze della pubblicazione di questa lirica, sono corso a' nostri giorni varie dicerie nei giornali, raccolto nel pregiato giornale « *Bibliothèque universelle et Revue Suisse.* » Mars 1873. Lausanne.

Io ho ragione a credere che sia attendibile per questo rapporto la lettera di Emilio Broglio citata da Roux nella sua opera *Hystoire de la literature italienne contemporaine.* Paris 1870, pag. 161.

[2] Vedi SAUER, e la traduzione del *Cinque Maggio* che ne dà questo autore.

435 Nell'esordio di questo .canto divino, che
venne da uno straniero assomigliato alla sinfonia
della *Semiramide* [1], tu vedi spiccarvi per eccellenza
il carattere del nostro Poeta. Sono due concetti :
l'uno singolarmente volto alla morte del grande,
ed altro, il più generale, si riferisce alla terra col-
pita da tanto annunzio.

Separate questi due concetti e avete una smorta
immagine sia di Napoleone, *una spoglia immemore,
orba di tanto spiro;* che della terra *percossa e attonita a tanto nunzio;* uniti questi, a vicenda risplendono e grandeggiano ; chè con Napoleone si
confondono i destini del mondo, l'anima dell'Universo.

436. Il primo lirico francese [2], colpito lo sguardo
da una tomba, su cui si distingue uno scettro in-

---

[1] SAUER, loc. cit.

[2] LAMARTINE, *Bonaparte.*

Amedée Roux, nell'opera sopra citata, riconosce l'incontro dell'ode di Manzoni con quella di Lamartine.

Manzoni scrisse la sua ode prima di Lamartine, quantunque non si possa dedurre da ciò che Lamartine stesso
avesse avanti la lirica di Manzoni. I genj facilmente s'incontrano. Ed è bene qui lo studio di raffronto fra i due
poeti, per misurarne la relativa potenza.

franto: *Qui giace...* esclama; *ed il suo nome è*
scritto dovunque a caratteri di sangue [1].

Ei fu, dico Manzoni; *e la terra, pensando al-
l'ultima ora dell'uom fatale*, non sa immaginare
più potente conquistatore, che possa calpestarne
la cruenta polvere [2].

437. Avanti a tanto spettacolo si scuote il genio;
ei solo *vergin di servo encomio e di codardo oltraggio*, aveva diritto di sciogliere un canto immortale al Giove Terreno, *segno d'immensa invidia e di pietà profonda.*

---

[1] LAMARTINE, strofa seconda:

Ici gît . . . point de nom! demandez à la terre[1]
Ce nom, il est inscrit en sanglant caractère
Des bords du Tanaïs au sommet du Cédar,
Sur le bronze et le marbre, et sur le sein des braves,
Et jusque dans le coeur de ces troupeaux d'esclaves
   Qu'il foulait tremblants sous son char

[2] *Id*, strofa terza:

Depuis les deux grands noms qu'un siècle au siècle annonce,
Jamais nom qu'ici bas toute langue prononce
Sur l'aile de la foudre aussi loin ne vola;
Jamais d'aucun mortel le pied qu'un souffle efface
N'imprima sur la terre une plus forte trace:
   Et ce pied s'est arrêté là . . .

Anche Lamartine acquieta l'ombra di Napoleone, dicendo ch'ei *non vuol insultare alla tomba:* pensiero altamente morale [1]. Ma e Lamartine, e il suo connazionale Victor Hugo, e Byron rispettarono essi la tomba di Napoleone?.

438. Solo Manzoni potè elevarsi alla più pura regione; epperciò *moralizzava il suo ideale;* condannava i principj del superbo conquistatore, rispettando il caduto

439. Il lirico segue con volo d'aquila le sterminate vittorie, e chiede: *Fu vera gloria?...* Non osa egli pronunciare *l'ardua sentenza;* si volge ai posteri. Il poeta piega la fronte al Massimo Fattore, che volle in Lui stampare più alta orma di sè. Non è più l'uomo, è la Provvidenza che governa il mondo per la mente e il braccio di Bonaparte...

440 Ei si nomò; e fra là lotta di un secolo, che portava la rivoluzione nel mondo civile, e di altro

---

[1] *Id.,* strofa quinta

Ne crains pas cependant, ombre encore inquiéte,
Que je vienne outrager ta majesté muette.
Non! la lyre ax tombeaux n'a jamais insulté.
La mort de tout temps fut l'asile de la gloire.
Rien ne doit jusqu'ici poursuivre une mémoire,
   Rien . . . excepté la verité!

che voleva distruggere l'opera arditamente iniziata, Napoleone siede arbitro, temperando colle leggi i discordanti principj della rivoluzione e del dispotismo. Quale elevata missione in ordine morale! [1]

111. E sparve!

Tutto finì, dice Byron Jeri eri ancora re, e ai re facevi la guerra... Ora sei una cosa che non ha nome: uomo improvvido, perché fosti il flagello de' tuoi simili... ; i quali si piegarono a te davanti e tu donasti loro solo una tomba.

Tu non comprenderi altro quaggiù che il grido della spada [2], esclama Lamartine.

È rotto, aggiunge Byron, irrevocabilmente quel fascino che avviluppava la mente degli uomini, ond'essi venerassero questi idoli dalla sciabola, con la fronte di bronzo e i piedi di creta

Il trionfo dell'ambizione, l'estasi delle battaglie

----

[1] *Id.*, strofa settima:

Les dieux étaient tombés, les trônes etaient vides:
La victoire te prit sur ses ailes rapides;
'D'un peuple des Brutus la gloire te fit roi.
Ce siècle, dont l'écume entrainait dans sa course
Les moeurs, les lois, les dieux . . refoulé vers sa source,
    Recula d'un pas devant toi.

[2] *Ne comprit ici-bas que le cri de l'epee*

*la voce della vittoria, voce che fa tremare la terra
e che era l'alito della tua vita: la spada, lo scettro,
tutto finì.* Genio tenebroso, quanto atroce dev'essere il supplizio della tua memoria!..

Il passato ti *assaliva come acuto rimorso,* nota
Lamartine

E il nostro Poeta invece ritrae dal mare l'immagine, la quale sola potea raffigurare la piena delle
idee che affogavano l'anima di quel Grande, che
ripensava le *nobili tende, i battuti steccati,* il
lampo de' manipoli e *l'onda dei cavalli,* e il *concitato comando e il celere obbedire.*

Tant'uomo, chiuso in sì breve sponda, vilmente
è insultato.

442. *La gloria,* esclama Lamartine, dopo avere
accennato alle memorie gloriose di Napoleone, *cancella tutto eccettoche il delitto;* e Victor Hugo,
ricordando pure queste memorie, conchiude: *Egli
passò per la gloria, passò pel delitto, e toccò l'estrema sciagura.*

Più feroce l'inglese poeta: « Fra il morir principe o il vivere schiavo, la tua scelta fu invero
ignobilmente generosa; » e raffrontando Napoleone
a Carlo Quinto, che cambiava le sue corone in un
rosario, egli trova il monarca spagnuolo più grande
di Napoleone. E pensare, egli conchiude, che il

mondo, questa bell'opera di Dio, ha servito di sgabello ad una creatura sì vile!.. E la terra ha versato il suo sangue per chi è tanto avaro del proprio! Per l'omicida detronizzato il poeta non ha pietà:

« *Lui condannato da Dio, maledetto dall'uomo, l'ultimo atto* (allude il poeta ai riti religiosi), *benchè non il peggiore, gli attira gli scherni del demonio. Il demonio almeno nella sua caduta, conservò il suo orgoglio; e se fosse stato mortale, sarebbe dignitosamente morto.*

413. Quanto invece è generoso il concetto del nostro Poeta, il quale solleva in più spirabile aere lo spirito del grande che si muore: *E l'avviò sui floridi sentier della speranza, ai campi eterni, al premio che soverchia ogni desiderio, là dove è silenzio e tenebre la gloria che passò.*

Silenzio! — dice Lamartine, Dio l'ha giudicato, i suoi delitti pesano sulla bilancia.... ma la clemenza di Dio non ha confine [1].

444. Ed altro poeta milanese, ricordando l'estremo atto di religione, domanda se fu *sua mente?* . E pare ch'ei ne dubiti, perchè il morente nulla aveva d'umano:

---

[1] L'incontro di Lamartine con Manzoni si ha pure nelle strofe 11, 19, 23, 29, 30.

Ma i fantasmi dell'uom più non ponno
Sul morente; ei più nulla ha d'umano;
Dai piangenti ritrasse la mano,
Con sè stesso rimase e basto;
   La vittoria dell'ultimo sonno
Non incredulo attende, non pio:
Tuona in cielo: è minaccia di Dio'
Le palpebre non mosse.... spirò [1].

445. Alla fantasia di questi poeti è sempre e solo Napoleone che si presenta innanzi; e la memoria del conquistatore provoca ira e vendetta, negazione d'ogni senso morale. Alla fantasia invece ed alla mente di Manzoni è lo storico Napoleone, che si rivela in tutta la sua evidenza; identificato però talmente coll'armonia universale, da foggiarne un mito, non puramente classico, come fece il Canova nella statua torreggiante nella nostra corte, nè del tutto romantico, come il Napoleone della Colonna di Piazza Vèndome; ma classico e *romantico* insieme (permettetemi l'ultima volta questa parola); cioè, serbate le linee generali, che a tutti gli eroi e conquistatori si convengono, ottiene perfezione il quadro dal pieno suo ordine storico, quale vive ancora nella società, nel volere provvidenziale,

---

[1] UBERTI, *Napoleone*, ultime strofe.

ne' futuri destini dell'umanità, nella legge morale immutabile ed eterna, da cui rilutta lo spirito ambizioso, ed a cui necessariamente piega l'Uomo Fatale.

416. All'ideale storico di Napoleone si opponga l'ideale inventivo di Lucia, la perfezione morale, la piena adesione della propria alla volontà divina. Questo ideale lo consideriamo, non tanto in sè, come si fece di Don Abbondio, quanto nella sua benefica influenza sopra le persone che gli stanno d'attorno; così avremo facile occasione per accennare anche ad altri personaggi del dramma

417. L' idealizzazione divina della donna, sì che diventi

Amor sementa in noi d'ogni virtute.

(*Purg*, XVII)

e opera dall'Alighieri luminosamente spiegata nella *Vita Nuova*, ed eternata ne' suoi versi, che celebrarono in Beatrice il simbolo della virtù e della sapienza.

418. E qui mi sia lecito estrarre dalla sua fonte primitiva (Codice della Biblioteca Ambrosiana del 400) un Sonetto di Dante, che, citato la prima volta da Muratori, venne poi riprodotto da altri secondo la interpretazione Muratoriana; in cui vi sono gravi varianti che mal si ponno giustificare:

Di donne io vidi una gentil schiera
  Quest'Ognissanti prossimo passato,
  Et una ne venia quasi primiera
  Veggiendosi amor dal destro lato.
Di gli occhi soi gittava una lumiera
  La qual pareva uno spirito infiammato,
  Et i' ebbi tanto ardir, che in la sua cera
  Guardando, vidi un Angiol figurato.
A chi era degno dava salute·
  Con gli atti suoi quella benigna e piana
  Empieva il cor a ciascun di vertute.
Credo che del Ciel fusse suprana,
  E venne in terra per nostra salute,
  Dunque beato chi l'è prossimana [1].

449. Ed un angelo appare anche Lucia, che *be-nigna* e *piana* dispensa salute a chi è degno di fissare gli occhi nella sua *ciera;* ed il cuore si va empiendo di virtute. — Avanti a Lucia non è chi non pieghi riverente la fronte ed il volere.

[1] Muratori, per tacere delle varianti di poco conto, so-stituisce alla parola *Veggiendosi* la frase *seco menando·* nel verso nono aggiunge la parola *poi;* nell'undecimo usa *empiendo* invece di *empieva;* ed alla frase *credo che del ciel fusse suprana,* sostituisce *credo che in ciel nascesse esta suprana.*

Diamo qui il *fac-simile* del Codice dell'Ambrosiana.

Fac-Simile del Sonetto di Dante Alighieri
secondo il Testo del Cod. O.63
dell'Ambrosiana

Dantes Alegerius

Di donne io vidi una gentil schiera
Questo giorno sancto proximo passato
Et una ne venia quasi in pniera
Veggiendosi lamor dal destro lato,
Di gliocchi soi gittava una lumiera
La qual parea un spiritu infiamato
Et io ebi tanto ardir in la sua chiera
Guardando io un agnol figurato
Che era degno della salute
Con atti suoi quella benigna e piana
E den pinsal cor adasseben driturite
Creo che delael fusse suprana
Et vene in terra per nra salute
Launde beato chille primana

450. Fin dal primo annuncio di questa donna, l'Innominato si sente misteriosamente turbato; ed ignoto turbamento aveva pur sconvolto l'animo di Nibbio.

451. « Tutto a puntino, l'avviso a tempo, la donna a tempo, nessuno sul luogo, un urlo solo, nessuno comparso, il cocchiere pronto, i cavalli bravi, nessun incontro; ma . mi ha fatto troppa compassione!

« Compassione! Che sai tu di compassione? Cos'è la compassione?... Come ha fatto costei per muoverti a compassione?...

« Oh, signore illustrissimo! Tanto tempo...! Piangere, pregare e far certi occhi, e diventar bianca bianca come morta, e poi singhiozzare, e pregar di nuovo, e certe parole.... » [1].

452. Un qualche demonio ha costei dalla sua... Voglio vederla, dice in cuor suo l'Innominato.

E vede una povera contadina « rannicchiata in terra nel canto il più lontano dall' uscio, col viso nascosto tra le mani, non movendosi, se non che tremava tutta. »

453. « Alzatevi, che non voglio farvi del male.... e posso farvi del bene.... Alzatevi !... tonò poi quella voce, sdegnata d'averle due volte comandato invano.

[1] *Promessi Sposi,* pag. 3'5.

Alla parola dell'Innominato, come rinvigorita dallo spavento, l'infelicissima si rizzò subito in ginocchioni; e giungendo le mani, come avrebbe fatto avanti ad un'immagine, alzò gli occhi in viso all'Innominato, e riabbassandoli subito, disse: « Son qui, mi ammazzi » [1]. Può egli dipingersi quadro più commovente, o pronunciarsi più eloquente parola ??...

454. Da questa immagine santa, fissa tenacemente in cuore di quell'uomo di ferro, naturalmente dovevasi sollevare il rimorso, poi la disperazione, finalmente la risoluta preghiera a Federico: « Son qui, perdonatemi » [2].

V'è dunque in Lucia il simbolo della grazia; la quale, come dice Dante nel Sonetto citato, è *sovrana in cielo, e per nostra salute, scendendo in terra, rende beato chi le sta vicino.*

Attendiamo gli effetti.

---

[1] *Id.,* pag. 398.

[2] Vedi la descrizione filosofica del rimorso nella *Teosofia* di Rosmini, N. 1050 e seg, in un uomo che abbia seguito unicamente ed assolutamente la *tendenza sentimentale,* e d'un tratto cade sotto la forza della giustizia vendicativa. Queste pagine offrono la *perfetta rappresentazione filosofica* dell'Innominato di Manzoni.

455. La faccia dell'ascoltatore di Federico, di stra-
volta e confusa, si fece dapprincipio attonita e in-
tenta; poi si compose a una commozione più profonda e meno angosciosa; i suoi occhi, che dall'infanzia più non conoscevan lagrime, si gonfiarono;
quando le parole furon cessate, si coprì il viso
con le mani, e diede in un dirotto pianto, che fu
come l'ultima e più chiara risposta [1]. « Dio veramente grande! Dio veramente buono! io mi conosco ora, comprendo chi sono; le mie iniquità mi
stanno davanti; ho ribrezzo di me stesso; eppure....
eppure provo un refrigerio, una gioja, sì, una gioja,
quale non ho provata mai in tutta questa mia or-
ribile vita! » [2].

456. E donde tanta virtù? — Dalla purezza della
Fede, dalla piena fiducia in Dio, che irradiavano
dal volto e dalle parole di Lucia.

Essa, inconscia del suo ardire, aveva osato af-
frontare il nemico, e ne aveva riportata vittoria

457. « Sono una povera creatura... Che cosa le
ho fatto io?... In nome di Dio.... »

Dio, Dio, — interruppe l'Innominato. « Sempre
Dio. Coloro che non possono difendersi da sè, che

[1] *Promessi Sposi*, pag. 131.

[2] *Id.*, pag. 432.

non hanno la forza, sempre hanno questo Dio da mettere in campo, come se gli avessero parlato. Cosa
pretendete con codesta vostra parola ?... Di farmi.... »

« Oh signore ! Pretendere ! Cosa posso pretendere 10, meschina, se non che lei mi usi misericordia !... *Dio perdona tante cose per un'opera di
misericordia ! . »* [1].

E queste parole, la notte del rimorso, quando
sta per scattare il colpo della pistola, ritornano
all'orecchio dello sciagurato, che, colle mani nei
capelli, battendo i denti, tremando, lascia cader
l'arme.... È Lucia che salva il suicida !

458. Oh ! tutti piegano avanti a questa donna,
la quale attinge la sua inspirazione dalla sua Fede
e dalla Carità di padre Cristoforo !

« Non ci abbandonerà, padre » — disse Lucia
singhiozzando.

« Abbandonarvi ? » — rispose. — E con che faccia potrei io chiedere a Dio qualcosa per me,
quando vi avessi abbandonata ?... Voi, in questo
stato ?.. Voi, ch'Egli mi confida ?. Non vi perdete
d'animo. Egli v'assisterà : Egli vede tutto : Egli può
servirsi anche d'un uomo da nulla, come sono io,
per confondere un.... [2]

---

[1] *Id.,* pag 390.

[2] *Id.,* pag. 84.

Qui è la storia segreta di una volontà purificata, rinvigorita, onnipotente.

459. Fra Dio e questa donna vi ha il frate. Ma egli è veracemente ministro di Dio, e nessuno, eccetto Don Rodrigo e chi gli assomiglia, può sentirne dispetto....

460. Anche Agnese, tanto gelosa di sua autorità materna, docilmente piega al nome di padre Cristoforo: « A tua madre non dir niente d'una cosa simile! » E Lucia, asciugandosi gli occhi col grembiale, con voce rotta dal pianto: « Io raccontai subito.... » « A chi hai raccontato?... » domandò Agnese andando incontro, non senza un po' di sdegno, al nome del confidente preferito. « Al padre Cristoforo in confessione, mamma » rispose Lucia con un accento soave di scusa. — Al nome riverito del padre Cristoforo, lo sdegno di Agnese si raddolciva [1].

461. « Fu allora che mi sforzai, proseguiva Lucia rivolgendosi a Renzo, senza alzargli però gli occhi in viso ed arrossendo tutta, fu allora che feci la sfacciata, e che vi pregai io che procuraste di far presto, e di concludere prima del tempo che s'era stabilito. Chi sa cosa avrete pensato di me!

---

[1] *Id.*, pag. 48.

Ma io faceva per bene, ed era stata consigliata, e teneva per certo... E questa mattina era tanto lontana dal pensare... » Qui le parole furono tronche da un violento scoppio di pianto.

« Ah birbone! ah dannato! ah assassino! » [1].

Chi è di noi che, con Renzo, non pronunci già in cuor suo queste imprecazioni?... Ma non ci è lecito dar sfogo al furore, chè subito ci sovviene *cogli atti suoi quella benigna e piana:* « No, no, per amor del cielo! Il Signore c'è anche per i poveri, e come volete che ci ajuti, se facciamo del male? . » [2].

162. Non facciamo del male. — *Pereat mundus, sed fiat justitia!* è il supremo principio della morale filosofica Pare non si possa andar oltre.... Lucia invece, notate bene, là dove l'effettuazione della giustizia è un *proprio diritto*, sa di poter rinunciare: e vi rinuncia A sì sublime ideale non poteva salire altro che Manzoni. Qual diritto più sacro che il matrimonio con Renzo?... Chi è di noi così severo da non applaudire al consiglio di Agnese? . Chi non si duole del tappeto rovesciato da Don Abbondio sulla testa di Lucia?... Ebbene,

---

[1] *Id*, pag. 49.

[2] *Id.*, pag. 49.

so non fu proferita la sacra parola, ne fu causa la trepidante coscienza di Lucia. Quale lotta avanti prestarsi all'innocente sorpresa !... È il trionfo del più squisito senso morale anche sull'amore. Il poeta suol cantare l'onnipotenza dell'amore.... In Lucia anche l'amore è moderato dalla coscienza: — « Sono imbrogli » — disse Lucia ad Agnese e Renzo — « non son cose lisce. Finora abbiamo operato sinceramente: tiriamo avanti con fede, e Dio ci aiuterà: il padre Cristoforo l'ha detto. Sentiamo il suo parere » [1].

> O dignitosa coscienza e netta
> Come ti è piccol fallo amaro morso '....
>
> (Purg. III)

163. Essa perciò, non valendo punto Agnese a trattenerla, confessa al cardinale il suo peccato: « Anche noi abbiamo fatto del male: si vede che non era la volontà del Signore che la cosa dovesse riuscire! [2].

E il cardinale: « Che male avete potuto far voi, povera gente.... State di buon animo. »

164. Veramente « un angelo ha costei dalla sua » [3]

---

[1] *Id.*, pag. 112.
[2] *Id.*, pag. 468.
[3] *Id.*, pag. 397.

se il solo vederla, se il sentirla esercitava un fascino irresistibile, non pure sopra Agnese e Renzo; ma sull'Innominato, sul cardinale, ed anche sulla Signora di Monza, che mentre sì bruscamente accoglieva le parole della madre, volta a Lucia: « A voi credo » le dice con voce raddolcita [1].

Chi non crede a Lucia è solo donna Prassede, la quale si proponeva di raddrizzare un cervello, di mettere sulla buona strada chi ci aveva gran bisogno.... Una giovane che si era promessa ad uno scampaforche, doveva avere qualche pecca nascosta ... quella testina bassa, col mento inchiodato sulla fontanella della gola, quel non rispondere o rispondere secco secco, come per forza, potevano indicare verecondia, ma dinotavano sicuramente molta caparbietà: non ci voleva molto a indovinare che quella testina aveva le sue idee. E quell'arrossire ogni momento, e quel rattenere i sospiri .. Due occhioni poi, che a donna Prassede non piacevano niente.... [2].

465. E donde ciò ?... Notate bene la ragione data dallo storico: « Donna Prassede teneva per certo, come lo sapesse di buon luogo, che tutte le scia-

[1] *Id.,* pag. 174.
[2] *Id.,* pag. 484.

gure di Lucia erano una punizione del Cielo, per
la sua amicizia con quel poco di buono.... tutto il
suo studio quindi era secondare i voleri del Cielo,
staccando affatto Lucia da Renzo », « ma, aggiungo
Manzoni, donna Prassede, faceva spesso uno sbaglio grosso, ch'era di prendere per Cielo il suo
cervello. »

466. Intanto quali e quante torture per la povera
Lucia!

— Ebbene, non ci pensiamo più a colui?... —
« Io non penso a nessuno » rispondeva Lucia. —
E Donna Prassede, non appagata di questa risposta, dava in isfuriate contro le giovani che hanno
in cuore un rompicollo, e li cominciava il panegi-
rico di Renzo.... Lucia dapprima ascoltava, poi di-
fendeva.... sentiva una pietà profonda e le parole
finivano in pianto [1]. Se Donna Prassede fosse stata
spinta a trattarla in quella maniera da qualche
odio inveterato contro di lei, forse quelle lacrime
l'avrebbero tocca e fatta smettere; ma parlando a
fin di bene, tirava avanti senza lasciarsi smuovere:
come i gemiti, i gridi supplichevoli potranno ben
trattenere l'arme d'un nemico, ma non il ferro d'un
chirurgo [2].

[1] *Id.,* pag. 518.
[2] *Id.,* pag. 519.

407. Quale crudelissimo strazio !... E perchè tanto patire un'innocente creatura ?!

Chi scioglierà i suggelli di questo implicato arcano? Non vi ha spirito eletto che non sia destinato a combattere ed a soffrire: e la gloria del trionfo è sempre relativa all'angoscia generosamente patita. Combatti, dice il filosofo, la virtù è forza. — Non si va in paradiso in carrozza, dice il popolo. — Il regno de' cieli patisce violenza, proclama Cristo, e solo i violenti lo rapiscono.... Rispettiamo il fatto, confidando nel

La Provvidenza che governa il mondo

(*Par*, C. XI).

408. Altra lotta più tremenda era dunque ancora riservata a Lucia. E questa doveva sorgere da quel sentimento stesso religioso, donde attingeva tutta la sua forza.

469. Lucia ha consacrato a Dio ciò che non era più suo. Quanta sublime semplicità in questo estremo sacrifizio ! « Si alzò, si mise in ginocchio, e tenendo giunte al petto le mani, dalle quali pendeva la corona, alzò il viso e le pupille al cielo, e disse: « Oh Vergine Santissima !.. Fo voto a voi di rimaner vergine, rinuncio per sempre a quel mio poveretto, per non essere mai d'altri che vostra » [1].

___

[1] *Id.*, pag. 404.

— E all'incontro di Don Abbondio per prenderla, bisognosa com'era di confermare quel sentimento, da cui l'animo naturalmente aborriva, esclama: « È dunque la Madonna che vi ha mandato! » [1].

470. Ma poi, sopito per un istante l'entusiasmo religioso, ritornata fanciulla, mentre attende ad assestarsi nella casa del buon sarto, raccomodando il fazzoletto sul seno e intorno al collo, le sue dita s'intralciarono nella corona, che ci aveva messa la notte avanti; lo sguardo vi corse; si fece nella mente un tumulto istantaneo; la memoria del voto, oppressa fino allora e soffocata da tante sensazioni presenti, vi si suscitò d'improvviso, e vi comparve chiara e distinta. Allora tutte le potenze del suo animo, appena riavute, furon soprafatte di nuovo, a un tratto: e se quell'animo non fosse stato così preparato da una vita d'innocenza, di rassegnazione e di fiducia, la costernazione che provò in quel momento, sarebbe stata disperazione. Dopo un ribollimento di que' pensieri che non vengono con parole, le prime che si formarono nella sua mente furono: — Oh povera me, cos'ho fatto! — [2].

---

[1] *Id.*, pag. 448.
[2] *Id.*, pag. 457.

471. Dio buono, quale strazio della tua creatura!...

Anche il voto può donar pace, .

> Frate, la nostra volontà quieta
> Virtù di carità, che fa volerne
> Sol quel che avemo, e d'altro non ci asseta.
>
> (Par., IV) [1].

Ma questo santo olocausto di sè nasce dalla libertà del volere:

> Lo maggior don, che Dio per sua larghezza
> Fesse, creando.
>
> (Par, IV)

ed in Lucia mancava questa libertà: perocchè in quella notte terribile non aveva coscienza de' suoi atti; e quando pure l'avesse avuta, non poteva disporre di ciò che ad altri apparteneva

Con tanta purezza di coscienza, non era possibile che Lucia non sentisse in cuore l'ingiustizia della sua azione; ma d'altronde il voto era dato; per Lucia ed Agnese non vi era ragione che potesse annullare questo atto solenne; laonde le parole di Renzo: « .... che io il cuore in pace non o voglio mettere e non lo metterò mai; e che non

---

[1] Lungamente Dante parla del voto in tre canti

sono pareri da darsi a un figliuolo par mio...; che
la giovane deve essere mia...; che io non so di promessa; e che io ho ben sentito dire che la Madonna c'entra per aiutare i tribolati e per ottenere
delle grazie, ma per far dispetto e per mancar di
parola, non l'ho sentito mai.... » [1]. Queste parole,
savie davvero, dovevano apparire bestemmia; epperò la poveretta faceva scrivere a Renzo che
pensasse a dimenticarla, mentre di soppiatto vedeva introdursi avanti alla stessa sua mente quel-
l'immagine che avrebbe dovuto dimenticare e no'l
poteva.

172. E là nel Lazzaretto, nel regno della morte,
le si doveva presentare, non già l'immagine, ma
lui, Renzo in carne ed ossa: « Per carità, per carità, per i vostri poveri morti, finitela, finitela;
non mi fate morire.... Non sarebbe un buon momento. Andate dal padre Cristoforo » [2].

173. Non era possibile durare più a lungo in
questo tormento; e l'ultima parola di padre Cristoforo vale a compiere la più grande opera di
carità: « Coll'autorità che ho dalla Chiesa, vi di-
chiaro sciolta dal voto di verginità » [3].

---

[1] *Promessi Sposi*. pag. 517.
[2] *Id.,* pag. 701.
[3] *Id.,* pag. 707.

Finalmente noi pure respiriamo liberamente. Anche i pregiudizj del frate, se mai gli brulicavano per la testa, sono vinti.. E non avevamo dunque ragione di applicare a Lucia i versi di Dante: quella *benigna e piana empieva il cor a ciascun di virtute?*...

E dovendo noi indicare l'efficacia di questa virtù, abbiamo avuto occasione di accennare ai principali personaggi del Romanzo: io che protrasse troppo a lungo il nostro discorso sul *principio morale dominante* in Manzoni; argomento questo, di cui sotto altro aspetto, si fece parola anche nella parte del Progresso Letterario, che tratta del fine della letteratura.

474. Nè era, io penso, possibile evitare questo incontro: poichè nel fine attribuito ad una azione è già in germe raccolto il mezzo onde questo fine si raggiunge.

Ma v'ha di più:

Il genio, si disse, mercè l'arte, non tanto riproduce fedelmente il fatto della Natura, quanto rivaleggia con questa, indagandone la legge prima, la quale (ed è questo il massimo grado di idealizzazione) è immagine della giustizia sempiterna, dell'armonia morale riflessa nel nostro mondo.

Dio, dice il nostro Poeta, che misurò quasi con

compasso l'universo e tante cose vi ci pose aperte
ed arcane [1]

> . . . . . . Colui, che volge in sesto
> Allo stremo del mondo, e dentro ad esso
> Distinse tanto occulto e manifesto.

non poteva a meno che lasciarvi l'impronta di sè
in infinito,

> Non potea suo valore sì fare impresso
> In tutto l'universo, che il suo verbo
> Non rimanesse in infinito accesso.
>
> (Par., XIX)

E il genio, avvivato da questa favilla, ci co-
munica

> alcun de' raggi della Mente
> Di che tutte le cose son ripiene.

I quali raggi, di svariata luce e calore, si appun-
tano nell'anima del lettore

> . . . . curto ricettacolo a quel Bene
> Che è senza fine e sè in se misura;

È il Vero. che intuito nell'oggetto per sè noto, si
identifica coll'Amore, con cui l'animo aderisce al-

---

[1] Tommaseo. La Divina Commedia di Dante Alighieri
loc. cit.

l'oggetto stesso quale espressione della legge universale, seme quindi di virtù o *del Buono;* e queste due forme dell'Essere somministrano una terza relazione, *il Bello.* Così continuo è l'avvicendarsi del Vero, del Bello e del Buono, la cui distinzione ci sfugge appunto quando crediamo averla afferrata: misteriosa triade, che tutto avvolge l'Universo e l'Uomo:

Quell'uno e due e tre che sempre vive
E regna sempre in tre e due ed uno,
Non circoscritto, tutto circoscrive.

(*Par*, XIV).

LETTURA DECIMAQUINTA

(Fatta nell'adunanza del 3 luglio 1873.)

— · —

PROGRESSO LETTERARIO

(Continuazione e fine)

III.

L'INTERESSANTE per mezzo.

175. A compiere il nostro studio intorno alle opere
di Manzoni, dovremmo dire qualche cosa anche
dell'*espressione data all'ideale del poeta:* lo *stile*
e la *lingua*.

Come sul volto, e perfino (a testimonianza dei recenti filosofi) nella scrittura materiale [1]; così alle idee, e nella espressione di queste, ciascuno rappresenta la propria fisonomia. Laonde stile non sarebbe altro che il modo singolare di concepire e di esprimersi: *lo stile è l'uomo*: è l'individuo, è la nazione, e talvolta anche il comune e la provincia.

Da ciò l'elemento *soggettivo* e personale, a cui tanta parte conviene nella dottrina del Bello. Imperocchè solo quando l'autore ha *interessato* il suo animo nella cosa che sta per dire, può signoreggiare l'animo altrui [2]: onde Dante a Bonagiunta,

---

[1] Fin da Lavater abbiamo queste ricerche, sulle quali diresse i suoi studj Descuret, nell'opera *La Medicina delle passioni · Scrittura materiale*. Degna di considerazione in proposito si è la nota *G.*, in cui l'autore narra di aver sottoposto all'esame di un distinto fisionomista, l'Ab' Flandrin, una lettera e d'averne ottenuta la scoperta dello scrittore di questa in Silvio Pellico.

[2] Come poi il genio abbia saputo felicemente usaro di questi principj ed api ire un nuovo orizzonte alle lettere, la è cosa di cui lungamente sopra si è ragionato; come mi pare di avere abbastanza avvertito al difetto di altri *astri minori* della nuova scuola. che si arrestarono al primo stadio della scuola romantica.

che gli domandava s'egli *fosse colui che trasse fuori le nuove rime*, rispondeva:

> ... I' mi son un che quando
> Amore spira noto; ed a quel modo
> Che detta dentro, vo significando
>
> (*Purg*. XXIV)

176. Questo precetto [1] doveva richiamarsi, credo con eccessiva importanza, dalla nuova scuola della Verità; la quale, iniziata (come sopra si vide) da Cesarotti e da Beccaria, intendeva cogliere la sua inspirazione soltanto dall'attualità, dalle impressioni del luogo in cui si vive, e secondo la più fedele manifestazione del proprio sentire.

Aderendo a questa scuola, Manzoni scriveva il *Promessi Sposi*, pregno dell'aria ossigenata di Lecco e dell'aria greve di Milano; sì che noi del ducato di Milano vi ci troviamo proprio in casa nostra, leggendo questo poema, il cui carattere,

---

[1] Vedi l'interpretazione rispetto *all'imitazione per forma si lo stile*, che ne porge di questa terzina il Prof. Sailer in un *Saggio di trattatello scolastico intorno all'arte del dire* pag. 36: Di questo pregevole lavoro breve, ma assai concettoso, avremo forse avanti occasione di parlarne più estesamente, trattando degli idiotismi.

che è quanto dire, lo stile, e anzitutto *Lombardo*.

477. Non tenete il broncio, quasi si voglia divi-
dere l'Italia! Lo stile, avverte saviamente Ranalli [1], differenzia anche secondo le varie regioni ita-
liche, e che queste, poniamo la Toscana, Napoli o la
Lombardia, abbiano una loro speciale fisonomia riflessa sulla letteratura, non vi ha chi lo neghi;
come non vi ha alcuno che non riconosca l'origine
di questo fatto nella storia, e non sappia trovarne
un altro eloquente esempio nella vicina Germania,
a differenza della Francia, in cui la concentrazione
della vita a Parigi fondava sotto Luigi XIV una
letteratura unitaria [2].

478. Quale è il carattere della letteratura lombarda?

Questa, da Virgilio a Tasso, a Parini e Manzoni, presenta, sotto l'aspetto più soave e ridente,
il sentimento della Natura, con tale un'armonia di
idea e di espressione, da riflettersi in cuore, userò
una frase di Schiller, un *senso paradisiaco del bello*.
Non esagerazione, non affettazione, nessuno sforzo

---

[1] *Ammaestramenti,* ecc., tom. IV, pag. 287

[2] Anche la Spagna, sotto Carlo V e Filippo II, merce
l'unità politica a Madrid, potè formarsi una letteratura
Castigliana-cavalleresca.

apparente; tu vivi nella Natura come in tua sede,
amando, e benedicendo all'Autore di questa. Il sentimento quindi, che si solleva di preferenza in cuore,
è amore e gaudio della vita, onde in felice illusione
verrebbe quasi a dileguarsi l'*umana* realtà, se nel-
l'arguto Poeta una finissima ironia, che va ben distinta dal riso beffardo dello scettico, non si me-
scesse talvolta nell'idillio a provare lo sdegno del
male ed il dispregio dei tristi che conturbano
l'umana famiglia. Così, se la bonarietà del Poeta
lombardo abborre dalla tristizia, ben mostra di
comprenderla appieno, d'averne schifo e vergogna.
Buoni sono Manzoni e Grossi, ma in loro si sentono gli acuti pungiglioni di Parini e del Porta;
fierissimi nella satira sono il Parini e il Porta, ma
in loro si riconosce pur sempre il cuore di Manzoni e di Grossi.

Per questo rispetto il *Promessi Sposi* è tipo. Nei
diversi brani, che abbiamo riportati, ci fu più volte
occasione d'ammirare questa felice miscela di ma-
liziosetto sapientissimo sorriso, colla più soave e
schietta bonarietà ambrosiana.

Fin qui dello stile speciale al *paese,* ove scrisse
Manzoni; ma che è di *lui,* delle sue doti singolari?

479. Davvero che, dopo di avere in due volumi
circa parlato di Manzoni, saremmo ben sfortunati
se fossimo obbligati a darvi un'adequata risposta.

Io spero che Manzoni sia quale ve l'ho descritto
sotto i tre aspetti: *morale, civile* e *letterario;* e
lascio ai grammatici discorrere della varietà delle
figure, delle metafore, dei tropi e delle similitudini,
della rotondità dei periodi, o dello scrivere a spiz-
zico come i Francesi, di frasi più o meno castigate,
e di immagini brillanti. Un saggio di questa analisi critica ad uso delle scuole, volle pur darlo
Settembrini intorno all' ode *Il nome di Maria;* e
non dubito che oggi Settembrini stesso, rileggendo
il suo giudizio, abbia a sentirne dispetto [1].

In Manzoni ogni parola è commisurata col pen-

---

[1] Voglio dire poché cose della forma. *Tacita... un giorno....
a non so qual pendice.* finora non vedete niente. *Salia.*
chi salia? *d'un fabbro nazaren,* neppure a questo punto;
la sposa, oh finalmente è una donna. La collocazione di
queste parole è viziosa, perchè l'immagine non è formata
come nasce naturalmente. A una pendice un giorno una
donna saliva tacita questo è l'ordine naturale; e quel *d'un
fabbro nazaren* lì è ozioso, è una qualità che si dimentica
perchè non ancora compisce il soggetto cui appartiene.
Prima di veder la donna come potete dire che ella appartiene ad un fabbro, e ad un fabbro di Nazaret? »

Questa critica mi ricorda un maestro di buon umore, che,
assistendo agli esami, ad un giovanetto che aveva declamato
la prima strofa del *Cinque Maggio,* moveva queste difficoltà:

siero e disposta con tale armonia che *musica* può dirsi la sua scrittura; musica piana, facile, naturale, come il canto dell'usignuolo che rallegra la natura, musica che colpisce subito i sensi ed il cuore e ti lascia infinito argomento a riflessione per l'arcano concetto che in sè raccoglie con forma la più svariata.

Quanto è vario il sentire umano, quanto è vario il presentarsi dell'arte, quanto varj gli avvenimenti, altrettante forme speciali di stile può presentare il *Promessi Sposi*. Quando grave, nobile, maestoso; quando gaio, piacevole, dimesso; risoluto, energico, tenero e delicato; concitato e calmo, bizzarro e forbito; e se avvisi alla forma, dove ti appare stringente, dove abbondante; qui succoso, là pittoresco; spigliato, e qualche volta duro; ra-

« Voglio dire qualche cosa della forma *Ei fu! Ei fu* indica l'esistenza passata, dunque Napoleone è morto . . . . *Siccome immobile* . . . cioè cadavere, senza vita; dunque una seconda volta è morto. *Dato il mortal sospiro?* È troppo evidente la frase; per una terza volta è morto. *Stette la spoglia immemore.* Si tratta di spoglia, senza coscienza di sè: dunque una quarta volta è morto. *Orba di tanto spiro.* privo dell'anima. Dio buono, una quinta volta è morto Napoleone! . . . »

pido e diffuso; se agli avvenimenti, dove è drammatico, dove elegiaco, dove narrativo o descrittivo soltanto; finalmente se avvisi alla scuola, mentre popolare ti appare sempre lo scritto di Manzoni, talfiata anche arieggia il fare accademico, filosofico e magistrale.

Abbiamo accennate queste distinzioni solo per avvertire la immensa potenza del nostro Poeta, come nel concepire, così nell'esprimere il suo ideale; ond'è che se apri a casaccio il *Promessi Sposi*, in una sola pagina v'incontri ogni *forma* possibile di stile.

Lo che ci prova come Manzoni, radicale rivoluzionario ne' principj che reggono la letteratura, presentando sotto nuovo orizzonte le dottrine del Bello, e. anche rivoluzionario nell'espressione di questo, nello stile, che in lui si presenta svariatissimo ed uno. perchè originale di primo getto, giusta il molteplice pensiero che vuolsi riprodurre sulla carta, e senza un preconcetto sistema, senza uso di compasso, come vorrebbero i nostri puristi; i quali ad ogni sentimento opporrebbero una forma convenzionale necessaria ed obbligherebbero lo scrittore ad adagiarvisi, se non vuol uscirne scomunicato.

480 Ma l'espressione della Bellezza si manifesta

tanto nello stile, che nel linguaggio, materia esteriore, dove si stampa lo stile [1]. Ed anche qui Manzoni è radicale, e le sue pretese giungono a tal
segno da meritargli due opposte accuse: di despota
e di anarchico, di aristocratico e di popolare; delle
quali due accuse noi ci rallegriamo, perchè si eli-
dono a vicenda.

181. Affinchè riuscisse *interessante* una scrittura
secondo il canone fondamentale di Manzoni, dovevasi abbandonare un linguaggio antiquato, convenzionale e barocco [2], per usare invece il parlare
spontaneo dell'attualità.

Quest'opinione, difesa da Cesarotti, arrideva ai
nostri novatori [3]; i quali, intendendo soprattutto al

---

[1] Conti, *Il Bello nel Vero*, Vol. II, pag. 320.

[2] Di questo scrivere in caricatura ne dà un bellissimo
esempio il Giusti, ricordando a Manzoni la sua nomina a
membro dell'Accademia della Crusca; ed in una lettera a
Manzoni stesso, N. 293 del suo Epistolario: « Conciossiachè
natura agli ingegni che più guata benigna abbia voluto ac-
compagnarsi questa pidoccheria del non presumere guari
di sè, mentre a que' tanti, ai quali con meno materno occhio
si volse largir volle, quasi alto compenso, la beata fiducia
di sè, o del mettersi in mostra la perpetua e sicura
agonia . . . . »

[3] Vedi retro Lettura VIII. *Il vero per soggetto*

culto della verità, dovevano amare quella parola, che più fedelmente dipingeva il loro sentimento. Così un novelliere lombardo amava di preferenza usare la frase *povera tosa*, siccome espressione che suona più naturale al nostro orecchio, che non *povera ragazza*; ed in bocca di Agnese, per indicare la valentìa di Azzeccagarbugli, era più naturale il dire « Quegli è un uomo! » (*Quell l' è un omm!*) che non l'usare altra dizione più propria; « Quello è una cima d'uomo! » E la ragazzina del sarto, riferendosi al Cardinale, doveva dire: « ho capito che spiegava il Vangelo in cambio (*in cambi*) del signor Curato » mentre, passando dopo a Firenze, doveva così correggere la frase « Ho inteso che spiegava l'Evangelo invece del signor Curato. » E l'Azzeccagarburgli, rimescolando le carte dal sotto in su, come se mettesse grano in uno stajo, mormorava: « Dov'è costei? Vieni oltre, vieni oltre » secondo la frase lombarda *ven vultra, ven vultra*, a cui più tardi dovevasi sostituire la parola italiana *vieni fuori, vieni fuori*... E così all' infinito.

Intanto non è dubbio che il *Promessi Sposi*, secondo le prime dottrine dell'autore intorno alla lingua, doveva essere più amorosamente accolto e gustato dai Lombardi, ed in particolare dai Milanesi....

482. A che dunque una riforma?

Badate bene. Se a ciascun scrittore fosse lecito usare della parola secondo il proprio dialetto foggiato a lingua letteraria, il risultato sarebbe di tante lingue quante sono le regioni o i dialetti. Così, se il Milanese avesse avuto il diritto di dire *povera tosa,* il Bergamasco ed il Bresciano avrebbero potuto dire *povera scela,* il Piemontese *povera tola,* altri *povera puta, povera fiyta,* e via. Gli stranieri poi, all'incontro di questi idiotismi, per maggiore sicurezza, avrebbero lasciate molte lacune nelle loro traduzioni [1], o ciò che è peggio, avrebbero

---

[1] Nelle varie traduzioni del *Promessi Sposi* fatte sulla prima edizione, vediamo, non solo frasi e sentenze, ma perfino varj episodj non tradotti per la difficoltà che vi incontravano gli stranieri nell'interpretazione dei brani in cui più spesseggiavano i lombardismi. Nella traduzione tedesca *Die Verlobten* von'dan. Lessmann, e nella inglese *The Betrothed* di un anonimo, non è esagerazione il dire che manca circa una sesta parte del lavoro di Manzoni.

E poichè parliamo di traduzioni, io non so staccarmi dallo studio intorno a Manzoni, senza ricordare le *Poesie liriche recate in versi Latini da Francesco Patesi. Milano* 1858. È questo un vero miracolo d'arte; e argomento sicuro per provarci, come dicevami un Prof. Tedesco, riferendosi appunto al lavoro del Patesi che nostro e il pati–

colpito precisamente il contrario di quel senso voluto dall'autore, come è di Lessmann, che traduceva
il *vieni oltre* dell'Azzeccagarbugli colla frase *weiter weiter*, e non a torto, perchè *oltre* nel nostro
dizionario vuol dire *lontano* [1].

483. E non sarebbe ciò un danno anche all'unità
nazionale?

Ecco il gravissimo motivo che soprattutto obbli-
gava a porre un efficace rimedio all'anarchia della
lingua. « Gli Italiani, diceva Mazzini, alludendo
appunto agli studj di Manzoni intorno alla lingua [2], cominciano ad intendere che una nazionalità ha per base principale la storia e la lingua, e
si adoperano co' loro lavori a fondarla. »

E prima di Mazzini, il Napione, avversario di
Cesarotti [3], trattava appunto della necessità di
avere una lingua sola dominante, e provava come
« ·la lingua fosse uno dei più forti vincoli che
stringe alla patria » [4].

monto della lingua latina, e che i nostri filologi soltanto
potranno essere *creatori* nell'uso della lingua di Orazio e
di Virgilio . . .

[1] LESSMANN, Op cit.. Vol. I, pag. 38

[2] Opere varie, ediz. cit., Vol IV, pag. 314

[3] NAPIONE, *Dell'uso e dei pregi della lingua italiana.*

[4] NAPIONE, Op. cit, Lib. I, Cap. I. § 1.

Questo è lo scopo a cui mirava Manzoni, il poeta dell'unità d'Italia [1] Dopo l'unità di governo, d'armi e di leggi, diceva Manzoni nella Relazione al Ministro [2], l'unità di lingua è quella che serve il più a rendere stretta, sensibile e profittevole l'unità di una nazione.

Ecco, o signori, la ragione prima di questi studj rispetto al tempo in cui furono intrapresi da Manzoni. Del resto, come in tutte le opere di Manzoni, così anche in questa all'intento civile vi si associava un intento eminentemente morale.

Lo studio della lingua tende a « chiarire l'intelletto, mansuefare il cuore, ingentilire i costumi. » Se i vocaboli sono proprj, dice Lambruschini [3],

---

[1] Vedi Frammenti del Programma di Rimini, con cui il Poeta nel 1815 risponde all'invito d'unione di Gioachimo Murat; l'ode 1821; i cori e le stesse tragedie, ed ancora gli inni inspirati sempre dal concetto dell'Italia

Una di sangue, di lingua, d'altar.

[2] *Dell'unità della lingua e dei mezzi di diffonderla* — Relazione al Ministero della pubblica istruzione, proposta da Alessandro Manzoni agli amici colleghi Bonghi e Carcano ed accettata da loro.

[3] *Come si formano, si perfezionano e si corrompono le lingue.* — Lezione accademica del socio R. Lambruschini letta nella tornata solenne (An. della Crusca) 8 settem 1867

sarà schietta l'idea; se le metafore siano contenute
non sarà sbrigliata la fantasia; se le frasi sieno
castigate, saranno sinceri e temperati gli affetti [1].

Ci importava notare lo scopo a cui mirava Manzoni; sia perchè la santità di questo nobilita l'azione
e ci obbliga a venerare l'uomo, quando pure a taluno erronea apparisse l'opinione del letterato;
sia perchè solo la considerazione di tanto scopo ci
può spiegare la longanimità, e il tenace volere nel
trattare e risolvere una questione, che, avendo un
carattere *positivo e pratico* [2], sembra la meno conveniente al genio dell'artista-poeta.

484. È dal 1830 circa che Manzoni volge in animo
le nuove dottrine intorno alla lingua. E dopo 20
anni, nel 1850, Giusti gli scriveva: « A quest'ora
dovresti aver finito quel tuo lavoro sulla lingua,

---

[1] E riguardo all'intento civile di questi studj, lo stesso
Lambruschini (loc. cit.) « Eh, signori, potremo noi affer-
marci veramente nazione, se non proveremo che abbiamo
una lingua nostra, una lingua degna di questa cara Italia,
il cui solo nome è una vera gloria, una promessa?... »

[2] L'aver riconosciuto nella lingua questo esclusivo carattere è merito specialissimo di Manzoni; il quale per tal
modo potè finalmente dopo cinque secoli presentare una so-
luzione, proponendo i mezzi per diffondere la cognizione
della buona lingua

della quale, se ben mi ricordo, intendi a stabilirne l'unità, a sfrascarla dal soprappiù, e ridurla più uniforme e semplice, come fu fatto della francese.... Ogni obbiezione, che potessi farti, *io so che te la sei fatta da te....* ma la difficoltà sta in ciò che ciascuno vuol fare a modo suo » [1].

Dal momento, in cui Giusti credeva che Manzoni avesse compiuto il suo lavoro, e sono trascorsi altri 23 anni, si può dire che Manzoni non abbia passato giorno, senza occuparsi direttamente o indirettamente della questione della lingua una in Italia.

Tener dietro a tutto questo movimento, è cura riservata ad altro tempo; qui, stretti da angusti confini, dobbiamo appena lievemente accennare: 1.º ai lavori di Manzoni intorno alla lingua; 2.º alle dottrine spiegate in questi lavori; 3.º alle recentissime difficoltà che vi si oppongono; e 4º all'effetto·prodotto dal nuovo impulso dato da Manzoni agli studj linguistici.

185. 1. Quanto ai lavori, c'importa anzitutto notare la *riforma del Promessi Sposi,* la quale comparve la prima volta credo nel 1810 [2].

---

[1] *Epistolario,* Vol. II, pag. 450.

[2] Vedi *Voci e maniere di dire più spesso mutate da A. M. nell'ultima ristampa de' Promessi Sposi* da G. B. D. Milano, Pirotta 1842.

Solo chi è profondamente versato in studj linguistici può misurare tutto il pregio di questo lavoro. Il professore Bussedi, uno dei più distinti filologi che abbiano onorata la nostra Università, di proprio pugno segnava le varianti delle due edizioni. Questo confronto, che con tanto profitto vien fatto dalle nostre maestruccie, vederlo fatto da un Bussedi [1], la è cosa che deve darci a pensare un pochetto! .

486. Fra gli studj teorici intorno alla lingua abbiamo dapprima la *lettera al signor Giacinto Carena,* pubblicata fin dal 1845; quindi la *Relazione intorno all' unità della lingua italiana ed ai mezzi di fondarla,* proposta al Ministero della Pubblica Istruzione [2]. Dalla polemica poi susci-

---

[1] L'autore presentava in questa occasione all'Istituto il *Promessi Sposi* con tutte le varianti a penna secondo la nuova edizione, fatte dal Prof Bussedi in margine all'antica edizione del Silvestri.

[2] Il ministro Emilio Broglio, con Decreto 14 gennajo 1868, istituiva una Commissione « per ricercare i modi piu facili di diffondere in tutti gli ordini del popolo nostro le notizie della buona lingua e della buona pronuncia. » La Commissione era così costituita · Presidente Manzoni; Vice Presidente Lambruschini: membri. Bonghi, Bertoldi , Carcano , Mauri. Nota-bene. di questi nessuno è toscano

tata da questa relazione si ebbero altri tre lavori:
1.º un *Appendice alla relazione stessa*, in cui meglio
sono chiariti i principj di Manzoni, per stabilire l'accordo fra la Commissione di Milano e quella di
Firenze [1]; 2.º una lettera a Bonghi intorno al *De
vulgari eloquio* [2]; 3.º una *lettera intorno al Vocabolario* dell'uso fiorentino proposto da Manzoni.

187. II. Che fa Manzoni?

« Siccome non si può disputare di nulla senza
prendere le mosse da un qualche punto su cui si
sia d'accordo (altrimenti si avrebbe a andare indietro all'infinito) » così Manzoni parte dal supposto che si conosca la distinzione fra lingua viva e
lingua morta; e dietro questa cognizione domanda

---

[1] Lambruschini scrisse in risposta alla Relazione di Manzoni; e da questo scritto ebbe origine l'*Appendice;* la quale
alla sua volta diede occasione ad una *Replica* di Lambruschini, pubblicata nella *Nuova Antol*. Vol. XII, pag. 541. Le
idee di Lambruschini si accordano, nella parte essenziale,
con quelle di Manzoni.

[2] Arditissima è l'interpretazione di Manzoni intorno al
Vulgare-Eloquio, e sollevò gravissime opposizioni; fra le
quali degna di considerazione è quella del Prof. Brambilla

Anche Lambruschini pubblicò nel volume *Dante e il suo
secolo XIV*, Maggio 1865 pag. 676 e seg. una memoria sul
De vulgari eloquio

La lingua italiana è viva o è morta? Se è viva,
la si parla: dove dunque la si parla?...

Se in tutta Italia la si parlasse, allora *causa
finita est*, vi sarebbe già la lingua comune, e
Manzoni per quarant'anni si batterebbe con ombre,
come cosa viva.... Ma dov'è questa benedetta lingua comune? Il fatto ci dimostra che un vocabolo
usato a Torino non è inteso a Milano od a Napoli;
abbiamo quindi varj dialetti, e non una lingua vivente comune. Per formarla questa lingua comune,
a chi conosce la storia delle lingue, non si presenta altro mezzo, che scegliere fra i varj dialetti
quello che ci sembra il migliore, « quello studiare,
quello diffondere, e in quello spendere tutto il tempo
e la fatica, perchè diventi lingua di tutti » [1].

Se Manzoni poi si arresta a Firenze, è perchè
gli sembra che a Firenze si parli meglio che altrove; è perchè gli pare che gli Scrittori stessi a
Firenze attingessero dapprima la lingua; è perchè la
lingua, *che è un tutto o non è*, vi è a Firenze, la
cui società parlante, in un anno poniamo, esprimerà
quelle idee, che in fascio trovansi a Milano, Torino
e per tutt'Italia. A Firenze perciò, e non altrove,

---

[1] GIORGINI, *Novo Vocabolario della lingua italiana*, Prefazione.

credo Manzoni limitare le sue ricerche; dove può anche più facilmente crearsi un vocabolo, perchè in questa terra fortuata la natura stessa pone le parole sulle labbra e le fa uscire dalla penna. Che se mai voi trovaste un dialetto, il quale, meglio del fiorentino, potesse farsi strada a divenire lingua comune, scegliete pur quello in buona pace.

488. Ma e la lingua letteraria? — si domanda.

È lingua morta, nè più nè meno che la latina e la greca; è la lingua del vocabolario, la lingua dei dotti, la quale potrà valere per alcuni argomenti (è questo un fatto che basta esprimerlo, perchè sia riconosciuto), ma non è sufficiente per indicare tutti i sentimenti attuali del popolo: ragione questa, come provò chiaramente Bonghi, per cui la *letteratura non è popolare in Italia* [1]. Manzoni, che volle scrivere un libro alla buona, si è pure affaticato a cercare gli strumenti del suo pensiero negli Scrittori; ma gli riuscì vana la fatica e dovette abbandonarsi *all'uso:* dapprima l'uso lombardo; poi l'uso fiorentino, come il più comune in tutta Italia.

489. E l'uso toscano?

---

[1] *Perchè la letteratura non è popolare in Italia?* Lettere Critiche, Milano 1856.

Rispondo. O quest'uso toscano è lo stesso che vige in Firenze, ed allora inutilmente allargate i confini delle vostre ricerche; o è diverso, e siamo ancora stretti dalla necessità della scelta fra più dialetti e fra le diverse locuzioni, e dovete pure determinarne una; così « ciò che a Firenze è detto *grappolo d'uva*, a Pistoja è detto *ciocca*, a Siena è detto *zocca*, a Pisa e in altre città *pigna d'uva* [1]; le striscie di panno, con cui si sorreggono i bambini per avvezzarli a staccarsi, a Firenze si chiamano *falde*, a Siena *dande*, a Pistoja *lacci*, ad Arezzo *caide*, a Lucca *cigne*, e non so se altrimenti in altre città toscane » [2]. Che fare in casi simili? Ammessa la necessità primaria, unica, incondizionata dell'*unità* in fatto di lingua, bisogna pure che i Toscani pieghino, non a Firenze come tale, ma alla unità stessa, che solo può ottenersi quando in un centro comune si riconosca la sede del giudizio pratico o dell'uso in fatto di lingua, quando alla moltiplicità italiana e toscana si sostituisca l'unità fiorentina.

490. Ma codesta unità esiste poi di fatto?.. non vi ha forse la lingua di Mercato Vecchio, la lingua di Camaldoli?

---

[1] MANZONI, *Lettera intorno al Vocabolario.*

[2] *Id eod.*

Vi hanno pure differenze fra il parlare di Mercato Vecchio, quello di Camaldoli, e la lingua comune di Firenze; ma queste non sono tali da costituire un altro dialetto; come differenze vi hanno presso noi fra il parlare di Porta Ticinese, di Porta Garibaldi, e della civile società; ma è pur sempre la lingua del nostro Porta.

Dunque secondo queste teorie, mi sento dire, tante locuzioni toscane esprimenti concetti, a cui l'uso fiorentino non provvede, dovranno per questo solo, quantunque utili, quantunque analoghe ad esso per la forma, a segno da non esserne distinguibili per chi non conosca il fatto materiale, dovranno, per ciò solo che non fanno parte di quel l'uso così rigorosamente preso, essere bandite, condannate all'obblivione, buttate via, come spazzatura?

Chi vi ha detto questo?

Ma se non volete dir questo, dov'è il posto che riservate a quelle locuzioni? Cosa rimane da farne secondo voi?

« *Adoperarle a tempo e luogo* » [1].

Queste parole di Manzoni vanno profondamente meditate. Esse sembrano includere una contraddi-

---

[1] *Id. eod.*

zione; perchè, dopo tanto affaticarsi per istabilire *l'unità della lingua, la lingua comune parlata,* il fiorentino, ecco d'un tratto aperta la strada all'anarchia: *adoperatele a tempo e luogo!* Eppure non vi ha nè contraddizione, nè anarchia, come ci sarà facile riconoscere dopo alcune osservazioni intorno ad altre difficoltà, che si oppongono alle teorie Manzoniane [1].

491. III. Gli avversarj di Manzoni, che non respingono sdegnosamente le nuove dottrine intorno alla lingua, ma vi sottoscrivono in parte, aprendo la via ad un possibile accordo [2], si potrebbero distin-

---

[1] Le dottrine di Manzoni intorno alla lingua furono esposte con chiarezza, ordine, e finissima dialettica dal Professore Zoncada, nel Preambolo ad un lavoro (La *Siciliana,* Codogno 1858), che è un vero miracolo d'arte per la coscenziale ricerca, ed il discreto uso del parlare fiorentino.

Il Zoncada così saldamente aveva afferrate le dottrine del suo Venerato Maestro, da prevenirne lo sviluppo e le conseguenze logiche di queste dottrine, quali si trovano nei lavori di Manzoni pubblicati dopochè Zoncada aveva mandata per le stampe la sua *Siciliana* . . . Mi è caro confermare questo fatto già riferito dal mio collega sotto mia testimonianza alla pag. VI del citato lavoro.

[2] Con quelli che non vogliono saperne nè di *unità di lingua,* nè di *lingua viva,* nè di *lingua comune;* ma ci

guere in quattro classi: 1.ª quelli che pienamente
convengono colle teorie di Manzoni, ma discordano
riguardo ai mezzi per l'attuazione di queste; 2.ª quelli
che ammettono la necessità d'una viva sede del
linguaggio comune, ma non la vorrebbero questa
limitata a Firenze, sì bene estesa a tutta la Toscana; 3.ª quelli che farebbero di Roma, capitale
d'Italia, anche la capitale della lingua; 4.ª finalmente quelli che derivano l'unità del linguaggio
dall'incremento del patrimonio delle idee italiane,
e dalla ferma unità del pensiero, a cui tenga dietro,
come accessorio, l'unità di forma, per mezzo della
parola e della penna.

492. Quest'ultima io la credo la più grave delle
opposizioni fatte a Manzoni: e perchè recentissima
di data; e perchè uscita dalla penna d'uno de' più
distinti linguisti e filologi, che onorino l'Italia:
il nostro collega professor Ascoli; e perchè, ciò
che più importa, su nuovo e larghissimo orizzonte
viene presentata la quistione della lingua. Non

---

obbligano ad un linguaggio convenzionale, studiato, improprio, di tre o cinque secoli sono, è un perditempo l'attaccar
lite .... Se si discute, è perchè si ama l'accordo; e l'ac-
cordo non è possibile, se non vi ha un punto comune di
partenza.

potendo dunque, per angustia di tempo e di spazio, partitamente esaminare le opinioni di tutti gli avversarj di Manzoni, a questa del signor Ascoli limitiamo le nostre osservazioni, colla speranza che indirettamenle si abbiano a risolvere anche le più gravi difficoltà opposte dagli altri avversarj.

Il professor Ascoli esponeva le sue idee intorno alle dottrine di Manzoni in questo Istituto nella tornata 9 gennaio del corrente anno; e queste idee venivano raccolte nel Proemio all'Archivio Glottologico italiano [1].

493. Nota il Professore, che la Germania possiede, malgrado la infinita varietà de' suoi dialetti, la più salda e potente unità di linguaggio; che nessuno in Germania adora oppure discerne la culla della lingua; che mai vi si è sentito il desiderio di battezzare le lettere ad alcuna fonte privilegiata di lingua viva; che Berlino, uno de' più cospicui centri letterarj dell'odierna Germania, si trova su di un terreno, che è di formazione germanica tutt'altro che antica; ed è pressapoco, trasportandoci in Italia, come se a Nizza o a Bellinzona oggi fosse

---

[1] *Archivio glottologico italiano*, diretto da G. I. Ascoli, Vol. I, Milano, Torino, Firenze. Ermanno Loerscher, 1872, Proemio.

il miglior fiore di una lingua, in cui si continuasse il tipo dialettale dell'Italia mezzana [1].... Nella scuola, nella stampa, nell'intera operosità sociale, che tutta è alimentata di culta parola, si agita in Germania l'intensa vita della lingua [2], la cui unità prorompe dall'unità intellettuale dei Tedeschi; la cui parola è l'effetto o l'istrumento della facoltà collettiva di pensiero e di lavoro [3].

Dopo questo esame critico delle condizioni della Germania, l'autore procede alla logica applicazione. È chiaro, egli dice, che l'Italia non ha unità di lingua; è chiaro che la mancanza di questa unità deve molto dolere agli Italiani; ma è chiaro altresì che l'unità di lingua deve dipendere dall'unità di pensiero, come avviene in Germania. La difficoltà maggiore dipende « dalla scarsa densità della coltura e dalla eccessiva preoccupazione della forma » [4].

Il raffronto fatto dal professor Ascoli dell'Italia colla Germania è nuovo [5] e mi diede molto a pen-

---

[1] Ascoli, Op. cit., pag. XIII.

[2] Id. cod., pag. XV.

[3] Id. cod., pag. XVI.

[4] Id. cod., pag. XXVI.

[5] Anche Napione, in un ordine però di idee affatto diverse da quelle considerate dal Prof. Ascoli, or è circa un secolo, nell'opera Dell'uso e dei pregi della lingua italiana. (Lib. III, cap. III, § 3.) si appellava all'esempio dei Tedeschi.

sare; perchè il mio animo era altrimenti preoccupato.

494. Mi pareva, quand'ero in Germania e nel lungo soggiorno a Berlino, di incontrarvi quella stessa esigenza rispetto alla lingua, che Manzoni riconosce in Italia. Anche là sentiva lamenti per essenziali differenze nell'uso del linguaggio; anche là mi sembrava desiderarsi miglior accordo per la scelta di voci, secondo le nuove idee importate dalla scienza, e per la espressione di alcuni sentimenti della vita intima popolare, che si svolge nei dialetti e non si trova negli scritti degli autori; anche là quindi, *io conchiudeva*, si dovesse cercare *un angolo* in cui si potesse dir *viva la lingua* e donde si avesse a derivare la *lingua una, vivente, comune* di tutta la Germania.

Le idee invece del mio collega minacciarono distruggere queste mie conclusioni; e poichè trattavasi di cosa che *tenea forte a sè l'animo vollo,* era naturale che io durassi fatica al sacrificio... Mi procurai quindi subito, per mezzo de' miei amici di Germania, alcuni trattati sulla loro lingua; e dopo aver divagato lungamente in questioni storiche, critiche, etimologiche, mi trovai ancora daccapo in quanto alla questione sull'*unità dell'idioma.*

495. Allora, per battere la via più breve, mi

rivolsi agli stessi miei amici di Germania, pregandoli a rispondere ad alcune tesi, che determinano i possibili rapporti fra la nostra quistione intorno alla lingua e le condizioni della lingua tedesca [1].

Ebbene le risposte avute da questi miei amici, e sono finora i signori Freitag, Holtzendorff, Sauer e Teichmann, distruggono le mie prevenzioni, e si accordano, sulle generali, colle idee del prof. Ascoli. Convengono essi non darsi in Germania una sede speciale della lingua vivente; e se fra i dialetti l'annoverese è il migliore, non aver questo alcun diritto per erigersi giudice in fatto di lingua e stabilire il serbatojo dell'idioma tedesco; non darsi un'Accademia o un Dizionario che eserciti un'officiale autorità; ma dal movimento scientifico, e quindi in particolare dalle Università e dalla classe colta, ricevere la lingua le sue modificazioni e il suo cárattere; gli studj della lingua farvisi in modo filologico e storico, non sotto l'aspetto particolare della ricerca di una sede vivente per l'unificazione della lingua, pensiero che non entra in testa per ora ai letterati tedeschi; l'unificazione cercarsi non tanto nella parola, quanto nell'orto-

---

[1] Quindici erano le tesi presentate.

grafia e nella grammatica, all'introdursi di qualche nuova idea nel patrimonio della scienza, lo scopritore o l'introduttore di questa idea aver diritto di applicarvi la voce più conveniente, senza togliere del resto la facoltà ad altri di porre a sindacato la nuova voce e sostituirne altra che sembri più propria; svariatissimi essere i dialetti, a Berlino, nelle Provincie Renane, in Austria, nella Sassonia, nell'Annover, e nonostante ciò a nessuno dei Tedeschi venir in mente che più siano le lingue parlate; questa lingua parlata avere la sua sede nella classe colta, ed in particolare in Berlino, gran centro del movimento intellettuale tedesco; che la lingua quindi, strumento del pensiero, vive la vita del giorno e col progresso stesso della coltura scientifica e letteraria; ond'è che, nata dalla traduzione della Bibbia di Lutero, perfezionata con Lessing, Werder, Schiller, i due fratelli Humbold, si trova oggi negli scritti di Gustavo Freitag, ben diversa ancora, di quella che era cinquant'anni sono in Goethe, che la Sassonia, dal cui parlare trasse Lutero la lingua della Bibbia, è degenere dalle gloriose tradizioni, e finalmente non esservi paese in Germania che oggi si possa equiparare alla Toscana, quantunque alcune famiglie, principalmente in Austria, dice Sauer, preferiscano gli Annoveresi per l'insegnamento della lingua tedesca [1].

V'ha di più. Ad alcune delle mie tesi, che per gli Italiani versati nella questione Manzoniana riescono di prima intuizione, come: — Non vi sarebbe in Germania un paese, che possa dirsi sede naturale della lingua? o un vocabolario, che abbia la pretesa di farla da codice? o un'accademia legislatrice? — taluno dei dotti Tedeschi da me interrogati francamente rispondeva: questa domanda io non la capisco, *diese Frage verstehe ich nicht*. Si è dunque in Germania così lontani dal partecipare alle *condizioni unitarie* della lingua italiana da non poter nemmeno intenderne le relative questioni.

496. Questo fatto, mentre mi giovò per spiegare un altro fenomeno singolare, come cioè dottissimi Germani, che con tanta coscienza ed intelligenza giudicarono di Manzoni, quali il Witte, il Clarus, il Sauer, non abbiano poi saputo rendere giusta ragione delle riforme della lingua effettuate

[1] Sauer mi fu cortese di una lettera scritta in *lingua italiana* con tanta grazia di forme, stile spigliato e proprietà di lingua, come meglio potrebbesi desiderare da' più distinti nostri scrittori

da Manzoni nel *Promessi Sposi* [1]; mi provò eziandio vieppiù la solidità delle asserzioni del nostro collega, e per alcun tempo mi diede seriamente a credere che non vi fosse modo per sciogliermi dalle difficoltà da lui opposte.

497. Non mi diedi per ciò vinto. L'ostinazione del maestro, il quale diceva: « che c'insistano senza stancarsi nè scoraggiarsi per la lentezza del successo, confidando in quell'insegnamento dell'esperienza che anche la verità, a forza d'essere ripetuta, può riuscire a persuadere, » mi animò a continuare la lotta. E qui avrei a durarla alla lunga se avessi a narrare le nuove ricerche, i pentimenti, le correzioni, che feci meco stesso, prima di formulare quelle conclusioni che vo esponendo.

Certo, diceva fra me, se avessi a ritenere i fatti addotti dal mio collega come premessa *necessaria*

---

[1] Il Witte ammira nel *Promessi Sposi*, il tono del XVII° secolo imitato con poetica dolcezza; il Claius dice che Manzoni ha sciolto la lingua italiana dalle spagnolerie della Crusca; e il Sauer che Manzoni ha sostituito al dialetto la lingua scritta. (Con fino accorgimento però il Sauer pone nelle ultime pagine del suo pregevole lavoro un raffronto fra le due edizioni e fra la lingua italiana ed il dialetto lombardo).

nella questione della lingua, si dovrebbero in buona fede accettarne anche le conseguenze

Ma per quanto tali premesse siano conformi al vero storico, sono poi realmente una *necessità razionale* in fatto di lingua?

Non credo; e se bene avviso, neppure Ascoli diede tanta importanza alle condizioni della lingua in Germania, da stabilirne una *legge fatale*, a cui sia subordinata necessariamente anche l'Italia. Il tutto si ridurrà a ciò: che non vi ha analogia fra l'Italia e la Germania in fatto di lingua. . Me ne spiace davvero di questa scoperta; l'analogia però potrebbe darsi con Roma, donde ha origine la nostra lingua, o colla Francia, a cui ci lega più intima parentela

198. Ed oggi che vi ho pensato un poco, parmi di riconoscerne i motivi per cui, nella questione della lingua, non vi ha incontro fra Tedeschi ed Italiani:

I. Mancava e manca in Germania ciò che in Italia fu a' nostri di occasione prevalente alla unificazione della lingua. In Germania l'attuale moto unitario dipende più dall'ambizione della Prussia di avocare a sè gli altri Stati, che non dal bisogno naturale di stringersi a nazione, la quale esisteva nonostante la moltiplicità de' suoi Stati. Ciò spieghi come la prepotente e fortunata Berlino, per meglio assicurarsi la completa sovranità, tenda a farsi centro anche della lingua, e come questo centro *artificiale* obblighi gli scrittori tedeschi a porre la questione della lingua sopra una base meramente *ideale,* cioè *unità di pensiero,* donde, come accessorio, l'unità di parola; che non sopra un fatto positivo, come fece Manzoni. E la questione dell'unità della lingua è *questione positiva,* è questione di fatto, questione d'uso, e « il non uscire da questa cerchia (mi sfogherò a ripeterlo anche una volta) è l'unico modo di principiare e di finire con ragione. »

II Come in Francia, Inghilterra e Spagna l'unità politica precedette la letteraria, onde la letteratura trovò naturalmente il suo centro di unificazione nella Capitale; così in Germania l'unità religiosa valse in gran parte a stabilire l'unità di lingua. La Capitale della Germania fu la Bibbia di Lutero dettata col dialetto sassone, come col dialetto castigliese si formava la spagnuola, col parigino la francese. In Germania quindi per massima parte è fatta quell'operazione che oggi si desidererebbe in Italia

Sta pure che anche Dante, Petrarca, Passavanti, coglievano il volgare dal popolo fiorentino; ma dopo di loro lo studio classico del latino imposto alla nuova lingua, dapprima con Boccaccio, poi con Guicciardini e tutti gli scrittori del Cinquecento, deviò gli scrittori dalla prima fonte naturale del linguaggio, e stabilì la lingua letteraria convenzionale, che è lingua morta. Oggi bisogna rifare il cammino. E per questo rapporto chi considera sottilmente la quistione, non dà tutto il torto al P. Cesari, che voleva ritornarci alla *lingua parlata* del Trecento. Lo sbaglio era nell'epoca, non nel principio, a cui si inspirava il buon abate.

III. La stessa coltura, assai più diffusa nel popolo di Germania, fa sì che, come popolare vi è la scienza, così popolare vi è anche la lingua In Italia non neghiamo che la quistione potrebbe prendere anche questa via; ma non sarebbe certo nè la più breve, nè la più facile, nè la più conveniente alle sue tradizioni.

IV. Finalmente manca alla Germania un Manzoni, ardito iniziatore delle grandi riforme letterarie.

Ciò preposto sulle generali, perchè al fatto della Germania si abbia a darne un'equa importanza, vediamo il punto di contatto fra il prof. Ascoli e Manzoni.

199. Ascoli rettamente sentenzia che « il laboratorio in cui la natura fa le lingue, le raffina e

le perfeziona, non può essere che un'agglomerazione di uomini viventi [1]; e subito aggiunge che
« l'organo dello scambio non è sempre necessario
che sia la glottide; può essere anche la penna,
purchè si sappia scrivere » [2].

Qui l'opposizione a Manzoni è solo apparente.

500. Chi prende a giudicare della quistione della
lingua, come appare a primo aspetto negli scritti
di Manzoni, crede trovarvi l'esclusione degli scrittori, perchè Manzoni fa appello sempre all'uso, ed
all'uso fiorentino. Si ripete ciò che avveniva anni
sono rispetto alla nuova Scuola della Verità. Questa bandiva l'idolatria e voleva lo studio razionale de'Classici, ebbene tutti gli avversarj gridavano
furenti che i barbari volevano sacrare al rogo Virgilio ed Omero.

Badate bene alla necessità, in cui trovasi il so-
stenitore di una nuova dottrina, di circoscrivere
il suo argomento alla parte, che realmente è nuova
e deve combattere inveterati pregiudizj, altre idee
non si escludono, ma si presuppongono

In Italia, nel nostro secolo, dopo il Napione, il
Cesari, il Monti e Perticari, che volevano si cer-

---

[1] Ascoli, Op. cit., pag. XV
[2] *Id eod.*

casse la lingua solo ne' buoni scrittori e non in un dialetto, raccomandare questo studio de' classici scrittori, era uno spendere vane parole. Importava invece assai combattere l'esclusività di questa lingua letteraria, il pregiudizio d'una lingua morta usata come lingua viva; e Manzoni ebbe di mira di togliere questo pregiudizio. Ed ecco la ragione d'ogni suo sforzo per stabilire lo stesso principio del signor Ascoli che il laboratorio naturale della lingua non e che un'agglomerazione di uomini viventi Che parlino poi, o che scrivano questi uomini che scrivano in prosa, come Thouar e Lambruschini, od in poesia, come Giusti, che scrivano anche in diversa epoca, come il Cavalca, il Cellini, il Davanzati, non importa: vi ha di che far acquisto in tutti.

La questione della lingua si è voluto trovarla *tutta* nei ragionamenti e nelle proposte di Manzoni; e qui vi è un abbaglio gravissimo

Manzoni, schivo dal perder tempo nel suo dire, si guarda dal trattare le questioni *ab ovo*. Perciò va in cerca di uno strato, che serva di terreno sodo, su cui posare il suo edificio, presupponendo ne' suoi lettori alcune idee abbastanza note, e che sono il fondamento delle questioni stesse Questa è la condotta ch'ei tiene nella quistione intorno al *romanticismo*, ai *componimenti misti di storia e d'invenzione, e nel dialogo dell'invenzione.* Quale meraviglia se questo sistema, per sè assai logico, lo vediamo seguito anche nella quistione della lingua?!

Ecchè! Se Manzoni ci dice: « La lingua parlata è a Firenze; importa quindi avere un dizionario dell'uso fiorentino, ed usare maestri che abbiano ricevuto dalla balia la lingua, » avremo a derivarne la conseguenza che Manzoni voglia escludere lo studio della lingua sugli scrittori, voglia abolire ogni vocabolario, che non sia del pretto fiorentino, ed impedire il dialogo con maestri che non siano battezzati nelle acque dell'Arno?... Affè di Dio, che questo è obbligare il povero vecchio a ripetere le cento volte: « Non mi capiscono affatto! »

E di vero rimpicciolite di troppo Manzoni; mentre, badate bene, il critico e il filologo non cessa di essere artista, e quindi sente il massimo bisogno di libera espansione in tutte le attività. Come dunque supporre che abbia egli voluto limitare l'attività della lingua, che è pur quella del pensiero, sotto il raggio del campanile di Giotto? Fermarsi al Palazzo della Signoria fu una mera accidentalità; come fu accidentalità che Giusti si fermasse a Milano in piazza Belgioioso: questi vi trovava qui Manzoni; Manzoni vi trovava là la sua lingua.... Non è per ciò a dirsi che sia dessa una lingua esclusivamente fiorentina. Badate bene che Manzoni non adopera mai la frase *lingua fiorentina*, ma *lingua italiana, che si trova a Firenze.*

501. E quest'idea di Manzoni è forse una sua *creazione?*

La sarebbe tale s'egli si fosse posto in capo, come fecero altri, di prendere altri dialetti d'Italia e foggiarli a lingua letteraria; ma Manzoni volle appunto combattere questo sistema, che offendeva l'unità della lingua. Davvero che, per potenza di arte e d'ingegno, nessuno a testimonianza di Gioberti, sarebbe stato più addatto di Manzoni in quest'impresa: lo prova la prima edizione del *Promessi Sposi.*

Ma, in fatto di lingua, creazione di un individuo non può avvenire; ed è un'espressione molto impropria il dire che Dante fu padre della lingua italiana: chi crea la lingua è il popolo, non un individuo.

502. Se non creazione, sarà una *scoperta* questa teoria di Manzoni sulla lingua?

Se fosse tale, noi dovremmo andar ben cauti avanti piegare a Manzoni, perchè le scoperte debbono essere ratificate dal tempo.... Qui però non v'ha scoperta. Io non vo' richiamare cose vecchie; mi basti accennare agli stessi attuali avversarj di Manzoni.

Il Monti, che preconizzava la lingua letteraria, non amava forse cercare il tesoro della lingua viva nei Toscani?... E nella dedica al marchese Triulzi della sua proposta, non dice forse «rispetto alla lingua italiana, senza dubbio Firenze è l'Atene degli Italiani?.... » E Foscolo avversissimo alle nuove idee, e quindi aderente strettamente alla lingua classica, non sentì forse, come l'Alfieri, il bisogno di portarsi a Firenze per studiare la lingua? e chi è di noi che non riconosca questo studio nel suo viaggio sentimentale di Sterne?...

Tacciamo di costoro, e prendiamo invece il vivente più accanito avversario di Manzoni e delle dottrine Manzoniane, il purista Ranalli.

503. Donde *l'origine della lingua?*

« I letterati d'una nazione, risponde Ranalli, cominciano dallo eleggere in quale de' varj linguaggi o dialetti debbano scrivere, sì che diventi universale di tutti, o come dicono, lingua nazionale. I Greci elessero questi tre: il jonico, il dorico, e l'attico; i Latini, il romano; noi, che che si dica, il toscano. Ma scelto quello fra' parlari che

si stima migliore, non dev'essere più lecito usarne
altro; o, che è anche peggio, alterarlo con mesco-
lanze aliene e artificiali per boria di migliorarlo:
perchè come abbiamo con esempj fatto vedere,
chi usa lingua non parlata dal popolo, usa lingua
non naturale, e non essendo naturale, non può es-
ser vera: e dove non è verità, non è bellezza »[1].

E l'unità della lingua?

La favella e una, risponde ancora Ranalli, salvo
ad usarla, come d'ogni cosa naturale, opportunamente

Ma qui è il difficile, caro maestro: e voi, che
siete toscano e classico, indicatemi *il modo di*
usarla.

Il galantuomo è compiacente a segno, da rispondere con un episodio, che davvero ci fa dimenticare tutta la gravità dello scrittore Ranalli: « Ci
ricorda un giorno, egli dice, che un giovanetto,
che non ci pareva de' più bisognosi, seguitandoci
buon tratto, c'indusse a contentarlo con questo
parlare: *Si muova, signore, a compassione d'un*
infelice; la fame è troppo crudele cosa, Iddio

---

[1] RANALLI FERDINANDO, *Degli ammaestramenti di lette-*
ratura, Lib. II, Cap. I, *Dell'imitazione della natura,*
ediz. 1857, Vol. II, pag. 5.

*gliene rimeriterà; non abbandoni il suo pros-
simo; non mancherò di raccomandarlo al Signore;
pregherò perchè abbia bene insieme co' suoi figliuoli, se ne ha; mi doni una limosina; mi contento di poco, benedirò l'anima sua; veda, che
non mi reggo per digiuno,* ecc; i quali modi, pro-
nunziati da un misero idiota, e recati qui senza
punto alterarli, chi non accetterebbe per nobilissimi? Lo importante è di sapersi giovare del *fa-
vellar popolare a tempo e a luogo,* come voleva
Lionardo che facessero i pittori, segnando in un
libretto a posta le meno comuni e più fuggevoli
impressioni che dalla natura viva ed animata spontaneamente ricevevano, per *valersene ne' propo-
siti* » [1].

E la distinzione fra la lingua *cortigiana* o illustre e la *plebea?*

Manca di ragionevolezza, risponde francamente
Ranalli. « Nè considerata bene la testimonianza
del Villani; che *Dante riprovò tutti i volgari d'I-
talia,* ci sembra che essa porti a inferire, che il
sommo poeta, fra' detti volgari riprovati, compren-
desse anche il suo toscano; il quale, col divenire
lingua universale e veramente illustre, cessava di

---

[1] *Id. eod.,* pag. 6.

essere un dialetto accomunabile cogli altri, e dive-
niva lingua comune » [1]. « Diversa cosa è fare della
lingua un che d'ideale, che non si stimi di alcuno
o sia di tutti; e scegliere fra i parlari o dialetti
delle diverse provincie nostre il più bello, acciò
diventi lingua comune all'intera nazione » [2].

Ma *coglieremo noi tutto* ciò che si trova in questo dialetto ?

Oibò. Anche nel parlare toscano va fatta una
distinzione « fra la parte di popolo, cui gentiluo-
mini, cortigiani e banchieri compongono, e l'altra
composta di artigiani, di piccoli trafficanti e di
contadini: imperocchè, come i primi si sono in
ogni costume ordinati a similitudine forestiera, e
fin talora hanno surrogata nelle conversazioni alla
lingua italiana la francese, i secondi si sono mantenuti più lontani da questo commercio, e non
molte voci e maniere francesi alla loro bocca si
appigliarono; onde il popolo dirà meglio *giubba*
che *abito*, *conversazione* che *società*, *quartiere*
che *appartamento*, *cassettone* che *comò*, *calzoni*
che *pantaloni*, *sottoveste* che *gilè*, *servitore* che
domestico, e via discorrendo. E le parole straniere,
pur alla bocca del popolo appigliatesi, hanno ri-

[1] *Id. cod., pag.* 7.
[2] *Id. cod., pag.* 11

cevuta tale modificazione da quasi acquistare lo stesso colore del linguaggio natio; perocchè qui sta veramente la balia del popolo, che è balia della stessa natura, di non solo creare le favelle, ma di variarle così che non perdano la loro effigie e indole originale. Così, p. e, la voce *toilette* fu da alcuno assai ingegnosamente e toscanamente chiamata *abbigliatoio*. Ora dunque, ne' mercati e botteghe e contadi delle città toscane, è da cercare la lingua propria per gli usi domestici, come ha fatto il piemontese cavalier Carena » [1].

E queste voci usate dal popolo saranno per ciò solo accolte *senza avvertire alla loro intrinseca proprietà?*

Giammai. « La voce *umanità*, dice Ranalli, e bene toscanissima, ma cessa di esser tale, se è usata per esprimere la universalità degli uomini. Così *convegno* per *patto* o *convenzione*, è voce tutta nostra, ma si falsifica se dee valere *ritrovo* o *posta*. E diremo bene; *ci e stata data commissione di fare la tal cosa*, ecc., ma non diremo bene: *si è formata una commissione per fare*, ecc.; similmente *partito* per *fazione* o *setta* o *parte*, *armata* per *esercito*, *truppe* per *milizie*, *genio*

---

[1] *Id*, Lib. I, Cap II, *Valore del linguaggio proprio*, Vol. I, pag. 69

per *ingegno*, *sacrificio* per *privazione* o *pattimento*,
rilievi per *osservazioni* o *censure*, *obbietti* per
obbiezioni, ed altrettali, sono voci non improprie
per sè stesse, ma sì per l'uso che se ne fa non ap-
propriato » [1].

501 Perdonate, se io instai lungamente in queste
citazioni, ma si tratta di un uomo, il quale rappresenta una scuola, e per eccellenza la scuola
contraria a Manzoni; e il cogliere dalla bocca di
quest'uomo le idee stesse Manzoniane, anziché
alla fonte genuina del nostro maestro, la mi pare
cosa di alta importanza: perchè ci dice ad evidenza
che Manzoni, lungi dalla pretesa di fare una scoperta, ebbe solo la pertinace volontà di riconoscere
e di diffondere un fatto, ed un fatto confessato dai
suoi stessi avversarj

A che dunque tanto scandalo e tanto rumore
per l'opinione di Manzoni, la quale non si risolve
che nel riconoscimento di un fatto?...

Eh via! si ripete dagli avversarj: anche Ranalli
ci parla della Toscana e non di Firenze; Manzoni
invece limita le sue ricerche a Firenze!

Ciò vuol dire che Ranalli, tenendo le teorie di
Manzoni, si e fermato un passo indietro nelle deduzioni, attenendosi al genere *lingua toscana*, per non

---

[1] *Id. ced.*, pag 106.

aver voluto avvertire alle differenze che corrono fra
i dialetti stessi di Toscana. Se avesse avvertito a
queste differenze, o, come Giusti e Giu'iani, avrebbe
preferito il parlare Pistojese, o, come Thouar,
avrebbe prediletto il Senese, o, come Augusto Conti,
Manzoni ed altri, si sarebbe fermato al fiorentino,
quale centro di azione, disposto però sempre a
domandare ajuto agli alleati vicini, come i vocaboli di marineria dai Livornesi, così i vocaboli del
coltivare i castani dai montanari; e componendo
per tal modo, come una più vasta unità morale
del popolo, così più vasta unità di linguaggio..
Si parla del centro della lingua, non dei limiti
matematicamente imposti alla irradiazione di questa. Non li sapete trovare nella razza questi limiti
e li imponete in linguistica?! Il centro è a Firenze,
e tanto basti.

Questo è il fatto riconosciuto pure dal nostro
collega; il quale dice: « Vi ha una regione o una
città, la Toscana o Firenze, in cui vive splendida
di grazie natie una favella che mal si discerne
dalla lingua de' buoni scrittori, ed ha movenze di
gran lunga più belle, più candide, più sicure, che
non abbia questa » [1].

---

[1] *Archivio glottologico italiano* diretto da G. I. Ascoli,
1873, pag. 30.

E perchè allora non arrestarsi a Firenze?

505. Perchè, rispondo il nostro collega, il fiorentinismo, non che rinnovare o allargare l'attività mentale della nazione, la ristagna e la coarta [1]. Si dice a coloro che hanno una colta favella mentale colla quale ruminare le idee: smettete lo strumento del vostro pensiero, perchè ha bisogno di essere mutato o almanco modificato per bene [2]. Bisogna che questi dotti rintuffino il loro apparecchio mentale, non già in una nuova serie di libri, ma in una conversazione municipale, qual sarà loro offerta da un vocabolario, da una balia oppure dal maestro elementare, che si manderà (da una terra così fertile d'analfabeti) a incivilire la loro provincia [3]. A Firenze, che ozia, limitare la deriva lor e della lingua, mentre tutti siamo intenti a suscitare quella larga spira di attività civile, che poi debba travolgere in ben ferma unità di pensiero e di parola tutte le genti d'Italia!...

506. Tutte queste difficoltà ci vengono indicate con una voce: *popolarismo*.. Ecchè! tutti gli Italiani andranno oggi a raccorre i fiorellini nell'aiuola fiorentina per parlare e scrivere italiano?!...

---

[1] *Id eod*, pag. 31 e seg
[2] *Id. eod*, pag. 25.
[3] *Id. eod*, pag. 25.

507. Per l'appunto. Ma avvertite alla grande differenza in questa scelta, fra Porta, sulla piazza del *verziere* a Milano, e il suo amico Manzoni, a Firenze Porta cerca le voci caratteristiche, singolari al dialetto milanese, siano pure contrarie, anzi meglio se contrarie, al parlare comune d'Italia. Così, per indicare la gara delle muse onde servire lui Carlo Porta classicone dirà: « *I mus se i ciammi puenten li tutt coss* » invece di « *lassen li tutt coss* » Manzoni, al contrario, al Mercato Vecchio, fra le voci usate, sceglie possibilmente quelle che sono comuni a tutta Italia non quelle caratteristiche a Firenze. E se mai qualche voce o frase avesse preso il volo oltre Firenze, il buon cacciatore sa che non vi ha caccia riservata, e nel ritornare a Milano lascerà cadere dalla sporta il *segare il grano*, frase colta a Firenze, per raccogliere invece in Valdarno altra frase più propria: *mietere il grano*; e sostituirà per avventura alla voce *anello*, altra più conveniente *ditale* Veramente, si può opporre, e un andare a ritroso delle teorie professate? . Eh via tanti scrupoli per qualche parola: mentre abbiamo oggi un dizionario che ci dà centomila aggiunte! [1]

---

[1] *Dizionario della lingua italiana* nuovamente compilato dai signori Nicolò Tommaseo e Cav Prof Bernardo Bellini.

Allarghiamo quindi l'orizzonte, e persuadiamoci
che, tenuta ferma la regola generale, se vi ha
qualche eccezione, questa è giustificata dalla logica, perchè la scienza dei limiti, difficilissima in
metafisica, come dice Rosmini, è impossibile nelle
questioni positivo o di fatto. Avviene così anche
in etnografia. Come nella gente germanica trovate
il raggio della gente latina, così nell'idioma tedesco troverete molte parole che sono nostre.... E
volete poi supporre in Manzoni tanto scrupolo di
separazione fra la Toscana e Firenze? Egli ha parlato abbastanza chiaramente rispetto a queste voci
toscane: « usatene a tempo e luogo. » Ed in qual
modo?

508. Voi avete avanti la nuova edizione del *Promessi Sposi*. Ditemi, di grazia, dove mai Manzoni
fa pompa di fiorellini, di riboboli, ed idiotismi toscani?...

509. Il *Promessi Sposi* è *italiano,* io sentii ripetere da molti, ed anzi è questo il massimo fatto
che sta contro le dottrine di Manzoni.

— Torino 1861. Parlando delle *aggiunte* i compilatori av-
visano « la fonte più abbondevole è l'uso vivente Toscano »
dai Toscani non poco attendiamo anche a sussidio dell'umile
opera nostra, pag. XI.

Stranissima cosa davvero! Manzoni dichiara al mondo di voler lavare i suoi cenci nelle acque dell'Arno; spende in questo lavoro forse maggior tempo di quello che vi aveva consacrato nella prima fattura; si dà attorno per ogni parte onde il suo studio riesca completo; si porta di frequente a Firenze; da Firenze invita gli amici; la Provvidenza gli dà per figlio quel brillante ingegno di Giorgini fiorentino puro sangue; [1] unisce alla sua famiglia una intendente fiorentina; e dopo tutto ciò si osa buttargli in faccia: la vostra lingua del *Promessi Sposi* non è attinta a Firenze! Siete dunque incoerente!!

Vi par poco?! E donde procede questo strano giudizio sovra Manzoni? Dalla necessità logica di riconoscere che il *Promessi Sposi* è scritto in italiano· e dal non voler ammettere che il fiorentino sia lingua italiana, la lingua comune. Di grazia, date a leggere il *Promessi Sposi* a chiunque del popolo di Firenze, e sappiatemi dire se vi ha un periodo ch'egli non capisca, una parola che non corra per la bocca de' Fiorentini?..

510. Il male si è che noi Italiani di altre pro-

---

[1] Ce lo dice il suo vocabolario tanto desiderato... e che si lascia tanto desiderare.

vincie ci siamo formati del dialetto florentino uno
speciale concetto, cogliendo da esso alcune espressioni caratteristiche, con cui infarciro le nostre
scritture, per dar loro l'aspetto del nuovo parlare,
donde il rimprovero, che si ripete giustamente a
molti cultori del linguaggio vivente

> . . . . dal troppo
> Toscaneggiar, vegg'io che non sei tosco.

Contro costoro si gridi pure al popolarismo, ma
non contro Manzoni.

Affettano questi scrittori popolari una ingenuità,
che sa da bambino, e in una sola pagina vi assie-
pano mille frasi florentine: e *la va per benino, e
si conduce ammodo, costa tanto pochino, e il sor
piovano, e la bella pensata.* . giù giù alla distesa
tutti i proverbi toscani del Giusti e del Gotti. —
Buona merce anche questa, quando però sgorga naturale dalla penna, e non s'introduca nelle scritture
con quell'artificio, con cui lo scolaretto arricchisce il
suo componimento latino di frasi Liviane o Cice-
roniane.

Scrittori di tal conio ve ne sono in Italia; e poichè minacciano invadere la nostra letteratura. una
buona sfuriata fa bene; ma a questi scrittori fa
bene, non al nostro maestro

511 Manzoni parte dalla persuasione (è necessità instare sopra questo concetto), che la lingua fiorentina sia la lingua comune in Italia; epperò, ben lontano dal cercare i riboboli fiorentini, egli preferisce quelle voci, le quali, mentre sono usate a Firenze, sono pure conosciute in tutta Italia. Lo che costituisce il gran merito che si ebbe Manzoni nella sua riforma del *Promessi Sposi,* in confronto specialmente al *Marco Visconti* del Grossi, dove senti il lombardo vestito alla moda fiorentina.

512. Di questo fiorentino, che è ad un tempo italiano, ce ne porge altro esempio un uomo assai competente in questa quistione, il signor Pietro Fanfani.

Questi, coll'intento di combattere l'opinione di Manzoni, porge l'arma migliore a favore del suo avversario: perchè presenta una novella, *La Paolina,* in cui non c'è parola, che della lingua parlata in Firenze non sia, e non sia insieme della comune lingua italiana, intesa per conseguenza dall'un capo all'altro d'Italia [1]. Aggiunge poi questo distintissimo Toscano: « Come ho fatto una novella, potrei fare un libro, e due, e tre, e più, di materie diverse e sempre coll'effetto medesimo;

---

[1] Pietro Fanfani, *Lingua e nazione,* pag. 302

cioè che in essi non si leggesse parola che floren-
tina non fosse, e che non fosse ad un'ora stessa
italiana » [1].

Bravo! benissimo! Ditemi ora: Sarebb'egli possibile asserire altrettanto di altro dialetto in Italia?...

513. Tentativi per italianizzare (perdonatemi l'e-
spressione) altri dialetti, se ne sono pur fatti; ma
questi appunto diedero occasione al popolarismo,
al plebeismo, tanto temuto e giustamente dal signor
Ascoli. Nel dialetto fiorentino invece l'italiano vi
si è trovato come in sua sede; ond'è che perfino
le frasi casalinghe, quali sarebbero le notate dal
Fanfani, a tempo e luogo potrebbero usarsi, senza
pericolo che il nostro eloquio perda in dignità. A
mo' d'esempio, invece di dire *non te la posso concedere* si dirà *non te la posso menar buona;* invece di *era bellissima,* si userà l'immagine, che
corre frequente nel popolo, *era un occhio di sole;*
si potrà benissimo indicare una visita inaspettata
colla frase *fare una cclia;* nè ci farebbe male al-
l'orecchio il dire *è proprio un sennino,* è un *to-
mellino,* invece di *è fanciulla di senno,* è un *dia-
voletto* [2].

---

[1] *Id. cod,* pag. 303.

[2] *Id. cod.,* Note filologiche alla novella *La Paolina.*

514. La difficoltà consiste nel saper usare a pro-posito di queste voci. Certo che *arricciare il naso*, o *ficcare il naso*, queste frasi che tanto opportuna-mente sono usate in un dialogo, onde ben detto è da Manzoni *ficcanaso* colui che gli rompe a mezzo la quistione [1], poste in bocca di uomo serio, sa-rebbero certo improprie Un Ministro, nel caso citato, dirà: l'Inghilterra *s'indispettisce*, *vede di mal animo*, ecc.; mentre un amico ad altro po-trebbe benissimo dire che *gli si arriccia il naso*: e l'una e l'altra espressione sarebbero proprie di Firenze e comuni a tutta Italia Così a Firenze e in tutta Italia a seconda del parlar grave o faceto, potrà correre l'espressione *si determina un pic-colo vano* od altra *ci si vien a formare un bu-colino*.

Il popolarismo dunque non deve temersi, per ciò che al *limpido e terso serbatojo toscano* ricorra lo scrittore, come affascinato, e quindi all'ideale della tersità classica si sostituisca l'ideale della tersità popolana. Il popolarismo dipende solo dalla cattiva scelta che ne possa fare lo scrittore; ma di questo fatto non è responsabile il maestro. Cre-detelo, la trivialità del dire dipende dal modo bi-

[1] Lettera intorno al vocabolario. Ediz. cit., pag. 103.

slacco o trascurato della persona, anzichè dalla
fonte a cui si attingono le parole; o voi, sig. Ascoli,
che sapete usare la parola con tanta proprietà e
chiarezza nelle questioni di lingua meno accessibili al volgo; e il nostro Verga, che, con tanto
brio e facilità, ci porge la scienza psico-medica; e
il prof. Porta, che sa incidere, come scultore in un
marmo i più minuti particolari de' suoi casi chi-
rurgici, come sarebbe quello descrittoci ultimamente
di Bielli Fortunato; voi non cadreste mai in basso,
perchè la dignità personale vi si manifesta come
nel Giusti, nel Marchesi, in Lambruschini ed altri
che usano del linguaggio vivente.

515. La differenza gravissima tra voi ed i citati
scrittori di lingua viva è nell'argomento del discorso. Voi trattate la scienza e quelli trattano di
cose amene, letterarie. — Davvero che importan-
tissima è questa distinzione fatta dal nostro collega; come è verissimo il fatto, che il bisogno di
attingere a una fonte *viva sia più sentito nella
letteratura che nella scienza.*

Ciò però non toglie che anche le *scienze vi gua-
dagnino assai coll'uso di lingue vive:* tesi questa
sostenuta pure dal Napione, e che del resto trova la
sua splendida conferma nelle opere di Galileo, del
Cecchi, del Segneri, specialmente ne' trattati asce-

tici; e per ragione de'contrarj, nelle difficoltà che
s'incontrano specialmente ne' nostri scrittori di
filosofia; i quali, non potendo usare la lingua viva,
come il Platone ne' suoi dialoghi, affettarono lo
stile del Cesari, come Rosmini ne' primi scritti, o
del Cinquecento, come Mamiani ne' suoi ultimi, o
una forma lussureggiante, ed accademica, come
Gioberti.

Non pertanto la scienza ha *nella lingua letteraria* un tesoro immenso, a cui attingere, senza
sentire gran che il bisogno di ricorrere al linguaggio vivente.

Questa lingua letteraria però a chi bene la consideri nella sua genesi *è ancora quella di Firenze,*
entrata nel patrimonio degli scrittori; se si devia
da questa fonte, allora sì abbiamo a temere la
improprietà e il trivialismo, perchè si abbandona
il terreno naturale, donde solo ponno sorgere le
voci che si attagliano alla scienza progressiva.

Ne volete qualche prova?

« Come prima si cominciò in Toscana, dice Lambruschini [1], a costruire strade ferrate, noi cor-
remmo rischio di veder porre (in onore forse d'un
prezioso animale, che non ha certo la velocità del

---

[1] *Nuova Antologia,* 8 settembre 1867, Vol. VI, pag. 545, 6.

vapore) di veder porre il nome di *ragli* a quelle
che acconciamento i nostri ingegneri chiamarono
guide; con proprietà maggiore che *rotaje,* le quali
significano il solco scavato dalle ruote, non la via
che hanno a correre.... l'inglese *tunnel* poteva senza
sconcio esser preso per *botte;* chè botte noi diciamo
appunto un passo sotterraneo dato alle acque sotto
il letto di un torrente, d'un fiume. Ma il nostro
popolo, con più sicuro senso di proprietà, lo chiama
foro o *traforo.* E bene sta, e per ora almeno
l'adatto vocabolo è rispettato....

Quando voi non abbiate a riconoscere la sede
della lingua in un dialetto vivente, dopo gli esempj
che abbiamo accennato, non vi resta che accettare
anche nella *scienza nova* altre frasi da dialetti diversi, ed allora sì che vi ha pericolo di popolarismo. Che se non volete cadere in basso ed amate
scrivere di scienza soltanto col deposito lasciatoci
dagli antichi scrittori, allora, correte altro pericolo,
quello di smarrire la *popolarità* della scienza; e sarete
obbligato grecizzare a grave danno dell'intelligenza

517. Voi lamentate, e giustamente, che nel popolo italiano vi ha scarsa coltura, sì letteraria che
scientifica; ma come comunicargliela questa coltura
se voi non avete a ciò un istrumento facile e riconosciuto dal popolo, e se questo istrumento non
è colto dalla bocca stessa del popolo?..

518. Popolarità della scienza, popolarità delle lettere (e con ciò intendo non altro che maggior diffusione d'ogni sorta di coltura nel popolo, come è
della Germania) l'avrete soltanto a patto che si
abbia a parlare come il popolo parla; e avrete
evitato il popolarismo, quando fra i diversi dialetti
parlati, si scelga quello che offre maggiore dignità,
proprietà e splendore di elocuzione. Che il dialetto
fiorentino prevalga agli altri per queste doti, non
è dubbio, io credo; e se mai vi abbisogna una nuova
prova, mi pare che questa si presenti spontanea
colla considerazione di quelle scritture, che, a-
vendo per oggetto argomenti di poco conto, di fretta
raccolti, senza dar tempo a studio, sono l'espressione più sincera e spontanea del volgare eloquio.

519. Sfogliazzate, di grazia, i giornali più popolari di Firenze, poniamo la *Gazzetta del popolo*,
e di questa leggete la parte più famigliare, poniamo la *Cronaca Cittadina* o il *Gazzettino,* di
fretta e di furia raccolto dalla voce del popolo; e
giudicate voi se, trattandosi pure di vili concetti,
ne rimanga offesa la dignità e l'armonia del discorso. Eccone alcuni brani a sorte: [1]

---

[1] Sono segnate con carattere distinto le voci degne di
speciale considerazione rispetto alla proprietà, chiarezza e
leggiadria di discorso.

Il Comune di Firenze ha *comperato lo stabile* Fonseca, già Buccellato, *per alloggio delle truppe di passaggio* e *per caserma delle guardie da-ziarie* [1]. —

— Alcuni *ragazzacci* domenica sera *presero a dare noia* ad un *vinaio* di via de' Serragli, ed a lanciare sassate contro la vetrata della costui cantina. Sulle prime il taverniere *invitò con le buone i mo-nelli a farla smessa,* ma vedendo che questi persi-stevano nel *farsi beffe di lui*, tutto adirato prese a *distribuire scappellotti a destra ed a manca.* Alcuni popolani che passavano di là vollero *pren-dere le parti* dei monelli, e siccome altri presero le parti del vinaio, *la baruffa si sarebbe fatta se-ria* assai, se alcuni carabinieri non avessero arre-stati quattro dei più *chiassoni* [2]. —

— Lunedì sera, mentre *imperversava la bufera,* un uomo si *rifugiò* sotto un albero alle Cascine, *credendo di potere aspettarvi tranquillamente che l'uragano passasse. Ma cadde lì presso* un ful-mine, e il disgraziato fu ridotto cadavere [3]. —

— Gran folla di gente *intervenne* domenica alle

---

[1] *Gazzetta del Popolo,* 11 agosto 1865.

[2] *Id. eod.*

[3] *Id.,* 16 agosto 1865.

Cascine *per assistere allo spettacolo* equestre della Compagnia Ciniselli. *Nel più bello* dello spettacolo un cavallo *saltò lo steccato, ed entrò* in mezzo alla gente, rovesciando in terra un individuo e *cagionandogli* alcune contusioni leggiere.... *Confusione e terrore indicibile,* ma fortunatamente *nessun malanno,* ad eccezione di cappelli perduti, d'ombrellini rotti e di sottane per aria I borsaiuoli *colsero il destro,* e *fecero masserizie:* uno fu arrestato [1]. —

— Massimo d'Azeglio è stato qui un pajo di giorni, ed è ripartito per Bologna. Chi *dice che abbia una missione, chi dice di no. Noi ci limitiamo a dargli il buon viaggio* [2]. —

— « Farà il piacere di tener legato quel cane: » così diceva *in buona maniera* una Guardia Municipale a un individuo che aveva seco un *cane sciolto.* Costui, anzichè ubbidire, cominciò a *stiacciar moccoli,* a minacciare, a insultare le Guardie. E allora *gli toccò quel che cercava,* cioè d'andare arrestato alla Questura [3]. —

— Giovedì mattina un *barocciaio* s'era fermato

---

[1] *Id.,* 22 agosto 1865

[2] *Id.,* 16 giugno 1865

[3] *Id., eod*

sotto *l'androne* della Porta Romana per *sdaziare una barrocciata di fiaschi di vino*. Tre giovinastri, *allettati* forse dall'odore della mercanzia, si avvicinarono *alla chetichella al baroccio*, e s'impadronirono di due fiaschi. Però non la *fecero tanto pulita* che il Portiere non se n'accorgesse: gli corse dietro, e potò *agguantare* uno dei tre ladri, e *assicurare i due fiaschi rubati*. Condotto alla Delegazione il ladro, e interrogato, non potò negare il furto commesso. Si dice, ma diamo la notizia *senza assicurarla di preciso,* che il signor Delegato o chi per lui lasciò *andare in pace e in libertà* quel ladro. Ci pare cosa così inaudita, che noi pure stentiamo a crederla [1]. —

Diamo fine con una novellina che riguarda da vicino il *Promessi Sposi*:

— Ieri l'altro mattina nella chiesa di Santa Trinita ci furono due, che tentarono di rinnovare la scenetta di quel capitolo dei *Promessi Sposi* dove Renzo e Lucia vogliono essere maritati per sorpresa nella casa di Don Abbondio. I due innamorati s'erano *messi in disparte* per aspettare il prete che andasse all'altare a dir messa, e *non s'erano neppure scordati* dei due testimoni necessari.

---

[1] *Id.,* 21 gennaio 1865.

sari. Entrata la messa si avvicinarono *bel bello*
all'altare, figuratevi con che trepidazione, e quando
il prete si voltò per dire il *Dominus vobiscum,*
aprì bocca il promesso sposo e disse: « Signor
curato, questa è mia moglie. » E la promessa
sposa fu più fortunata di Lucia, perchè ebbe tempo
anch'ella di dire: « E questo è mio marito. » I testimoni *erano lì lì per finir loro la cerimonia;*
ma il prete senza scomporsi rispose: « Me ne con-
solo tanto tanto, ma sappiano, signori miei, che
io non sono il curato. » E diffatti egli non era altri
che un *prete spicciolo.* Come rimanessero i due
innamorati se lo possono figurare i lettori [1]. —

520. Davvero che qui vi ha tanta grazia, lepore
ed ingenuità di dire, che se si fossero trovate queste fiabe in qualche vecchio codice del 300, ne sarebbero andati in visibilio Cesari e Cesariani! Non
parvi leggere il *Passavanti,* i *Fioretti di S. Francesco,* le *Vite dei santi padri* tradotti dal Cavalca,
o il *Novellino?*... Io non vo' annoiarvi con confronti; ma, credetelo, ben poca fatica mi costerebbe
il farli, e vedreste che, fra il parlare attuale e
quello del Trecento non vi ha in Toscana altra
differenza che l'abbandono di *voci antiquate.* Il po-

[1] *Id,* 12 gennaio 1865.

polo è egli ancora depositario della lingua d'oro.

521. Il professor Giuliani, nel 1853, incontra per la campagna di Siena una povera madre, che si lagna dell'infermità di suo figlio. « Che vuole? » dice la donna. « Sto ragazzo faceva il manovale: gli diedero a portare du' staia di gesso, lo piglia e porta via a bracciate. In capo alla scala si sentì strappare la spalla, e gli cominciò un dolo dalla mancina Entrò in casa, disse: mamma, stasera non son più in me: mi sento affogare dal catarro. Gli è cominciato un tremito da far paura; la notte bisognò custodirlo, che non ci lasciava riposare: ora metteva un grido, ora voleva questa, or quell'altra delle medicine: non si sapeva che fargli Durò di spurgar sangue una settimana e più: andette lì lì, agli estremi. Venne il dottore, lo trovò male, male assai; disse al Pievano: stia lì vicino co' Sacramenti. Si riebbe un pochino, ma non fu capace tenersi ritto: si riammalò e diede a rispurgar sangue. Per l'affare della dottoranza l'è bello e ito, non si sa più che dire: i dottori si ristringono nelle spalle.... » [1].

È il popolo non ancora ammorbato dal forastie-

---

[1] *Sul vivente linguaggio della Toscana,* Torino 1860, pag. 76

rume di città, che conserva tuttora la lingua di Dante. « Io passeggiava su per la viottola di un podere ove era ferma una garbata contadinetta. L'erba era sparsa di minuzzoli di paglia, buttati là non so da chi. La contadina, accortasi ch'io badava a quei tritumi: « Ved'ella, mi disse, che *spagliucolio* hanno fatto qui? » La parola non è dei libri, non è dell'uso: la giovinetta la inventava. E guardate con che finezza, con che naturalezza, un diminutivo, una finale, un *s* anteposto, dicono lo sminuzzamento, lo spargimento, e una qualche continuazione dell'atto di spargere. Il tutto così bene composto, che n'esce una parola vivacissima ed elegante: la sola parola che potesse dir tanto. Chi la dettò alla fanciulla? Un senso interiore, che non cerca studio, nè tempo, il pensiero che si fa parola » [1].

522. Qui è la sede della lingua, e noi ed il governo vi dobbiamo portare il massimo rispetto e si dirà allora *attivo e passivo* e non *caricamento e scaricamento,* a modo burocratico; si dirà *supplica* e non *ricorso, scartafaccio* e non *fogliazzo, stacco* o *cedola* e non già *coupon, che è impedito*

---

[1] LAMBRUSCHINI, *Nuova antologia,* 8 settembre 1867, Vol. VI, pag 546

passare per il tal luogo, non già che *è difendulo* [1],
o via via all'infinito, come vi è facile vedere nelle
acute osservazioni del Giusti ed in altri pregevoli
lavori sulla corruzione della lingua ufficiale e bu-
rocratica.

523. E ciò che più importa in ordine morale, si
verranno ad ingentilire i costumi coll'uso della
lingua parlata dal popolo, certo il più gentile
d'Italia.

Quanto non è villano e intemperante nelle frasi
il giornalismo ne' richiami all'autorità!... I giornali di Firenze invece, anche i più popolani, fanno
i loro lamenti e rimbrocci con un tal garbo e
moderazione che solo può darsi in chi convive in
una atmosfera di squisita educazione [2].

Quanto abbiamo esposto in via d'esempio (e nelle
quistioni di lingua non vi ha mezzo migliore per
intenderci [3]), ci pare che mostri ad evidenza dove

---

[1] *La capitale* a Firenze giovò certo alla riforma del linguaggio officiale.

[2] Vedi in proposito *Gazzetta del Popolo*, 13 luglio 1865.

[3] Di queste nostre citazioni alcuni piglieranno scandolo,
come di cosa vilissima. E il nostro intento invece fu di
dimostrarne appunto col *gazzettino* alla mano, la *dignità*
del linguaggio vivente in confronto di altra lingua che non
è attinta dall'uso...

e come si possa scrivere nobilmente anche di cose volgari, vilissime per sè e sdegnose di studio.

524. Voi direte che già a' nostri giorni corre diversa la cosa a Firenze.

Non nego. Ma non ha certo perduto Firenze quanto gli altri Italiani, ed in particolare i giornali, vi hanno guadagnato. Chi non avvisa al progresso che fanno tuttodì i nostri giornali nell'uso del parlare vivente?... E notate bene, che questo fatto viene a suffragare la tesi di Manzoni, il quale non vuole il fiorentino perchè tale, ma vuole che da Firenze si diffonda la lingua comune....

E non è lui che lo vuole; è la ragione delle cose; perchè è Firenze naturalmente la sede della nostra lingua viva

Certo che l'opinione di Manzoni, quale si presenta recisamente ne' suoi scritti, dà di cozzo a' pregiudizj inveterati. Manzoni, noi lo abbiamo dimostrato, è rivoluzionario radicale in letteratura. Lasciate tempo al tempo, e la vittoria è sicura. Io ho la piena fede di ciò per esperienza fatta in questo stesso anno. Dal giudizio di Settembrini a tutt'oggi, quanto non ha guadagnato Manzoni!.. Ed in un secolo utilitario questo acquisto non è da ascriversi ad una cieca venerazione, ma al pieno convincimento che *è lui proprio l'uomo che ci abbisogna per essere migliori;* che un grande utile morale e intellettuale noi lo dobbiamo attendere dallo studio di Manzoni... Anche nella questione della lingua le teorie Manzoniane, a chi ben le considera, di quali effetti non sono feconde?...

525. Accenniamo in breve ai principali:

1.° Assicurata *l'unità della lingua,* per ciò che viene determinata e circoscritta positivamente la sede di questa;

2.° Colla unità viene a stabilirsi in modo indiscutibile anche l'*universalità* della lingua in Italia; e quindi si ottiene la lingua *comune,* finora variamente intesa secondo le diverse opinioni sulla lingua;

3.° Ammessa l'unità della lingua secondo il concetto Manzoniano, *il semenzaio di liti implacabili è tolto.*

4.° È reso *pratico,* attuabile, positivo, lo studio del linguaggio;

5.° Più facile *la diffusione della coltura scientifica,* per l'uniformità degli strumenti, onde questa coltura si può diffondere;

6.° Più *preciso il valore scientifico* delle idee, venendo queste subordinate ad un'espressione, non convenzionale ed arbitraria, ma tolta dall'uso, il che vuol dire, tolta da *mente viva,*

7.º Scongiurato quindi il pericolo dell'*invasione di forastierume;* e tolto eziandio il bisogno di grecizzare a danno dell'intelligenza popolare;

8.º *Meglio assicurato lo scambio di idee cogli stranieri;* i quali non avranno a studiare i dialetti italiani per intendere i nostri autori, che variano talvolta di parlare secondo le provincie;

9.º Tolto l'assurdo *di idee rivestite con lingua morta;*

10.º *Ravvivata l'arte;* per ciò che ad uno scrivere convenzionale, freddo e stentato, vi si sostituirà la espressione naturale, viva e spontanea dell'animo;

11.º Aperta *quindi la più facile e fedele manifestazione di indefiniti sentimenti,* nelle diverse circostanze della vita, ed a seconda delle più disparate condizioni personali. Così, come si trova facilmente nella lingua letteraria la parola conveniente al filosofo, all'uomo di stato, ed al signore, si troverà più facilmente e forse *unicamente* nell'uso la parola conveniente al contadino, al soldato, ed al monello;

12.º Si avrà quindi la *lingua nella sua interezza,* come intera è la società donde si coglie la lingua viva;

13.º Avremo *quindi un parlare comune,* epperciò italiano, non solo ne' trattati scientifici e nelle opere gravi di letteratura ; ma ancora *nelle commedie, nei giornali, nelle fiabe del Canta-storie ;*

14.° Con l'inventario in testa di ciò che abbiamo in casa nostra ed i vocaboli adeguati a' nostri bisogni, *avremo finalmente una letteratura popolare,* quale l'hanno gl'Inglesi, i Francesi, e la desiderano pure i Tedeschi ;

15.° E questa letteratura popolare, informata alla squisita gentilezza fiorentina, *ci difenderà dal popolarismo e trivialismo,* che sorge dall'abuso di voci, che si hanno ne' varj dialetti d'Italia ;

16.° E a lungo andare, queste frasi civilissime, rese comuni al popolo colla facile letteratura, verranno a sostituirsi alle altre frasi improprie ed inverecondie ; e così indirettamente si *provvederà anche all'educazione* civile, obbligandosi il popolo a forma piu castigata di dire ;

17.° Anche i *traslati, le metafore, gli idiotismi, che derivano in gran parte dall'ignoranza della lingua domestica d'arti e mestieri, ecc, saranno meno possibili* con la cognizione e il maneggio della lingua viva, con cui tutto può esprimersi semplicemente e chiaramente ;

18.° Potendoci educare a pensare italianamente,

e non lombardo o veneziano per tradurre poi le nostre scritture in italiano, se più *schietta* riuscirà la *nostra parola,* più *spigliato* sarà anche *lo stile;*

19.° *Sostituiti*, nelle ricerche di lingua, alla cieca autorità degli scrittori, *la logica e il buon senso:* perchè attingendosi all'uso, si riconosce come giudice il popolo, il quale realmente è il solo creatore della lingua;

20.° *Ritornata* in tal modo la lingua *alla prima sua sede,* donde la derivavano Dante e i Trecentisti;

21.° E richiamato *l'idioma al suo naturale officio,* mercè la relazione viva e necessaria *attuale* fra vocaboli e idee, fra la bocca di chi parla e l'orecchio di chi ascolta, fra chi scrive e chi legge;

22.° Donde quell' *eguaglianza di pensiero,* mercè cui si fonda l'unità morale della nazione;

23.° Lo che renderà *più esatto l'insegnamento ai bambini,* i quali, meglio fortunati di noi, impareranno a dare alle cose il nome che loro conviene, e con ciò coglieranno l'idea con maggior sicurezza;

24.° Finalmente *assicurato l'elemento vitale o progressivo della lingua:* perchè, stabilito un centro naturale, quale sarebbe Firenze, da questo centro alla periferia, o in tutt'Italia, e per converso dalla periferia al centro, si darà costante la circolazione delle voci ; e il linguaggio potrà gradatamente modificarsi, secondo l'atteggiarsi speciale e l'ampliarsi delle idee in tutta la nazione.

Ecco i sommi vantaggi della teoria Manzoniana.

526. Raccogliamo ora in breve le idee esposte nelle undici Letture intorno al *Progresso Letterario:*

Dato il concetto di *radicale novatore*, quale si conviene a Manzoni in letteratura, si opponeva a questo il giudizio di Settembrini, come fatale conseguenza di erroneo sistema nella trattazione della storia letteraria (N. 157-171)

Esposto quindi il canone fondamentale di Manzoni intorno alla letteratura· l'*Utile per iscopo*, il *Vero per soggetto*, l' *Interessante per mezzo* — (N. 172). porgevasi spiegazione di questo nella trattazione del *Progresso Letterario.*

I. L'*Utile per iscopo*. — Dimostrata la tendenza del secolo all'utilità e al positivismo, stabilivasi la necessità della preminenza dell'utile morale, e dell'opera prestata da Manzoni a questo intento, sia come filosofo, che come artista (173-191)

Quale rivoluzione dovevasi effettuare e si va tuttora effettuando in forza di questo principio *utilità per iscopo;* necessaria alleanza delle lettere colle scienze; origine di questo nuovo indirizzo in

Milano dato dagli autori del *Caffè*, ed in particolare da Beccaria avo materno di Manzoni (195-214).

II. Il *Vero per soggetto*. — Dimostravasi dapprima come la Nuova Scuola abbiasi a chiamare Scuola della Verità; e per quale diritto Manzoni debba capitanare questa scuola (215-223). Origine della Nuova Scuola: Metastasio, Goldoni, Cesarotti, Baretti e Parini, a cui fanno capo le nuove dottrine. Manzoni scolaro e successore di Parini (224-237).

Principj della Nuova Scuola, che segnano un reale progresso nelle lettere e nella civiltà, nonostante l'origine tedesca de' principj stessi. Manzoni e gli scrittori del *Conciliatore*. Conversione letteraria di Manzoni dal Classicismo al Romanticismo (238-259).

Dottrine di Manzoni intorno al Romanzo Storico ed in genere ai componimenti misti di storia e di invenzione, confermate luminosamente dai fatti (260-271).

Idealizzazione del vero storico, con esempj tolti dal lavoro stesso di Manzoni. Qui arditamente tentavasi rifare il cammino nella elaborazione del *Promessi Sposi* secondo le nuove dottrine di Manzoni; e venivasi per tal modo a determinare l'uso tuttora possibile della storia in un romanzo (272-287).

Questiono intorno al Dramma Storico; e quale
via sia segnata al poeta drammatico dietro le ultime dottrine di Manzoni (288-295).

III. L'*Interessante per mezzo*. Dopo avere dimostrato come Manzoni colla parola *interessante* intendesse l'effetto sensibile del Bello, e come gradatamente l'Artista progredisse, in un col Critico,
nelle sue dottrine si spiegarono queste dottrine,
quali sono ora dominanti in Europa; col confronto delle opere di Manzoni, richiamandosi l'attenzione specialmente sull'ideale del *Promessi
Sposi* (296-336).

Esposte le dottrine di Manzoni nel *Dialogo del-
l'invenzione,* cercavasi l'applicazione di queste gradatamente dal primo poema, di Omero, fino all'ultimo, di Manzoni, facendo spiccare le note caratteristiche di Manzoni stesso nel foggiare i proprj
ideali, sia nel *Promessi Sposi,* che nei drammi e
nelle liriche (337-378).

Idealizzare per Manzoni è moralizzare; come
l'Artista dall'armonia dell'universo derivi l'ordine
morale: Dante e Manzoni (379-398).

In Manzoni troviamo l'idealismo spinto al massimo
grado di potenza, e perciò il principio morale dominante in tutti i suoi scritti, secondo appare in
ispecialità nell'assieme di tutto il *Promessi Sposi*
e ne' più minuti particolari (399-412).

L'ideale della legge morale considerato in diversi personaggi: in Don Abbondio, Napoleone e Lucia (413-474).

Finalmente dalle dottrine estetiche di Manzoni se ne derivarono le norme e il giudizio critico intorno allo *stile* ed in particolare intorno alla *lingua;* la cui questione meritava massima considerazione per l'importanza che ad essa dava lo stesso Manzoni, per potenza degli avversarj, che combattono tuttora le teorie di Manzoni, e per il *Progresso Letterario* sotto il più lato significato (475-525).

E mentre io scriveva queste parole, cadde stanca la mano sulla carta all'annuncio di una grande sciagura.

Manzoni moriva il 23 maggio.

Da tanti anni eravamo avvezzi a vederlo!

Non pareva che lo spirito avesse a sciogliersi da quelle membra, alle quali era così armonicamente congiunto?!

Levate via quel panno funebre: la sua città vuol vederlo ancora una volta; ogni classe di persone si accalca intorno a Lui: le madri

sollevano sulle braccia i loro bimbi, e, colla
voce soffocata dal pianto, insegnano il nome
di *Manzoni*.

Quanta desolazione!.... Dov'è quel sorriso
dolce come il sole di primavera?... dove lo
sguardo, donde irradiava tanta luce sull'universo?.. e quella fronte serena e mossa come
il tranquillo specchio del mare?...

O Dio, perchè non rndoni il soffio di vita al
tuo primo Adoratore?!...

E voi, uomini, ci aveste almeno serbate le
sembianze del nostro Patriarca?!

Troppo presto è chiuso in una cella di
piombo!

Lui, il genio, tempio dell'infinito, *chiuso in
sì breve sponda!!*...

Il sole, che riscaldava le sue membra senili,
appare ancor giovane sull'orizzonte, ravviva
gli alberi, ch'Egli di propria mano ha piantati;
e *Manzoni* è morto!

Il Resegone, la splendida retroscena, avanti
alla quale si svolse il dramma del *Promessi
Sposi*, torreggia ancora sul lago di Lecco, ed
Egli è morto!

Superbamente signoreggiano le mille gugliette della nostra Cattedrale, d'onde l'inspirazione degli Inni sacri; ed Egli è morto!

Si ammira ancora a Brusuglio la capanna
ove nacque il *Cinque Maggio;* ed Egli è morto!

Vive più secoli la quercia; e *Manzoni* non
avrà vissuto un secolo?!

Oh se in quel cadavere fosse tutto Manzoni,
quanta disperazione!!...

Non rattristiamoci come coloro che non
hanno speranza.

Iddio ha ripresa l'opera sua... Manzoni fu
divino.... può cader morta l'opera di Dio?!...

Fu divino.... Concedetemi un minuto, perchè
io vi narri la sua istoria.

Si agitava una grande rivoluzione; la libertà,
co' suoi eccessi, preparava più feroce tirannia.

Le tenebre minacciavano avvolgere la terra;
E Dio disse: *Sia fatta la luce.*

Creò il Genio, perchè annunciasse coll'armonia del canto i diritti di Dio e del popolo.

O beata Colei che in te s'incinse! Era questa
la figlia di Cesare Beccaria.

A quindici anni il nipote di Cesare Beccaria vaticinava *il trionfo della libertà*.

Giovanetto ancora, passando per Parigi, vide un mucchio di rovine: sorrise con compiacenza, perchè gli pareva distrutta l'antica istoria del popolo sofferente.

Poco dopo però ritornava a quel mucchio e toglieva da quelle rovine il Crocefisso.

Le genti sghignazzavano intorno a Lui. Faust gli susurrava all'orecchio: *in principio era l'atto;* la soldatesca repubblicana, a suon di tamburo, cantava: *in principio era la forza* ed Egli ripeteva l'antica sentenza: *in principio erat Verbum.*

Predicò la religione dell'amore; epperò chi predica l'odio alla patria, all'umanità, abborre da *Manzoni*

Descrisse la *Morale Cattolica:* eloquente atto di accusa contro quelli che, negando la carità, disconoscono ogni morale.

O Italiani, nel turbinio di religiosi sconvolgimenti, vi sia luce la virtù del santo Patriarca'

L'intemerato carattere rese immortale il Genio avanti morire.

La generazione, che convive col genio, vede l'uomo; solo i posteri dimenticano la polvere, e proclamano divini Omero e Virgilio.

Manzoni, vivente ancora, parve a noi una *cosa venuta dal Cielo in terra a miracol mostrare.*

Onorate l'altissimo Poeta.

Spiegò nuove idee intorno al Bello; ed i contemporanei, che ammirarono l'artista, non compresero il critico ed il filosofo.

Le sue dottrine furono giudicate suicidio, Egli sorrideva bonariamente, nulla curando la gloria e amando solo la diffusione della verità.

Migliaja d'imitatori presero ad ordire la tela intorno a Lui; ma, se togli alcuni, fu tela da ragno sulla statua d'Apollo.

I vicini posteri vanno ripulendo la statua dalla ragnatela.

Astuti nemici minacciano il simulacro in nome della civiltà e della religione.

Non v'inganni una striscia, come d'argento: pare luce, ed è schifosa bava che i miserabili lasciano sul terreno, come la lumaca al suo passaggio.

Chi può narrare l'ultima ora del Genio?

Lo spirito di Manzoni si trovò portato a volo in una valle di morti.

Erano genti cadute in cento battaglie, che domandavano al vincitore di Marengo la loro patria.

Questi taciturno e mesto, ripercosso l'orecchio da continuo lamento, supplicava di mutar musica, di mutar dolore.

Quarant'anni dopo, il nipote del Grande sentì in sè il rimorso dello zio, sollevò nuovo grido di battaglia; allora dalla valle funebre usciva una musica lieta a refrigerio dell'anima di Bonaparte: si cantava all'Italia *libera ed una*.

Il nostro Poeta, che, senza limiti di tempo, vede dipinta questa scena, gode dell'alleanza fra le due nazioni sorelle.

Di poca durata è la gioia: una nube sanguigna pare sollevarsi oltre le Alpi....

E sempre l'odio imperversa fra i popoli, dove la vita dovrebbe essere amore!

È *delirio* la vita, esclama il Poeta; e la sua grand'anima lieta si sprigiona, per riposare in seno di Dio, dove eterna è la pace.

Gli spiriti si incontrano, si intrecciano, si confondono nell'*Amore, che muove il sole e l'altre stelle.*

Del nostro Istituto due anime nobilissime gli stanno dattorno: *Giuseppe Maggi,* che lo prevenne di pochi mesi, era il destinato ad accoglierlo in Cielo; ed il suo intimo amico *Francesco Rossi,* che testè salutava la terra ed ora gli va narrando il lutto della sua città, di tutta Italia.

Viviamo anche noi con questi spiriti eletti. Raccogliamo l'eredità che ci lascia il nostro Patriarca.

Amiamoci a vicenda.

Anche tu, Luigi Settembrini, hai stretta la mano che ti porgeva trepidante.

In nome suo noi non possiamo odiarci....

Potessimo conservare il suo cuore; era la parte migliore di Manzoni!

Salvate almeno dalla corruzione il teschio, santuario di divini concetti; raccogliete il resto in un'urna; i nipoti si contrasteranno questa polvere d'oro.

Raccogliete i suoi scritti.

Raccogliete le sue idee, i suoi voti.

Non sono ancora pienamente compiuti i suoi voti....

O donne di Trieste, avvicinatevi: ponete la corona di fiori su quella bara. Amava tanto i fiori, Manzoni!

Ve', non è rugiada, è pianto che luce su que' fiori.

Il Poeta dell'unità d'Italia è morto, e Trieste è ancor serva?!...

O stuolo di credenti, anche voi piangete: la fede del Poeta è quasi morta in Italia!

Confortatevi: verrà tempo e il voto di Manzoni sarà pieno.

Sulle rovine della servitù e della superstizione risorgeranno *rinnovellate di novella fronda*

Religione e patria.

Allora Italia potrà intrecciare una degna corona al suo *primo Poeta civile e cristiano.*

INDICE DEGLI AUTORI CITATI [1]

—

---

[1] I numeri romani indicano il volume della presente opera, i numeri arabici indicano la pagina

Altre opere dell'autore

GUIDA ALLO STUDIO DEL DIRITTO PENALE:

Vol. I. *Sommi principii di diritto penale*. Milano, tip del Dott. Francesco Vallardi, 1865.

Vol. II, *Del reato*. Milano, 1866, fascicolo I.

Avvertenza — Con Decreto Reale, 15 novembre 1865, venne istituita una Commissione incaricata di studiare e proporre un sistema ed una scala penale, da servir di base al futuro Codice Penale; e con Decreto Ministeriale 12 gennajo 1866, venne istituita una Commissione incaricata di compilare il progetto di Codice

L'Autore quindi di quest'opera, dovendo nel volume II, *Del reato*, trattare necessariamente della vigente legislazione, ebbe a sospendere il lavoro, non potendo seguire, come base della parte positiva, quel Codice, la cui abolizione e già designata dal citato Decreto.

Appena promulgato il nuovo Codice, si continuerà celeremente la pubblicazione di questa *Guida*.

LE FABBRICERIE E LA LEGGE 15 AGOSTO 1867. Milano, stabilimento Redaelli, 1867.

OSSERVAZIONI INTORNO AL PROGETTO DI CODICE PENALE DEL REGNO D'ITALIA. Milano, stabil. Redaelli della Società Chiusi e Rechiedei, 1868.

A RICORDO DEL PROF. DOTT. GIOVANNI MARIA BUSSEDI, Socio Corrispondente dell'Istituto Lombardo, ecc., ecc. — Lettura fatta nel R. Istituto Lombardo di scienze e lettere il 15 luglio 1869.

CENNO CRITICO SULLA RELAZIONE DATA DAL SIG. HETZEL NELLA UNIONS-VEREIN DI BERLINO IL 19 MARZO 1869, INTORNO ALLA PENA DI MORTE. Nota letta avanti il R. Istituto Lombardo nell'adunanza del 29 luglio 1869.

CENNO CRITICO INTORNO ALLE NORME CHE RESSERO FINORA GLI ESAMI DI LICENZA LICEALE. Memoria letta nell'adunanza del 23 dicembre 1869, del R. Istituto Lombardo.

IL CODICE PENALE PER L'ESERCITO DEL REGNO D'ITALIA POSTO IN VIGORE IL 15 FEBBRAIO 1870. Memoria letta nell'adunanza del 19 maggio 1870, del R. Istituto Lombardo.

PENA MILITARE. Memoria letta nelle adunanze del 9 e 29 febbraio 1871, del R. Istituto Lombardo.

PRIGIONI MILITARI. Memoria letta nell'adunanza dell'11 gennaio 1872, del R. Istituto Lombardo.

RECLUSIONE MILITARE. Memorie lette nelle adunanze 8 febbraio, 18 aprile, 4 e 18 luglio 1872, del R. Istituto Lomb.

ABOLIZIONE DELLA PENA DI MORTE. Opera, che in un colla vita di Cesare Beccaria del prof. Amati ed i documenti relativi al monumento Beccaria, venne pubblicata dalla Società erettasi in Milano per l'abolizione della pena di morte. Milano, Vallardi 1872.

Lightning Source UK Ltd.
Milton Keynes UK
UKHW022244210620
365293UK00015B/515